高职高专物业管理专业系列教材

物 业 管 理 法 规

全国房地产行业培训中心组织编写

张莉祥　主编

中国建筑工业出版社

图书在版编目(CIP)数据

物业管理法规 / 张莉祥主编 . —北京:中国建筑工业
出版社,2004
(高职高专物业管理专业系列教材)
ISBN 978-7-112-06618-6

Ⅰ. 物⋯ Ⅱ. 张⋯ Ⅲ. 物业管理—法规—中国—
高等学校:技术学校—教材 Ⅳ. D922.181

中国版本图书馆 CIP 数据核字(2004)第 091194 号

高职高专物业管理专业系列教材
物业管理法规
全国房地产行业培训中心组织编写
张莉祥 主编

*

中国建筑工业出版社出版、发行(北京西郊百万庄)
各地新华书店、建筑书店经销
北京建筑工业印刷厂印刷

*

开本:787×1092毫米 1/16 印张:13 字数:310千字
2004年10月第一版 2013年10月第十次印刷
定价:**18.00**元
ISBN 978-7-112-06618-6
(12572)

版权所有 翻印必究
如有印装质量问题,可寄本社退换
(邮政编码 100037)
本社网址: http://www.cabp.com.cn
网上书店: http://www.china-building.com.cn

本教材是为物业管理专业的学生学习掌握我国物业管理法规而编写的。在内容上突出指导性、理论性与实践性、适用性相融合。

本书共分为十章，阐述物业管理法规的调整对象、法律地位、任务、作用，并概括介绍了中国物业管理的立法状况；对物业管理中物业管理合同、业主与业主团体、物业管理规范、物业管理法律行为等问题做了专门探讨和系统分析；对目前物业管理中的焦点问题进行了具体的分析。为了激发学生的学习兴趣，培养学生实务精神与创新意识，辅之以典型案例分析。

本书可作为高职高专物业管理专业、房地产经营与管理和社区管理等专业的教科书，也可以供从事物业管理工作的人员学习参考。

* * *

责任编辑：吉万旺
责任设计：崔兰萍
责任校对：刘 梅 张 虹

《高职高专物业管理专业系列教材》编委会名单

（以姓氏笔画为序）

主　　任：肖　云

副 主 任：王　钊　杨德恩　张弘武　陶建民

委　　员：王　娜　刘　力　刘喜英　杨亦乔　吴锦群

　　　　　佟颖春　汪　军　张莉祥　张秀萍　段莉秋

参编单位：全国房地产行业培训中心

　　　　　天津工商职业技术学院

　　　　　天津市房管局职工大学

前　言

随着我国国民经济的高速发展,城市化步伐不断加快及公众对居住环境的要求日益提高,房地产市场方兴未艾。大量房地产项目投入使用,随之而来的物业管理问题越来越多。作为调整物业管理社会关系的物业管理法规是我国市场经济法律体系的重要组成部分,亟待普及和进一步完善。

本教材是为高职高专物业管理专业的学生学习掌握我国物业管理法规而编写的。本书在编写中严格遵守教育部关于"高职高专人才培养目标,体现基础理论知识适度,技术应用能力强,知识面较宽、素质高"的高职高专教育特色,并结合其教学特点,在内容上突出指导性、理论性与实践性、适用性相融合。

本书共分为十章,其中包含:运用法学观点对"物业"、"物业管理法"、"物业管理法规"等一系列概念作出科学界定,阐述物业管理法规的调整对象、法律地位、任务、作用,并概括介绍了中国物业管理的立法状况,通过物业管理立法的起因分析,把握社会基本矛盾运动在特定历史时期对物业管理法制产生的决定作用。特别是对物业管理中的几大重要方面:物业管理合同、业主与业主团体、物业管理规范、物业管理法律行为等问题做专门探讨和系统分析,从而加深对物业管理实务问题和中国特色的认识。尤其是对目前物业管理中的焦点问题进行了具体的分析,如:物业管理法律责任,物业管理纠纷产生的原因及如何预防和解决纠纷等等。辅之以典型案例分析是为了激发学生的学习兴趣,培养学生务实精神与创新意识。

本书第一、二章由李建伟编写;第三、六章由吴彬编写;第四、七章由佟颖春编写;第五、十章由胡庆波编写;第八、九章由张莉祥编写。本书在编写过程中,得到许多物业管理公司的帮助,同时参考了近年来许多专家学者的专著,并吸取了他们的许多重要理论和观点,力求完善,达到最佳效果。如有不妥之处,恩请广大读者多加指正。

目 录

第一章 绪 论

学习目的与要求

本章重点讲述了法律的基本知识以及物业管理法规的基本知识。目的在于了解法的产生、发展和本质,建立物业管理法规的宏观体系,掌握物业管理立法的体制及具体内容,充分理解我国物业管理法规在整个法律体系中的地位和应该补充完善的问题,理解物业和物业管理的时代概念。

第一节 法的一般原理

一、法的产生和发展

(一) 法的历史类型

法的历史类型指依照法所产生及存在经济基础的性质和体现的主体意志而对法所做的基本分类。经济基础相同、反映的主体意志一致的法属于同一历史类型。马克思主义法学认为,人类社会存在四种历史类型的法,即奴隶制法、封建制法、资本主义法和社会主义法。前三种法是以私有制为基础的剥削阶级社会的法,体现少数剥削者的利益和意志,通称为剥削阶级类型法;社会主义法体现工人阶级领导的广大人民群众的意志,是新的、最高历史类型的法。随着人类社会的发展,法的历史类型也由低级类型的法向高级类型的方向逐渐更替。

奴隶制法是人类历史最早出现的法律,也是私有制类型最早的法律。在公元前 40 世纪末到公元前 20 世纪就出现了一些奴隶制国家,如古埃及、巴比伦、印度、中国、波斯等,这些奴隶制国家均拥有自己的奴隶制法。公元 6 世纪,东罗马皇帝查士丁尼时期的《国法大全》是一部对后世产生重大影响的十分完备的奴隶制法律文献。封建制法是封建主阶级意志的体现,它确认和维护封建主阶级在政治、经济和思想上的统治地位,与奴隶制法并称古代法。战国时期魏国李悝的《法经》是中国历史上第一部系统的封建制法典。在封建社会中后期,资本主义法开始萌芽,商法开始兴起,罗马法开始复兴,还出现了资本原始积累的法律。资本主义法的发展经历了三个阶段:自由资本主义阶段、垄断资本主义阶段和当代资本主义阶段。社会主义法的产生是以无产阶级取得政权为前提的,是建立在社会主义经济基础之上的上层建筑。中国社会主义法的建立经历了由新民主主义向社会主义转变的过程,1954 年宪法是中国第一部社会主义类型的宪法。

(二) 法律产生的一般规律

法律从无到有、从萌芽到最终成为一种基本制度,在不同的国家、地区和民族中经历了不同的具体过程。然而,揭开纷繁复杂的历史现象的面纱,我们不难发现法律的产生具有以下几点规律:

1. 经济上，法律的起源经历了一个由量变到质变，伴随生产力的发展而出现并不断发展的过程。生产工具的改进提高了劳动生产率，并使产品有了剩余，这为产品交换和剥削他人劳动提供了可能。社会分工的发展使经常性的交换成为可能和必要，促使了私有制的出现，也促使婚姻形式发生了变化，出现了父权为基础的个体家庭，构成了与氏族组织相对抗的力量。在这些新的社会关系面前，社会自身无力解决对立冲突，于是需要一个凌驾于社会之上的力量，把阶级冲突控制在秩序的范围内。这样，一种新型的社会规范——法律便应运而生。

2. 政治上，与国家组织同步产生相伴发展的规律。社会生产力发展导致了私有制关系、阶级分裂和原始社会调整机制的崩溃，进而使法律制度在此社会背景下孕育、萌芽，与国家组织相伴发展并最终确立起来。法与国家基于同一原因、同一条件、同一发展趋势而产生与发展。

3. 与宗教、道德从融合到分化的规律。原始社会中的氏族规范，本身就是集风俗、道德和宗教规范等各种社会规范于一体的，但毕竟氏族规范同法律有着功能、性质、结构、调整方式等方面的区别，原有的规范为了适应不断发展的社会的需要，逐渐与道德、宗教分化。这种分化的标志是，法律是自觉制定并自觉调整的，法律的这种自觉调整不同于宗教、道德的自发调整。

4. 自身发展规律上，法律的形成经历了由习惯到习惯法再发展成为成文法的漫长过程。习惯最初被作为行为规范，只对个别、具体的人和事进行调整，后来在个别调整基础上形成了人们共同的、典型的行为规则或习惯。随着国家的不断成熟和发展，开始由国家机关来认可一些行为习惯，由此习惯转化为习惯法，二者的最大区别在于习惯法是由国家认可的并由国家强制力保证实施的，而习惯则不具有这一特点。随着社会生活的不断发展变化，习惯法不足以调整社会关系时，由国家机构能动地、有预见性地、系统地制定新的规则便成为了必要，具有更大的自觉性和能动性的成文法由此产生。

（三）法的继承与法的移植

法律的发展指的是伴随社会经济、政治和文化的发展所产生的制度变迁、精神转换、体系重构等法律进步。法律的发展与社会的发展是互相适应的，一方面，社会的发展促进了法律的发展，没有经济、政治和文化的发展，法律的发展就成了无源之水、无本之木。另一方面，法律发展对社会发展起着引导、保障和推动作用，正是法律的发展才使社会发展有可能健康、有序、富有生机地进行。法的发展涉及法的继承和法的移植两大问题。

法的继承是不同历史类型的法律制度之间的延续和继受，具体表现为新法对旧法的承接、继受或借鉴。法的继承是客观存在的，法就是在继承中不断发展的。民法中财产的继承只是被继承对象主体的更替，而被继承对象本身的属性和特征没有改变；而法的继承则是新事物对旧事物的扬弃，是一种批判的继承，在否定旧法中不适应社会发展的内容的前提下，选择和吸收旧法中某些依然可用的因素，使之为新法体系的有机组成部分。法的继承的内容相当广泛，包括法律技术、法律概念、法律原则和有关社会公共事务的法律规定等。

法的移植是指经过鉴别、调适与整合取外国法之精华，为本国所用，使其成为本国法律体系的有机组成部分。法的继承体现时间上的先后关系，法的移植则反映一个国家对同时代其他国家法律制度的吸收和借鉴。法的移植范围除了外国的法律外，还包括国际法律和惯例。我们必须进行法的移植的原因在于：第一，不同国家在同一时期经济发展不平衡，有的处于不同的社会形态，有的处于同一社会形态的不同发展阶段。在这种情况下，比较落后的国家为了赶上先进国家，有必要移植先进国家的某些法律，以促进本国社会的发展。第二，法律移植是决定一个国家经济发展和国际地位的十分重要的因素。第三，法律移植是法制现代化和社会现代化的必要条件，是对外开放的应有内容。

二、法的本质与特征

（一）法的本质

本质是事物的内在联系，决定着客观事物存在和发展；现象是事物本质的外化。法的现象是法的外部联系和表面特征，它通过感性认识加以了解；法的本质则是法的内部联系和内部特征，它是深刻的、稳定的，需要通过理性思维才能把握。法的本质和现象互相渗透、互相转化。马克思法学利用这一辩证法在《马克思恩格斯选集》中对法的本质进行了科学的阐述："你们的观念本身是资产阶级的生产关系和所有制关系的产物，正像你们的法不过是被奉为法律的你们这个阶级的意志一样，而这种意志的内容是由你们这个阶级的物质生活条件来决定的。"由此，我们不难得出法的本质：

1. 法的本质首先表现为法的意志性。意志是为达到某种目的而产生的自觉的心理状态和心理过程，是支配人的思想和行为并影响他人的思想和行为的精神力量。意志的形成和作用在一定程度上受世界观和价值观的影响，归根到底受制于客观规律。意志作为一种心理状态和过程、一种精神力量，本身并不是法，只有表现为国家机关制定的法律、法规等规范性文件才是法。法律是由人来制定的，因此它必定表现着人的意志，必然渗透着人的需要和智慧。法律的意志性表现为法律对社会关系有一定的需要、理想和价值。

2. 法的本质其次表现为法的阶级性。法的阶级性是指在阶级对立的社会，法所体现的国家意志实际上是统治阶级的意志，也就是掌握国家政权的阶级的意志。法不论是由统治阶级的代表集体制定的，还是由最高政治权威个人发布的，所反映的都是统治阶级的意志，代表着统治阶级的整体利益，而不是某个人的利益。当然，统治阶级的共同意志并不是统治阶级内部各个成员的意志的简单相加，而是由统治阶级的正式代表以这个阶级共同的根本利益为基础所集中起来的一般意志。虽然统治阶级的意志由统治阶级的根本利益和整体利益所决定，但其形成和调节也必然受到被统治阶级的制约。无论是在制定法律还是实施法律的过程中统治阶级都必须考虑到被统治阶级的意志，但是在任何情况下被统治阶级的意志都不能作为独立的意志直接体现在法律里面，而是通过统治阶级的筛选，吸收到统治阶级的意志之中，转化为统治阶级的国家意志，才能反映在法律中。

3. 法的本质最后表现为法的社会性。法的社会性是指法的内容是受一定社会因素制约的，最终也是由一定社会物质生活条件决定的。法律是社会的组成部分，也是社会的反映。社会关系的核心是经济关系，经济关系的中心是生产关系，生产关系是由生产力决定的，而生产力则是不断发展变化的。生产力的发展变化最终导致包括法律在内的整个社会的发展变化。除了物质生活条件以外，政治、思想、道德、文化、历史传统、民族、科技等社会因素对法律制度也具有不同程度的影响。

（二）法的特征

法的特征是法律本质的外化，是法律区别于其他事物和现象的标志。法的特征是法本身所固有的、确定的东西，不能由人们任意地编造或抹杀，主观地增加或减少。我们可以将法律的基本特征归纳为以下四个方面：

1. 法律是调整行为关系的社会规范

首先，法在形式上具有规范性的特征。这一特征表明对有权制定法律规范的国家机关所发布的文件，要区分开规范性法律文件与非规范性法律文件。前者属于法的范围，它所适用的对象是不特定的人，在其生效期间内可以反复被适用；非规范性文件不属于法的范围，而是适用一定法律规范的产物，如委任令、逮捕证等，它们是对特定人适用，而且仅适用一次。

其次，行为关系是法律调整的对象。法律调整的是社会关系，即调整社会利益资源在各社会主体间的分配，但法律是通过对行为的作用来调整社会关系的，一般不以主体作为区分标准，而是以行为作为区分标准。法律是针对行为设立的，因而它首先调整人的行为。对法律来说，不通过行为控制就无法调整和控制社会关系，这是法律区别于其他社会规范的重要特征之一。比如，道德规范是通过思想控制来调整和控制社会关系的，政治规范是通过组织控制或舆论控制来完成社会调整的，而法律是以行为关系为调整对象来规范社会关系的。

2. 法律是由国家专门机关制定和认可的社会规范

由国家制定和认可是国家创制法的两种方式。"制定"是享有国家立法权的机关，按照一定的权限划分，依照法定的程序将掌握政权阶级的意志转化为法律。"认可"通常有三种情况：(1)赋予社会上早已存在的某些一般社会规则，如习惯、经验、道德、宗教等以法律效力；(2)认可国际条约等国际法规范；(3)赋予特定国家机关对具体案件的裁决做出概括，产生规则或原则以及法律效力。其中最常见的是第一种情况。

法律既然是由国家制定和认可的，就必然具有国家意志的属性。具体表现为法律是以国家的名义创制的；法律的适用范围是以国家主权为界限的；法律是以国家强制力为保证。法律的内容从本质上说是统治阶级的意志，从形式上来说是国家的意志，只有通过国家制定和认可的统治阶级意志才是国家意志。

3. 法律是由权利和义务双向利导组成的社会规范

法是通过设定人们的权利和义务，以权利和义务为机制，影响人们的行为动机，指引人们的行为方式来调节社会关系的。法所规定的权利和义务不仅是针对公民而言的，还包括一切社会组织、国家机构的权利和义务。

权利和义务是两个截然相反的事物，一个表征利益，一个表征负担；一个是主动的，一个是被动的；权利以其特有的利益导向和激励机制作用于人的行为，使利己动机转化为合法行为并产生有利于社会的后果，义务以其特有的约束机制和强制机制作用于人的行为，使人们从有利于自身的利益出发来选择人的行为。这就是法律的利导性，这也是法律区分于其他社会规范的重要标志之一。

4. 法律是通过一定程序而强制予以实施的社会规范

法律的实施是通过国家强制力来保证的，国家强制力是指国家的军队、警察、法庭、监狱等有组织的国家暴力。但是国家强制力不等于纯粹的暴力，它是以法定的强制措施和制裁措施为依据的，具有潜在性和间接性，它并非贯穿于法律实施的每一个过程，而仅仅是法的最后一道防线。另外，法律的强制实施是通过法定时间和法定空间上的步骤和方式进行的，这就是法的程序性。

4

三、法的形式与分类

（一）法的形式

法的形式，又称法的渊源，是法的具体的外部表现形态，主要是指制定或认可法的国家机关以及法的效力等级和表现方式等。由于社会制度、国家管理形式和结构形式的不同以及受政治思想、道德、历史与文化传统、宗教、科技发展水平、国际交往等因素的影响，在不同国家或不同历史时期，有各种各样的法的形式，按不同的角度可以作不同的分类。根据载体形式的不同，法可以分为成文法与不成文法两种形式，表现为文字形式的制定法为成文法形式，不表现为文字形式的为不成文法形式；根据是否经过国家制定程序，法的形式可以分为制定法形式和程序法形式等。

当代中国法的形式是以宪法为核心的各种成文法，包括宪法、法律、行政法规、地方性法规、自治法规、行政规章、特别行政区法、国际条约等。其中宪法、法律、行政法规在中国法的形式体系中居于十分重要的地位，而不成文法往往是法的形式的补充，例如政策、习惯、判例等。

1. 宪法

宪法是国家最高权力机关经由特殊程序制定和修改的，综合性地规定国家、社会和公民生活的根本问题，其法律地位和效力最高，其权威完全来自于广大人民，是国家的根本法。我国宪法规定了当代中国根本的社会、经济和政治制度，各种基本原则、方针、政策，公民的基本权利和义务，各主要国家机关的组成和职权等涉及社会生活各个领域的最根本、最重要的方面；只有最高国家权力机关——全国人民代表大会才能制定和修改宪法，并和全国人大常委会议一同监督宪法的实施。

2. 法律

法律有广义、狭义两种理解，广义上讲，法律泛指一切规范性文件；狭义上讲，仅指由全国人大及其常委会依法制定、修改的，规定和调整国家、社会和公民生活中某一方面带根本性的社会关系或基本问题的一种法。我们这里说的法是指狭义的法。法律的地位和效力低于宪法而高于其他法，是法的形式体系中的二级大法。

由于制定机关的不同法律分为基本法律和基本法律以外的法律。基本法律是由全国人大制定和修改，在全国人大闭会期间，全国人大常委会也有权对其进行部分补充和修改，但不得同其基本原则相抵触。基本法律规定国家、社会和公民生活中具有重大意义的基本问题，如刑法、民法等；基本法律以外的法律由全国人大常委会制定和修改，规定由基本法律调整以外的国家、社会和公民生活中某一方面的基本问题，其调整面相对狭窄，内容较具体，如商标法、文物保护法等。在全国人大闭会期间，全国人大常委会有权对全国人大制定的法律在不同该法律基本原则相抵触的条件下进行部分补充和修改。

3. 行政法规

行政法规一般采用"条例"、"规定"、"办法"等名称，是由最高国家行政机关——国务院依法制定、修改的，有关行政管理和管理行政事项的规范性法律文件的总称。其法律地位低于宪法、法律而高于地方性法规。一方面，国务院制定的行政法规须根据宪法、法律制定，不得与宪法、法律相抵触，因此，全国人大常委会有权撤销国务院制定的同宪法、法律相抵触的行政法规、决定和命令；另一方面，地方性法规不得与行政法规相抵触，否则无效。目前，我国行政法规的数量远远超过全国人大和全国人大常委会制定的法律的数量。

4. 地方性法规

地方性法规一般采用"条例"、"规则"、"规定"、"办法"等名称，是一定的地方国家机关，根据本行政区域的具体情况和实际需要，依法制定的在本行政区域内具有法的效力的规范性文件。地方性法规是低于宪法、法律、行政法规但又具有不可或缺作用的基础性法的形式。现阶段，省、自治区、直辖市、省级政府所在地的市、经国务院批准的较大市的人大及其常委会，根据本地的具体情况和实际需要，在不同宪法、法律、行政法规相抵触的前提下，可规定和颁布地方性法规，报全国人大常委会和国务院备案。

5. 自治法规

自治法规是民族自治地方的权力机关所制定的特殊的地方性法律文件，即自治条例和单行条例的总称。自治条例是民族自治地方根据自治权制定的综合性法律文件，单行条例是根据自治权制定的调整某一方面事项的规范性文件。各级民族自治地方都有权制定自治条例和单行条例。自治区的自治条例和单行条例报全国人大常委会批准后生效。自治州、自治县的自治条例和单行条例，报省或自治区人大常委会批准后生效，并报全国人大常委会备案。

6. 行政规章

行政规章是有关行政机关依法制定的事关行政管理的规范性法律文件的总称。根据制定机关的不同可分为部门规章和政府规章两种。部门规章又称部委规章，是国务院所属部委根据法律和国务院行政法规、决定、命令，在本部门的权限内，所发布的各种行政性的规范性法律文件，其地位低于宪法、法律、行政法规，不得与它们相抵触；政府规章又称地方政府规章，是有权制定地方性法规的地方人民政府根据法律、行政法规制定的规范性法律文件。政府规章除不得与宪法、法律、行政法规相抵触外，还不得与上级和同级地方性法规相抵触。

7. 国际条约

国际条约是指某国作为国际法主体同外国缔结的双边、多边协议和其他具有条约、协定性质的文件。国际条约属于国际法的范畴，但对缔结和加入条约的国家、社会组织、公民等具有法的约束力。在这个意义上，国际条约也是该国的一种法的形式，与国内法具有同等约束力。

除以上法的形式外，还有特别行政区的法律、经济特区的规范性文件等形式。对于经济特区的规范性文件需要指出的是，如果根据宪法和地方组织法规定的权限制定的，属于地方性法规；如果是根据有关机关授权制定的，则属于根据授权而制定的规范性文件的范畴。

(二) 法的分类

法的分类，就是从不同的角度，按照不同的标准，将法律规范划分为若干不同的种类。通常所说的法的分类是指法的一般分类，即指世界上所有国家都可适用的法的分类，主要有以下几种类型：

1. 国内法与国际法。按照法的创制与适用主体的不同，法可以分为国内法和国际法。国内法是由特定国家创制并适用于该国主权管辖范围内的法，包括宪法、刑法、各种诉讼法等。国内法的法律关系主体一般是个人或组织，在特定法律关系中国家也可成为国内法的主体；国际法由参与国际关系的国家通过协议制定或认可的，并适用于国家之间的法律。国际法的表现形式有国际条约和国际协议等，其法律关系主体主要是国家。

2. 成文法与不成文法。按照法的创制和表达形式的不同，法可以分为成文法和不成文法。成文法又称制定法，是指由国家特定机关制定和公布，并以成文形式表现的法律。不成文法是指由国家认可的不具有文字表现形式的法，一般指习惯法，还包括判例法等。

3. 根本法与普通法。按照法律的效力、地位、内容、制定主体和程序的不同，法可以分为根本法和普通法。这种分类只适用于成文宪法制国家，根本法即宪法，规定了国家基本的政治制度和社会制度、公民的基本权利和义务、国体、政体等内容，在国家中占据最高的法律地位；普通法是指宪法以外的其他法，它规定了国家的某项制度或调整某一方面的社会关系。在制定和修改程序上，根本法比普通法更为严格。

4. 一般法与特别法。按照法的效力范围的不同，法可以分为一般法和特别法。一般法是针对一般人、一般事、一般时间，在全国普遍适用的法；特别法是指在一国的特定地区、特定期间或对特定事件、特定公民有效的法，如戒严法、教师法等。一般情况下，在同一领域内，法律适用遵循特别法优于一般法的原则。

5. 实体法与程序法。按照法规定内容的不同，法可以分为实体法和程序法。实体法是指规定和确认权利和义务或职权和职责为主的法律，如民法、刑法等；程序法是指为保障权利和义务的实现而规定程序的法律，如民事诉讼法、刑事诉讼法等。这一分类并不是绝对的，就其主要内容来说，实体法和程序法之间也有一些交叉，实体法可能涉及一些程序规定，程序法中也可能有一些涉及权利、义务、职权和职责等内容。

四、法的作用

法律作用也就是法对社会发生的影响，它是以人类行为和社会关系为调整对象的。我们知道，社会关系是人与人的关系，它是经由人的活动才产生的，没有人的活动就没有社会关系的产生，而法要作用于社会关系必定要通过人的行为来调整。

按照法作用于人们的行为和社会关系的形式与内容之间的区别可以将法的作用分为规范作用和社会作用，法的规范作用是法作用于社会的特殊形式，以此为手段而实现法的社会作用的目的。

（一）法的规范作用

法的规范作用大体可分为指引、评价、教育、预测和强制五种，法的这五种规范作用是法律必备的，任何社会的法律都具有。但是，在不同的社会制度下，由于法律的性质和价值的不同，法的规范作用的实现程度是有所不同的。

指引作用是指法对本人行为起到导向、引路作用。法的指引是一种规范指引，不同于个别指引，个别指引是通过一个具体的指示就具体的人和情况进行指引，它针对性强，很具体，但有可能造成时间、精力和经济上的浪费。而规范指引虽然抽象，但具有连续性、稳定性和高效率的优点，是建立社会秩序必不可少的条件和手段。

评价作用是指法律作为人们对他人行为的评价标准所起的作用。法的评价是用法的规范性、统一性、普遍性、强制性和综合性的标准来评判人们的行为，其着重点在于行为人的外部行为、实际效果以及行为人的责任。相对于道德评价来讲，法的评价是国家的一种最低要求。

预测作用是人们根据法律可以预先估计人们相互间将怎样行为以及行为的后果等，从而对自己的行为做出合理的安排。法之所以具有预测作用在于法具有规范性和确定性。通过法的预测作用可以减少行动的偶然性和盲目性，提高行动的实际效果。

教育作用是通过法的实施使法律对一般人的行为产生影响。这种作用又具体表现为警示作用和示范作用。法的教育作用对提高公民法律意识、权利意识、义务观念，促使公民自觉遵守法律具有重要作用。

强制作用指法可以通过制裁违法犯罪行为来强制人们遵守法律。强制行为的对象是违法者的行为，以此来加强法的权威性，保护人们的正当权利，增强人们的安全感。法的强制制裁形式多种多样，如刑法中的管制、拘役、有期徒刑、无期徒刑、死刑等；民法中的消除危险、返还原物、赔偿损失等；行政法中的警告、罚款、拘留等。

（二）法的社会作用

法的社会作用是从法的本质和目的角度出发确定的法的作用，是法的实际目的。按照国家的对内职能，法的社会作用可以分为阶级统治作用和社会管理作用两大部分。法的阶级管理统治作用是指法在经济统治、政治统治、思想统治等方面的作用。阶级统治运用法律除了保障经济、政治和思想上的统治地位外，还处理本阶级内部关系，如分配统治权和利益、处罚内部成员的违法犯罪行为等；社会管理作用是指法在维护人类基本生活条件、确认技术规范等方面的社会公共事务管理的作用。法的社会作用的基本手段包括确认、调节、制裁、组织和引导等。

第二节　物业管理法规概述

一、物业管理的产生和发展

（一）物业管理的法学释义

从词源上看，"物业管理"一词译自英文"property management"，其"property"一词实为"real property"中省略"real"而来，其意为"不动产管理"，但这种简单的术语对应实际上仍然难以掩盖其背后法律调整体系的差异。

由于英美法没有大陆法严格意义上的物权与债权的划分概念，"property"一词实际上具有财产、动产、不动产的多重含义，兼跨物权、债权等多种权利属性。虽然在"物业管理"意义上使用的"property"重点强调的是"real property"，限于不动产及其类属物，但是从英美法的实践看，作为管理对象的"property"实质上包容了非常广泛的内容，不仅仅限定为不动产（主要是房产楼宇）等硬件因素，更涉及由此产生的所有权、租赁权甚至资产管理和交易的软性交易因素。从这种意义上说，正像这一英文术语在大陆法语境下的模糊性那样，国外的"物业管理"就其"property"之指称在对象上体现出了非常纷繁复杂的样态，并形成了复杂完善的各业规范体系。从这种意义上说，将"property"译为"物业"倒是一种依模糊就模糊的省事做法。

汉语中的"物""业"二字是多义词。"物"作为名词，主要有两种含义：一是自然生成和人工形成的、可被人感觉的诸种客观存在；二是"我"以外的人、事物或环境，即特定主体外的客观存在。"业"作为名词也主要有两种含义：一是从事劳作的社会经济部门、业务领域或工作岗位，例如事业、产业、就业等；二是指归属一定主体所有的天然生成物及劳动成果，例如业主、家业等。但是早期的汉语中并没有将物业连用的表达习惯。宋代以后的使用较多一些，一般称动产为物，不动产为业。《宋刑统·户婚律》："应典买倚当物业，先问房亲，次问四邻，房亲著价不尽，亦任就得价高处交易。"《宋会要辑稿♯食货》："应有已经正典物业……"。《册府元龟》："其有典质倚当物业，仰官牙人及四邻人同属文契。"就汉语物业一词本意而言，物业是人们居住劳作活动所依赖和所利用的地理条件及归属人们的或群体的、包括动产和不动产在内的财产。

在法学上，物业具有广义和狭义两重含义。广义的物业是指已划定东南西北四至界限的特定土地范围内具有不动产性质的由诸种物体和环境构成的财产，以及依法设置对于该宗财产上的诸种财产利益。狭义的物业是指单元性房地产，具体的讲是仅指一定建设用地范围内具有不动产性质的土地、房屋、附属设施及空间环境。本书所用的是狭义的概念。如《上海市居住物业管理条例》所称居住物业是指住宅以及相关的公共设施；《深圳经济特区住宅区物业管理条例》所称物业是指住宅区内各类房屋及相配套的公用设施、设备及公共场地；《广东省物业管理条例》所称物业是指已建成并交付使用的住宅、工业厂房、商业用房等建筑物及其附属的设施、设备和相关场地。物业与房地产既有本质的联系，又在使用上有所区别。物业一般用于指某项具体的建筑物和场地、庭院、干道，而房地产则多用于泛指一个国家、地区或城市所有的房产和地产。物业常指个体，房地产常指整体。从产业上说，虽然物业管理也是指具体的房地产经营与管理活动，但物业是进入消费领域的房地产品，物业管理是房地产业在消费领域的延伸活动。

随着时代的发展，词语一般都会有意义上的演变。如果既要尊重已形成的习惯称谓又要做到与时俱进，那么只能赋予习惯称谓以新的含义。正如有学者提出"物业管理"与"人居服务"是同一概念，❶换言之物业管理就是人居服务的意思。按照我国《物业管理条例》第二条的规定，物业管理是指业主通过选聘物业管理企业，由业主和物业管理企业按照物业服务合同约定，对房屋及配套的设施设备和相关场地进行维修、养护管理，维护相关区域内的环境卫生和秩序的活动。又如《北京市居住小区物业管理办法》第四条所称物业管理，是指居住小区的物业产权人、使用人委托物业管理企业对房屋及其设备以及相关的居住环境进行维护、修缮和服务的活动。

限于时代的要求，我们将物业管理理解为专门组织受物业所有人的委托，依照国家有关法规和合同，行使管理权，运用现代管理科学和先进维修养护技术，以经济手段对物业实施多功能全方位的统一管理，同时对物业周围的环境、清洁卫生、安全保卫、公共绿化道路养护等统一实施专业化管理，并向物业的所有权人或使用权人提供多方面的综合服务，使物业发挥最大的使用价值和经济价值。具体应包括以下七层含义：

其一，物业管理的对象是物业，通常是已投入使用的楼宇；

其二，物业管理的服务对象是人，即物业所有人和使用人；

其三，物业管理的属性是经营，它所提供的是有偿的、无形的劳务活动，是一种特殊的商品；

其四，物业管理的发生基础是合同，通过一定的合同规定相关各方的权利、责任和义务；

其五，物业管理的基本要求是统一管理和协调，既包括相对独立的物业或小区物业的

---

❶　参见徐建明、王洪卫著《物业管理法学》第 17 页，上海财经大学出版社 2001 年 7 月版。

统一管理和协调，也包括辖区内各个方面的统一管理和协调；

其六，物业管理活动具有完善物业的使用效能，促进物业保值、增值的作用；

其七，物业管理融管理、服务、经营于一体。

（二）物业管理的起源及发展历程

传统意义上的物业管理起源于 19 世纪 60 年代的英国。工业革命的发展促使大量农村人口涌入城市，一些房地产开发商抓住机会建造了一批简易住宅以低廉价格租给贫民和工人家庭居住。由于住宅设施极为简陋，环境条件极差。不仅承租人拖欠租金，而且房屋破损也十分严重，居住环境日益恶化，严重影响了业主的经济效益。一位名叫奥克维娅·希尔的女士，为其名下出租的物业制定了一套规范租户行为的管理办法，出乎意料地收到了良好的效果，当地业主纷纷向她学习，此管理方法逐渐推广、改进和创新。

发展到今天，英国的物业管理已经较为成熟。除了传统意义上的房屋维修、养护、清洁、保安外，物业管理的内容已经拓展到物业功能布局和划分、市场行情调研和预测、物业租售推广代理、目标客户群认定、工程咨询和监理、通讯及旅行安排、智能系统化服务、专门性社会保障服务等全方位服务。同时在物业管理上形成了依法管理的特点。除了直接物业管理法规外，一些房地产法规对此也有间接规定。英国常见的房地产开发管理的法律、法规有 50 多种，如《城乡规划法》、《城乡保护 1990 年法案》、《建筑编目与保护区域 1990 年规划法案》等。此外还有美国的《联邦住宅法》、加拿大的《全国住房法》、香港的 1970 年《多层建筑物（业主法团）条例》和《建筑物条例》等。

相较而言，我国的物业管理起步较晚，20 世纪 80 年代才随着房地产业的发展从香港地区引进并推广开来。因此，我国物业的基本内涵和外延在产生伊始就体现出二元性：概念上的封闭性和实践上的开放性。由于我国属于传统的大陆法体系，在基本的理论定位上，习惯于将其作为物权的范畴进行规制；但基本的实践得之于国外的影响，尤其是英美的影响，因此在实际的运用中，作为管理对象的"物业"不仅仅限于特定四至的不动产权益管理，更上升为各种财产权益和人身关系的综合管理服务。

我国内地从广州、深圳率先引进"物业管理"的概念开始，经过十多年的发展，物业管理已经像春风一样吹遍了祖国大地，物业公司像雨后春笋般地出现，并且随着社会经济的发展和人民物质文化生活水平的提高，对提高住宅的功能、质量，改善居住环境以及由温饱向小康过渡的要求越来越迫切，良好的物业管理为住户提供了公共服务、专项服务和特约服务。

（三）新时期物业管理的发展趋势

物业管理商业化。物业管理过程商业化，它的每项业务都是有偿的，是物业管理组织的经济行为。要求一方面要努力采取措施降低成本，另一方面要积极开拓经营渠道，扩大服务范围和提高服务质量以增加收入。我国目前物业管理还没有完全实现商业化的运营，很多地方还处于转轨时期。原有的房屋管理体制是一种行政性的管理，属于政府行为。而我们所说的商业化物业管理是把管理和服务作为一种产品由独立核算、自负盈亏的物业管理公司来经营，是一种企业的商业行为。在市场经济的大潮中物业管理的服务性会愈发得到体现，作为一种特殊的产品将成为房地产行业中一支较大的分支，成为现代都市的朝阳产业。

物业管理专业化。首先物业管理必须有专门的组织机构，专业物业管理公司要有科学健全的组织机构，各部门各司其职、分工协作，顺利实施管理。其次，有专业人员配备或可以合作的专业技术力量。物业管理所涉及的领域颇为广泛，包括管理、服务、维修、市场营销、财务等各个岗位要有专业的人才配备或与专业的服务公司合作。第三，有必要的专业工具，这是实施物业管理的保证。

物业管理社会化。首先，为了适应社会化大生产专业分工的要求，房地产开发商要善于把自己所开发的物业委托给专业物业管理公司去管理，以保证自己的经营效率。即使是开发商直属的物业管理公司，如果具备了资质条件也要鼓励其走向社会通过竞争承接其他管理业务。同时要提倡物业管理公司跨省区接管各类型的物业。其次，物业管理的社会化还表现在它是一项需要全社会的参与、监督，才能得以健康发展的事业。物业管理与每一位业主或使用者密切相关，所以必须由业主管理委员会代表业主来参与管理，维护他们自身的权益。物业管理又涉及治安、消防、卫生保健、清洁环卫、水电供应等多方面的问题，所以需要有关部门、有关专业公司积极参与，才能提高管理和服务质量，提高经济效率。

物业管理法制化。要通过物业管理立法，制定物业管理实施的有关法律、法规和政策，以规范政府、业主及物业管理公司的行为，协调政府与管理者之间、业主与管理企业之间、管理企业内部的各种关系。如确定物业管理公司的法律地位、经营性质、经营方式；规定实施物业管理的原则及应负有的法律责任；住宅区业主、产权人和使用人应遵守的规定，享有的权利义务；政府对物业管理活动的监督、协调、宏观调控等等。

二、物业管理立法

物业管理立法是由法定的国家机关依据法定程序，运用一定立法技术所进行的制定、认可、修改、补充和废止，用以调整物业管理社会关系的具有普遍性的法律规范及其系统文件的活动。

（一）物业管理立法体制

事实上，各国对物业管理的规定在立法体系和名称使用上并不一致，主要有以下四类：

1. 民法模式

此种模式以意大利和瑞士为代表。指在民法典中设若干条款，以规范物业管理中的法律关系。如意大利新民法典的第 1117 条至 1139 条有下列规定：建筑物共同部分之范围，共有人对共同所有物之权利，共同部分之不可分割性；共用部分之变更，共同所有建筑物的部分设置，费用之分担，楼梯之维护与重建；顶棚、地下室、地板的维护与整修；日光浴室之排他使用；建筑顶楼之建筑；建筑物全毁或者部分损毁；管理人的选任与解任，管理人之职务，管理人的代表权；关于分层住宅所有人（区分所有权人）不赞同时之提起诉讼；管理人之处置，分层住宅所有人引起之费用；分层住宅所有人会议的权限，分层住宅所有人会议之组织的决议的效力，分层住宅所有人会议人异议；分层住宅所有人间之规约，共同所有法则之准用。这样使得民法典更加丰满和完善。其缺点则是无法详尽物业管理的诸项制度，使法律的操作性削弱。

2. 住宅法模式

主要是英美法系的英国、加拿大、澳大利亚、新西兰、印度等国所采取。通过制定一部住宅法对所有类型住宅的所有、租赁等法律关系进行专门调整，这其中包括物业管理。

如英国于 1957 年制定的《住宅法》的第三部分对区分所有建筑物之管理规定为多头管理体制，住宅管理机关为房主管理当局，包括：依《住宅法》而成立的住宅公司，符合1960 年慈善团体法的信托组织；都市发展公司及威尔士乡村发展理事会。显然其适用范围限于住宅，不含非住宅的房屋，在现今这种有众多的写字楼、商业用房的状况下，显然是不合时宜的。

3. 建筑物区分所有权法模式

此种模式以德国、日本、法国等国为代表，专门制定建筑物区分所有权法，用专章或专节对物业管理进行规定。如 1962 年 4 月 4 日日本颁布《有关建筑物区分所有权之法律》，后于 1979 年和 1983 年两次修订。修订后的日本建筑物区分所有权法的第一章第四节为"管理人"，内容包括：管理人的选任和解任、管理人的权限、管理所有、委托规定的准用及区分所有权人的责任等。第五节为"规约及集会"，内容包括：规约事项、规约的设定、变更及废止、依公证书设定规约、规约的保管及阅览、关于集会的召集、决议事项的限制、表决权等等。第六节为"管理团体法人"，内容包括：管理团体法人之成立、名称，管理团体法人之理事、监事、监事的代表权，管理团体法人事务的执行等等。这种模式将物业管理法律作为建筑物区分所有权的三大要素之一加以规定，对于明确物业管理中各当事人的法律地位具有重大意义。

4. 物业管理法模式

以我国香港和台湾地区为代表，专设物业管理法进行统一规制。如台湾在 1987 年 6月拟订出《高楼住宅管理维护法》（草案），该草案是对物业管理进行专门规定的法律，虽未正式通过，但代表了台湾地区对物业管理立法模式的选择；1992 年台湾"内政部"公布了《公寓大厦及社区安全管理办法》，是从治安目的出发，对物业进行管理的专门法律，《公寓大厦管理条例实施细则》（1996 年 10 月 2 日发布），《公寓大厦管理条例》（2000 年4 月 26 日修正）。香港于 1970 年制定《多层大厦（业主立案法团）条例》，该条例也是对物业管理进行专门的立法。主要内容包括三部分：关于公共契约、关于多层建筑物业主立案法团和关于管理委员会。我国于 2003 年 9 月 1 日实施的《物业管理条例》也采此种模式。从历史上看，这是物业管理立法的最新模式。

尽管我国的物业管理立法模式处于较为先进的地位，但是由于我国的整个房地产行业和立法起步较晚，国家经济发展不均衡，地域差异较大等原因，导致了物业管理立法诸多不足之处。

首先，物业管理实践先行，物业管理立法跟进较慢。1979 年 10 月广州东华实业公司对广州市东湖新村实行"综合管理、有偿服务、以业养业、自我发展"的物业管理模式和1981 年 3 月 10 日深圳市物业管理公司成立为先导，专业化的物业管理已经开始在一些城市陆续付诸实践。直到 1994 年 3 月 21 日，山东省青岛市政府以 18 号令批准发布全国第一个关于物业管理的地方政府规章《青岛市住宅小区物业管理试行办法》；同年 3 月 23 日建设部以第 33 号令发布了建国以来关于物业管理的第一个主要行政规章《城市新建住宅小区管理办法》；同年 6 月 18 日深圳市人大常委会通过了第一部地方性法规《深圳经济特区住宅区物业管理条例》。而国务院公布的第一部行政法规《物业管理条例》是在 2003 年6 月 28 日。自此中国确立了物业管理在房地产业中应有的法律地位。

其次，住宅区物业管理先行，非住宅区物业管理立法有待充实。我国物业管理实施的开始和重点是住宅小区。现行物业管理的行政法规、地方性法规和行政规章，大都是直接针对住宅物业的管理制定的，而对写字楼、厂商楼的非居住性物业管理只简单地规定可以参照住宅区物业管理规范执行。省级物业管理规范文件中，只有极少数的像重庆市政府出台的《重庆市物业管理办法》试图将非居住物业与居住物业一样直接纳入该办法适用范围。但就其规定的内容而言，也未能针对非居住物业的特殊性作出相应的特别规定。

另外还有如区分所有权制度的完善；物业管理法制的本土化和技术性管理部分向国外借鉴等问题还有待改善。

（二）我国物业管理法规体系

我国现行物业管理立法体制是一个以国家立法权为核心，中央和地方并重、多类结合的立法体制。根据其制定机关的不同和法律规范效力的差异具体表现形式如下：

1. 宪法

宪法是国家的基本法，由全国人民代表大会制定，具有最高的法律效力，是物业管理法律规范制定的基础和依据。任何法律法规都不得与宪法相抵触。我国 1982 年颁布，分别于 1988 年、1993 年、1999 年、2004 年修正的《中华人民共和国宪法》中的部分条款是物业管理立法的基础性和指导性规定，如第十条规定："城市的土地属于国家所有。农村和城市郊区的土地，除由法律规定属于国家所有的以外，属于集体所有；宅基地和自留地、自留山，也属于集体所有。国家为了公共利益的需要可以依照法律规定对土地实行征收或者征用并给予补偿。任何组织或者个人不得侵占、买卖或者以其他形式非法转让土地。土地的使用权可以依照法律的规定转让。一切使用土地的组织和个人必须合理地利用土地"。第十三条规定："公民的合法的私有财产不受侵犯。国家依照法律规定保护公民的私有财产权和继承权。国家为了公共利益的需要，可以依照法律规定对公民的私有财产实行征收或征用并给予补偿。"

2. 法律

法律是由国家最高权力机关及其常设机关即全国人民代表大会和全国人大常委会制定颁布的规范性文件，法律效力仅次于宪法。我国并没有专门调整物业管理关系的《物业管理法》等法律。此类等级的物业管理法律规范相关内容只是散见于《中华人民共和国民法通则》、《中华人民共和国房地产管理法》、《中华人民共和国合同法》、《中华人民共和国土地管理法》等法律中。

3. 行政法规

行政法规是由国家最高行政机关即国务院在法定职权范围内为实施宪法和法律而制定的有关国家行政管理的规范性文件，其效力次于宪法和法律，同样在全国范围内生效。如 2003 年 6 月 8 日发布的《物业管理条例》、1983 年 12 月 17 日发布的《城市私有房屋管理条例》、2000 年 1 月 30 日发布的《建设工程质量管理条例》等。

4. 部门规章

部门规章是国务院所属部委根据法律和国务院行政法规、决定、命令，在本部门的权限内，所发布的各种行政性的规范性文件，其效力低于宪法、法律和行政法规。国务院所属各部委在其职权范围内发布的有关的物业管理的命令、指示、规章，也是我国物业管理法律规范的具体表现形式之一。例如，建设部 1989 年第 5 号令发布的《城市异产毗邻房屋管理规定》、建设部 1994 年第 33 号令发布的《城市新建住宅小区管理办法》、公安部

1992 年第 11 号令发布的《高层居民住宅楼防火管理规则》等。

5. 地方性法规

地方性法规是由省、自治区、直辖市、省会城市和经国务院批准的较大的市的人民代表大会及其常务委员会根据本行政区域的具体情况和实际需要，依法制定的在本行政区域内具有法的效力的规范性文件，其效力低于宪法、法律和行政法规。在所制定的地方性法规中，有关物业管理方面的规定是物业管理法律规范在该层级立法的具体表现。例如，1997 年 5 月 28 日通过并自同年 10 月 1 日起施行的《上海市居住物业管理条例》、1998 年 7 月 29 日通过的《广东省物业管理条例》和 1999 年 6 月 30 日通过修改的《深圳经济特区住宅物业管理条例》等。

6. 地方政府规章

省、自治区、直辖市、省会城市和较大的市的人民政府、可以根据法律、行政法规和地方性法规，制定地方政府规章，其效力低于同级权力机关制定的地方性法规。所制定并颁布的物业管理方面的规章，是物业管理法律法规在该层级立法的具体表现。例如。1998 年 7 月 20 日发布的《深圳经济特区物业管理行业管理办法》、2001 年 3 月 23 日发布的《广州市物业管理办法》等。

7. 其他

司法解释和国家政策也是物业管理法律规范的非典型表现形式，在很多时候，起着法律的作用，从而保障人们的权益并约束人们的行为。司法解释是由最高司法机关(最高人民法院、最高人民检察院)对工作中具体应用法律问题所做的解释。国务院和各级政府在没有法律规定的情况下可以制定不违反法律的政策，以适应物业管理发展的需要。

物业管理法规体系是由不同类型、不同层次、结构合理、内部和谐、体例科学，有明确分工又相互协调统一的调整物业管理社会关系的法律规范的有机整体。

(三) 我国物业管理条例主要内容简介

2003 年 6 月 8 日，国务院第 379 号令《物业管理条例》颁布，并于 2003 年 9 月 1 日起施行。《物业管理条例》的颁布与实施标志着我国物业管理行业进入了依法管理的轨道，必将有力地促进我国物业管理行业的健康、有序发展。《物业管理条例》的主要内容包括：

1. 十项基本制度

(1) 告知制度：

第一，住宅小区的业主大会会议，应当同时告知相关的居民委员会。

第二，业主大会、业主委员会作出的决定违反法律、法规的，物业所在地的区、县人民政府房地产行政主管部门，应当责令限期改正或者撤销其决定，并通告全体业主。

第三，住宅小区的业主大会、业主委员会作出的决定，应当告知相关的居民委员会。

第四，业主需改变公共建筑和共用设施用途的，应当告知物业管理企业。

第五，业主需要装饰装修房屋的，应当事先告知物业管理企业。

第六，物业管理企业应当将房屋装饰装修的禁止行为和注意事项告知业主。

(2) 业主委员会备案制度。业主委员会应当自选举产生之日起 30 日内，向物业所在地的区、县人民政府房地产行政主管部门备案。

(3) 招标投标制度。国家提倡建设单位按照房地产开发与物业管理相分离的原则，通过招投标的方式选聘具有相应资质的物业管理企业。住宅物业的建设单位，应当通过招投标的方式选聘具有相应资质的物业管理企业。

（4）承接验收制度。物业管理企业承接物业时，应当对物业共用部分、共用设施进行查验；物业管理企业承接物业时应当与业主委员会办理物业验收手续。

（5）保修责任制度：

第一，建设单位应当按照国家规定的保修期限和保修范围，承担物业的保修责任。

第二，供水、供电、供气、供热、通讯、有线电视等单位，应当依法承担物业管理区域内相关管线和设施设备维修、养护的责任。

第三，物业存在安全隐患，危及公共利益及他人合法权益时，责任人应当及时维修养护，有关业主应当给予配合。

第四，责任人不履行维修养护义务的，经业主大会同意，可以由物业管理企业维修保养，费用由责任人承担。

（6）资质管理制度。国家对从事物业管理活动的企业实行资质管理制度。

（7）人员资格制度。从事物业管理的人员应当按照国家有关规定，取得职业资格证书。

（8）交接制度。物业服务合同终止时，物业管理企业应当将物业管理用房和本条例第二十九条第一款规定的资料交还给业主委员会。物业服务合同终止时，业主大会选聘了新的物业管理企业的，物业管理企业之间应当做好交接工作。

（9）报告制度。对物业管理区域内违反有关治安、环保、物业装饰装修和使用等方面法律、法规规定的行为，物业管理企业应当制止，并及时向有关部门报告。物业管理企业应当协助做好物业管理区域内的安全防范工作；发生安全事故时，物业管理企业在采取应急措施的同时，应当及时向有关行政管理部门报告，协助做好救助工作。

（10）专项维修资金制度。住宅物业小区内的非物业或者与单幢住宅楼结构相连的非住宅物业的业主，应当按照国家有关部门规定交纳专项维修资金。

2. 六项禁止行为

（1）业主大会、业主委员会应当依法履行职责，不得作出与物业管理无关的决定，不得从事与物业管理无关的活动；物业使用人在物业管理活动中的权利义务由业主和物业使用人约定，但不得违反法律、法规和业主公约的有关规定。

（2）业主依法享有的物业共用部位、共用设施设备的所有权或者使用权，建设单位不得转让给他人。

（3）物业管理用房的所有权属于业主。未经业主大会同意，物业管理企业不得改变物业管理用房的用途。

（4）物业管理企业可以将物业管理区域内的专项服务业务转托给专业服务公司，但不得将该区域内的全部物业管理一并委托给他人。

（5）物业管理区域内按照规划建设的公共建筑和共用设施，不得改变用途。

（6）业主、物业管理企业不得擅自占用、挖掘物业管理区域内的道路、场地，损害业主的共同利益。

3. 授权四项规定

（1）物业管理区域的划分应当考虑物业的共用设施设备、建筑物规模、社区建设等因素。具体办法由省、自治区、直辖市制定。

（2）业主在首次业主大会会议上的投票权，根据业主拥有物业的建筑面积、住宅套数等因素确定。具体办法由省、自治区、直辖市制定。

（3）国家对从事物业管理活动的企业实行资质管理制度。具体办法由国务院建设行政主管部门制定。

（4）专项维修资金收取、使用、管理的办法由国务院建设行政主管部门会同国务院财政部门制定。

4. 两项书面合同

（1）前期物业服务合同。在业主、业主大会选聘物业管理企业之前，建设单位选聘物业管理企业的，应当签订书面的前期物业服务合同。

（2）物业服务合同。业主委员会应当与业主大会选聘的物业管理企业签订书面的物业服务合同。

三、物业管理法的研究对象

（一）物业管理法与物业管理法学

物业管理法是由国家权力机关或其授权的行政机关制定的，旨在调整物业管理活动中国家及其有关机构、物业管理主体、物业服务对象之间的各种社会关系的法律规范的总称。它是以特定的活动或行业行为规范内容而构成的，表现为物业管理法律、行政法规和部门规章、地方性法规和规章。从狭义上讲，我国没有物业管理法律，仅有一部《物业管理条例》。从广义上讲，除狭义所指范围外，凡是宪法、经济法、民法等各部门法律中有关物业管理活动及物业管理关系的法律规范，都属于物业管理法的范畴。本书不做特殊说明均指广义的概念。

物业管理法学是指综合研究调整物业管理社会关系的法自身及其法制现象（包括形成演变消亡）和不同地域不同时期表现的学科。它具有对象的特定性、学科的分支性、内容的综合性等特征。

（二）物业管理法的研究对象与调整对象

物业管理法学研究对象是建立在该学科的基础和与其他学科相区别的根本依据，有其特定研究的内容系列范围。从辨证法角度来看，物业管理法学就是以对物业管理社会关系内在的核心矛盾——物业属主的多元化与物业管理关系的社会化的矛盾研究为基点，展开对物业管理社会关系各种内在矛盾关系（如物业管理公益性与专业企业法人营利性的矛盾关系、城乡基层群众性自治组织与业主团体自治管理的矛盾关系等）运动如何反映到法律规范中和怎样受法调整的研究探讨，建设成一门体系化的学科。

物业管理法的所谓"调整"，是指国家将其意志深入到物业管理关系领域，使其上升为物业管理法律关系。所谓"调整对象"，则是物业管理法应当促进、限制、取缔和保护的各种社会关系。

首先是物业管理活动中的行政管理关系。这是国家及其建设主管部门和房地产行政主管部门同物业管理企业、业主及有关单位之间发生的相应的管理与被管理关系。它包括两个相互关联的方面：一方面是对物业管理活动的规划、指导、协调与服务；另一方面是检查、监督、控制和调节。这其中既要明确各级建设行政管理部门相互之间及内部各方面在物业管理活动中的责权利关系，又要科学地建立建设行政主管部门和房地产行政主管部门同各类物业管理活动主体之间规范的管理关系。这些都应该纳入物业管理法的调整对象。

其次是物业管理活动中的民事关系。这是指因物业管理活动而产生的国家、企事业单位、社会团体、公民之间的民事权利义务关系。主要包括：在物业管理中产生的合同关系、委托关系；在物业管理发生的有关自然人的损害赔偿关系；物业交易中的买卖、租赁、权属关系等。物业管理活动中的民事关系既涉及国家利益，又关系着个人的权益，因此应当按照民法和物业管理法中的民事法律规范予以调整。

再次是物业管理活动中的经济关系。

（三）物业管理法学的具体研究对象

从逻辑上看包括法学基础理论、分支理论、应用理论三个主要方面。从比较具体的范围来看，物业管理法学的研究对象主要包括：(1)物业管理社会核心矛盾和主要矛盾的法学揭示与分析；(2)物业管理法及法制生成和异化的历史过程及其一般规律；(3)物业管理法的调整对象和调整范围；(4)物业管理法立法、执法、司法、督法、守法的体制；(5)物业管理法的本土化分析；(6)物业管理法的自身构成；(7)物业管理法的立法宗旨、基本原则和功能作用、物业管理法律关系特点、物业管理法律行为特点；(10)物业管理中产权法理与制度；(11)业主自治管理法理与制度；(12)物业管理企业组织法理与制度；(13)物业管理行政监督指导法理；(14)物业管理市场准入和竞争法理与制度；(15)物业管理的服务合同法理与制度；(16)物业管理的专用基金和物业维修责任法理与制度；(17)物业管理中的环境管理法理与制度；(18)物业管理中的公共秩序管理法理与制度；(19)物业管理纠纷处理制度；(20)不同国家、地区的物业管理法制度比较研究以及对中国物业管理立法完善的对策建议；等等。

四、物业管理法的地位和作用

（一）物业管理法的地位

法律地位是指在整个法律体系中所处的状态，具体指某个法律属于哪一个法律部门，且在该法律部门中居于何等层次。法律部门又称为法的部门、部门法，是根据一定的标准和原则所划分的同类法律规范的总称。划分的标准主要是法律所调整的社会关系，其次是法律调整方法。法律的调整对象解决的是某一法律部门的规范调整什么样的社会关系的问题，而法律调整方法解决的是指明这种社会关系是怎样被调整的。

物业管理法的调整对象是物业管理活动中的行政管理关系和民事关系，若仅从物业管理公司与业主之间订立的物业管理合同而从事物业管理活动来看，他们之间产生合同法律关系，应属民法部门。但从整体来看物业管理法侧重于对物业管理行业和对物业管理活动当事人的行政管理为主，它注重以国家意志干预（规范、指导、监控）整个物业管理行业的运行，更强调业主的自治管理，如规定物业权属区分、物业维修、物业管理公司的资质、业主大会召开、物业管理法律责任等。因此，虽然物业管理法中有一部分是民法规范，物业管理法就总体而言是属于经济法部门的。

（二）物业管理法的作用

市场经济是法制经济，它需要通过一系列的法律、法规、规章来规范经济运行的程序。物业管理的蓬勃发展，客观上要求用物业管理法来加以规范、推动和保障。前文已经谈到法的作用，下面更具体地阐述几点：

1. 物业管理法制建设保障物业管理权利人合法权益

物业管理权益是一个统一的多层次的整体。主要包括物业所有权、物业使用权、物业抵押权、物业租赁权等。比如《物业管理条例》从如下几个方面加强了对业主合法权益的保护：一是明确列举了业主在物业管理活动中享有的权利及其内容；二是规定物业管理区域内全体业主组成业主大会，并选举产生业主委员会，业主大会决定物业管理中的重大事项，业主委员会负责公共日常事务；三是规范了业主大会的会议形式和表决方式，业主通过业主大会行使自己在物业管理中的权利，如自主地选聘或者解聘物业管理企业等；四是通过规范建设单位、物业管理企业的行为，来保护业主的合法权益。如条例规定了建设单位不得擅自处分业主依法享有的物业共用部位、共同设施设备的所有权或者使用权。条例还明确了物业管理用房的所有权归业主，物业管理企业不能擅自改变其用途；物业管理企业在代收有关公用事业费用时，不得收取手续费等额外费用。

2. 物业管理法制建设规范物业管理活动

目前，物业管理行业不断发展，物业管理新体制已被工业区、学校、医院、车站、机场、商场、办公楼宇等各类物业的管理所采用。物业管理法规从为业主自治管理的组建和物业管理企业的运行，到物业管理事务委托实施和各有关方面监督管理，都给出了法定行为程序，规定了相应权利义务，以法律的权威保障和增强依法行为和信守合同的法治观念。无论是市场行为还是政府的行政监督指导行为都要严格按照法律办事，摆脱物业管理行业的无序状态。

3. 物业管理法制建设推动人民居住环境持续性发展和人民生活质量不断提高

物业管理法规的立法目的和宗旨明确表达了实行物业管理法制的主要目的是：推行社会化、专业化、市场化、协作化物业管理新体制，规范业主自治行为、物业的专业管理行为和提供人居的行为，明确业主、物业管理企业、有关政府管理部门和社会组织的权利和义务，保障物业的安全和合理使用，维护物业管理关系当事人的权益，创建物业区域内的良好公共秩序，保持安全、卫生、方便、舒适、健康的人民居住使用物业的环境。实施物业管理法规，使具有中国特色的现代物业管理在住宅区、工厂区、大厦楼宇等场所全方位推行，必然会改变城镇形象面貌，使城镇及现代化的乡村向物业安全、环境整洁卫生、生活方便、公共秩序井然和社会稳定的方向迈进。

复 习 思 考 题

1. 什么是法律发展的一般规律和法本质？
2. 法的表现形式是什么？
3. 简述物业、物业管理、物业管理法的概念。
4. 简述物业管理法的立法模式。
5. 物业管理法的地位是什么？

第二章　物业管理法律关系

学习目的与要求

法律关系是各法律制度中最为重要的部分，也是分析适用法律制度的重要工具，判断和解决纠纷的"准绳"。本章讲述的物业管理法律关系概述以及按照其构成而分别论及的主体、客体、主体对客体的利用方式等问题，是物业管理法规的基础。涉及的基本概念应当熟练掌握和理解，并能够应用在纠纷的解决和防范中。

第一节　物业管理法律关系概述

一、物业管理法律关系概述

法律关系是法律规范在调整人们行为过程中形成的法律上的权利和义务的关系，它是基于法律规范而形成的特殊社会关系。物业管理法律关系也是这样，它是物业法律规范在调整物业管理活动的过程中所形成的特定主体间的权利和义务关系。它是具体的法律关系系统中的一个分支关系，是物业管理社会关系中的法律调整形式。例如，依据我国《物业管理条例》第四十四条"物业管理企业可以根据业主的委托提供物业服务合同约定外的服务项目，服务报酬由双方约定"。业主与物业管理企业就可以依此形成一个民事的委托合同关系。

物业管理法律关系特征表现在：

1. 物业管理法律关系性质的多重性

物业区分所有关系和物业管理业务内容的复杂性决定了物业管理法律关系的复杂性和复合性，使其在性质上体现出多重性特征。物业管理法律关系既包括横向的平等主体之间在物业委托管理和特约服务过程中发生的物权、债权等民事法律关系，又有纵向的法律地位不平等主体之间即与物业管理有关国家职能机关同业主、业主团体、物业使用人物业管理企业、物业开发建设单位之间所发生的行政管理关系，还包括因国家对物业管理行业和物业管理市场的干预调控而发生的经济法律关系。因此，物业管理法律关系具有一定的综合性，是由多种性质法律关系交叉重叠构成的，这一点有别于其他单一性质的法律关系。

2. 物业管理法律关系的基本主体的特定性

物业管理法律关系的基本主体是享有物业所有权的业主及其团体和合法取得物业管理权的物业管理企业，它们通过市场机制作用和合同来建立有偿的管理服务关系。在经济性和行政管理性的法律关系中的另一相对主体就是国家及其相应的机关。

3. 物业管理法律关系的客体具有特殊性

物业管理法律关系的客体是物业和基于物业派生出来的服务。物业虽属物的范畴，但又不同于传统法律规定的不动产或房地产之物，现代意义的物业更突出物业围括的空间和环境，保护业主们的共有共用空间权和共享环境权是现代物业管理法规的重点任务之一。从物业企业的产品类型来看，其产品是服务类产品，这种服务虽然像其他商业性服务一样具有有偿性，但是受特定物业管理辖区的范围限制且受国家对住宅物业管理的特别优惠政策的调控。

4. 物业管理法律关系的国家干预程度比较大

物业价值，物业围括的居住环境和工作环境对于业主、城市生活和城市风貌的利益关系都有很大影响，物业占用的土地所有权属于国家，土地用途受国家管制，土地上的房屋和其他定着物管理状况对于土地的增值情况影响也很大。因此，国家为保护业主的重大利益，维护国有土地收益，避免因管理不善而人为地造成物业类社会财富的减损，为促进居住环境和城市工作、投资环境的可持续发展，必然要通过法律法规政策对物业管理市场和物业管理企业资质的管理、某些物业管理运作环节和行为关系施以必要的有效干预。这种干预也是国家对物业管理行业的管理，干预的目的也在于引导物业管理行业的健康发展。例如政府对物业管理招投标活动的管理，推行《前期物业管理协议》，对业主委员会实行登记确认制度，政府物业管理行政主管部门负责组织特定住宅区的首次业主会议，选举产生业主委员会，对业主公约、委托物业管理服务合同实行备案公示制度等。

二、物业管理法律关系构成要素

物业管理法律关系的要素是指该种关系必要的构成因素或条件，包括主体、客体、和内容。

（一）物业管理法律关系的主体

物业管理法律关系主体是指依法可以参加到物业管理法律关系中，并在其中享有权利和承担义务的人。

（1）自然人。自然人即个人主体，作为物业管理法律关系的主体有两类。其一，我国公民、外国人和无国籍人。在近现代民法中，只要具有本国国籍的自然人均能从生至死地享有公民权。本国公民和非本国公民的自然人的法律人格一般不平等，但随着现代国家逐渐推广国民待遇，这种差别在缩小。其二，按照我国《民法通则》的规定，个体工商户、农村承包经营户和个人合伙也纳入个人主体的范围内。

（2）法人。法人是相对于自然人而言被法律虚拟地赋予人格的组织。《民法通则》第37条中规定了社会组织取得法人资格应具备的条件：依法成立；有必要的财产和经费；有自己的名称、组织机构和场所；能够独立承担民事责任，其中包括国家机关、企业法人、其他法人。我国《城市新建住宅小区管理办法》第三条规定："房地产行政主管部门负责小区管理的归口管理工作；市政、绿化、卫生、交通、治安、供水、供气、供热等行政主管部门和住宅小区所在地人民政府按职责分工，负责小区管理中有关工作的监督与指导。"物业管理公司是一种具有独立法人地位的企业组织，它通过提供专业化的物业管理服务与业主发生物业管理法律关系。而业主本身也有可能是企业法人。

（3）其他组织。非法人团体也是一种社会组织，它也要依法成立，有自己的名称、组织机构，并且有的也有一些财产、经费。它与法人的区别在于不能独立承担法律责任。如业主大会、业主委员会，又如物业管理公司本身是法人，但其下属的特定物业管理区域的物业管理处则不是法人，只是公司的分之机构。

另外，国家作为一个整体，有时候也是物业管理法律关系的参加者。例如，在对公房这种物业的管理活动中，国家是公房的业主。

（二）物业管理法律关系的客体

法律关系的客体又称权利客体，是权利义务所指向的对象。

（1）物。作为物业管理法律关系客体的物是指物业，包括房屋及其附属的设备、设施和相关的场地。

（2）非物质财富。包括创作活动的产品和其他与人身联系的非物质性的财富。在物业管理活动中，在物业管理的早期介入阶段对物业规划设计的意见、物业管理区内的管理规定以及物业管理公司因进行物业管理服务所形成的品牌商标等都是物业管理法律关系的客体。

（3）权利。业主对物业享有所有权，基于物业所有权派生的一些权利和基于受委托进行物业管理行为涉及的一些权利是物业管理法律关系的客体，包括物业相邻权，如阳光权和通风权、物业代管权、公共秩序维护权等。

（4）行为结果。一定的行为结果可以满足权利人的利益和需要，也可以成为法律关系的客体。在物业管理活动中，权利人通过行为达到某种效果以实现自身所追求的利益。例如，物业管理公司在与小区签订物业管理合同中，承诺提供保安服务，根据该合同，物业管理公司不仅要提供保安服务，而且要提供该服务行为产生的效果即良好的治安环境。行为结果可以表现为有形的结果，也可以表现为无形的结果，如对物业的修缮和维护时则要有有形的行为结果。

（三）物业法律关系的内容

法律关系的内容是指权利和义务。物业管理法律关系的内容就是物业管理法律关系的主体享有的权利和承担的义务。其中权利是指物业管理法律关系主体依法按照自己的意志，做出或者不做出某种行为，以及要求他人做出或不做出某种行为的资格。例如，物业所有权人、使用人依法可以合法使用物业及其配套设施，而且可以要求他人不得侵犯自己的合法所有权和使用权。义务是指物业管理法律关系主体依法律规定或合同约定所承担的某种必须履行的责任，或称必须做出、不做出某种行为的负担。例如，依照物业管理合同的约定，物业管理公司承担做出相应的管理服务行为并达到约定效果的义务，业主则承担交付相应管理费的义务。权利和义务是具有一致性的，没有无权利的义务也没有无义务的权利。一般情况下，物业管理法律关系主体是既享有权利又承担义务的，但具体的权利和义务在不同的法律关系下又有所不同，如前例中的权利和义务是相对但不相同的。

三、物业管理法律关系分类

物业管理法律关系的具体类型很多，可按不同划分标准分出多种类型。

1. 按规范法律关系的法律类型不同，可以分为：

（1）物业管理民事法律关系。是指法律地位平等主体的自然人、法人、其他组织之间依照与物业管理相关民事法律规范形成的权利和义务关系。例如，物业财产权行使法律关系，物业管理服务委托合同法律关系，物业管理公司向业主、物业使用人提供特约服务法律关系、侵权关系等。

（2）物业管理行政法律关系。是指政府、物业管理归口主管行政部门、其他有关职能部门之间及其与业主、业主团体、物业管理企业、其他与物业管理有关主体之间，因行政管理而与物业管理相关行政管理法律规范形成的权利义务关系。例如，归口主管部门的指导和监督法律关系，物业管理企业资质证书审批法律关系，对物业管理中的违法行为依法予以行政处罚法律关系。

（3）物业管理经济法律关系。是指国家及政府职能部门在干预协调整个房地产市场及物业管理行业中与业主、业主团体、物业管理企业及其他法人（物业的开发建设方）和社会组织（物业管理行业协会等）之间依法形成的权利（权力）和义务关系。例如，物业管理行业发展和计划法律关系、物业管理收费价格调控法律关系。

2. 根据物业管理法律关系的属性状态不同可以分为：

（1）静态组织性法律关系。是指物业管理法规所调整的有关国家及其政府和职能部门、业主及其团体、物业管理企业、物业开发建设单位等社会组织的法律地位及其行为权限。在通常情况下，该类法律关系并不直接反映物业所有权和物业经营权的发生和变化，一般属于非财产性质的关系。这种法律关系的参加者，一般总是有执行物业管理行业经济组织管理的经济领导机关，如物业管理归口主管机关、工商行政管理机关等。

（2）动态运行性法律关系。是指根据现行物业管理法律关系的规定，国家、业主及其团体、物业使用人、物业管理企业、其他社会组织之间，为了实现一定的物业管理经济目的而通过市场运行机制或国家宏观调控机制所形成的有关物业的占有、使用、经营管理和收益的权利和义务关系。该类法律关系主要表现为物业所有权、使用权与经营管理权的相对分离情况下物业管理运行的市场关系。

3. 根据物业管理法律规范调整的对象不同，可以分为：

物业产权法律关系，业主自治法律关系，物业委托合同法律关系物业管理企业提供服务法律关系，物业管理收费法律关系，物业管理专用房和经营房法律关系，物业使用和维护法律关系，物业管理行业和物业管理活动行政法律关系等等。

另外还有依物业管理法律关系主体的权利义务是否一致分为单务法律关系和双务法律关系等等。

四、物业管理法律事实

物业管理法律事实是法律规范所规定的，能够引起法律后果即法律关系产生、变更和消灭的现象。物业管理法律关系是不会自然而然地产生，也不是仅凭法律的规定就可以在当事人之间产生的。只有法律事实的出现才能引起法律关系的产生、变更或消灭。所以我们说法律规范是法律关系的前提，而法律事实是法律关系变化的条件。例如《城市新建住宅小区管理办法》第三条规定"房地产行政主管部门负责小区管理的归口管理工作"，依据该规定，房地产行政主管部门负责小区的行政管理权时，就产生了房地产行政主管部门与物业管理公司、业主等方面一系列行政管理法律关系。又如该办法的第七条第二款规定住宅小区管理委员会具有"决定选聘或续聘物业管理公司"的权利，第八条第二款规定物业管理公司具有"依照物业管理合同和管理办法对住宅小区实施管理"的权利，像这样一些规定都是对物业管理法律关系内容的一种预设，但只有"住宅小区委员会"依法产生、物业管理合同确实订立时，物业管理法律关系才真正产生。

（一）物业管理法律事实对物业管理法律关系影响可分为三种状态

1. 物业管理法律关系的产生。是指基于一定法律事实的出现，使物业管理主体间形成了法律上的一定的权利义务关系。例如业主团体与物业管理公司签定物业委托合同的双方合意行为，就产生物业管理的服务法律关系。

2. 物业法律关系的变更。是指某种法律事实的出现，使原来存在的物业管理法律关系构成的诸要素（主体、内容、客体）发生变化。例如，住宅区的开发建设单位在移交住宅区时，按本地方政府有关规定以建造成本价提供住宅区物业管理用房这一法律事实的出现使物业管理用房所有权的主体由开发建设方变为住宅区全体业主共同所有；双方修改物业管理服务合同就可能是法律关系的内容（权利和义务）发生变化。

3. 物业管理法律关系的终止。是指一定法律事实的出现，使原来存在的物业管理法律关系主体之间的权利和义务终止或消失。例如，业主团体合法辞退原聘用的物业管理公司，造成所管理的物业消失现象的发生，会导致原有物业委托管理法律关系归于消灭。

（二）物业管理法律事实依据其是否与物业管理法律关系主体的意志有关而划分为法律事件和法律行为两类

1. 法律事件是指法律规定的、不以物业管理法律关系主体的意志为转移而能引起物业管理法律关系产生、变更或终止的客观情况。

（1）不可抗力事件的事实和社会意外事件的事实。指人们不可预见、不可避免、不可克服的事件，如地震、洪水、社会性的战争等。

（2）自然人的死亡或法人的解散、破产终止的事实。

（3）时间经过。物业委托管理服务合同和特约服务合同对服务提供时间和服务报酬支付时间有约定，法律对诉讼时效和权利的除斥期间有时间持续性限制的规定，时间经过的事实可能引起一定法律关系的发生或终止。

2. 法律行为是指依物业管理法律关系主体的自觉意志能够引起物业管理法律关系的变化之人的活动客观事实。它是人们有意识的自觉活动，是主体将自己内在意思表现于外部，能够产生一定法律效果的行为，包括积极做出的作为和消极不做出的不作为。也可依据是否合乎法律规定分为合法行为与违法行为（包括违约行为、侵权行为）。

五、涉外物业管理民事法律关系

涉外物业管理民事法律关系是指物业管理民事法律关系的三个要素中，有一个或几个涉外因素。即物业管理民事法律关系中的人（包括自然人、法人、其他组织的团体人）、物（标的）或者一定的法律事实与外国、其他法域或国际社会产生并存在某种关系。1992年中国最高人民法院《关于适用〈民事诉讼法〉若干问题的意见》第三百零四条规定："当事人一方或是双方是外国人、无国籍人、外国企业或组织，或当事人之间民事法律关系的设立、变更、终止的法律事实发生在外国，或诉讼标的在外国的民事案件，为涉外案件。"

为了加强对外国人在中国境内私有房屋的管理，保护房屋所有人的合法权益，早在1984年2月国务院发布实行《国务院关于外国人私有房屋的若干规定》，其中明确规定："对外国人在中国境内的个人所有、数人共有的自用或出租的住宅和非住宅用房（以下简称外国人私有房屋）的管理，应当遵守《城市私有房屋管理条例》的规定"，"外国人私有房屋所有人因不在房屋所在地或因其他原因不能管理其房屋时，可以在房屋所在地委托代理人代为管理，委托人应由本人出具委托书。"现行国家和地方物业管理规范性文件中，均未将外国人拥有的物业或外销的商品房排除在外，也未单独作出特别的规定，由此可以推定物业管理立法者是默示适用国民待遇原则。

国际通行的物权冲突规范准则是涉外物权适用物之所在地法。我国《民法通则》第

144 条规定"不动产的所有权适用不动产所在地法律"。最高人民法院《关于贯彻执行〈民法通则〉若干问题的意见》第一百八十六条中进一步指出："不动产的所有权、买卖、租赁、抵押、使用等民事关系，均适用不动产所在地法律。"所以，对在中国境内发生的涉外管理物业问题和纠纷的处理，依法适用中国的法律。至于物业管理公司向具有外国人身份的业主、物业使用人提供非物业性服务而引发的服务违约纠纷，属于合同争议，依据《中华人民共和国合同法》第一百二十六条第一款规定："涉外合同的当事人可以选择处理合同法所适用的法律，但法律另有规定的除外。涉外合同当事人没有选择的适用与合同有最密切联系的国家的法律。"

应该注意的是，中国大陆内地与港澳台人员的物业管理法律关系不属于涉外关系。中国最高人民法院在 1984 年 12 月 26 日《关于港澳同胞持有'英国属土公民护照'和澳葡当局所发身份证在内地人民法院起诉应诉的民事案件，是否作为涉外案件问题的批复》中指出：香港、澳门人员均为中国公民，他们在内地人民法院起诉、应诉的民事案件，不能作为涉外案件处理，仍由基层人民法院管辖，在适用法律上仍适用我国法律。

第二节　物业管理法律关系的一般原理

一、物业管理主体及其业务范围

（一）物业管理企业

1. 物业管理企业概述

物业管理中的物业管理人即是指物业管理企业，是按照法定的条件与程序设立、登记备案、申领物业管理资质等级证书，从事与其资质等级相符合的物业管理经营服务活动的组织。物业管理企业是企业的一种类型。我国企业的法律形态主要包括：个人独资企业、合伙企业、公司、股份合作企业、国有国营企业五种形式。我国的物业管理企业主要是以公司形态存在的，这也是市场经济的要求。

企业依照不同的标准可以有许多分类，如依据企业的所有制性质可分为国有企业、集体企业、私营企业；依据企业的法律地位可分为法人企业、非法人企业；依据投资者不同可分为内资企业、外商投资企业、港澳台商投资企业等等。

我国公司只有两种形式，即有限责任公司和股份有限公司。相应的物业管理公司也必须以这两种形式存在。物业管理公司是指依照公司法在中国境内设立的，具备相应的资质等级，依照有关的法律、法规和物业管理合同的规定对物业进行专业化管理，以赢利为目的的企业法人。物业管理公司的设立、变更、解散、清算等事项都必须按照我国《公司法》的规定。

2. 物业管理企业的资质

物业管理企业的资质是指从事物业管理活动的企业应当具备的人员素质、资金数量、专业技能、管理水平、物业管理业绩等内容的综合考评等级。2004 年 2 月 24 日建设部发布了《物业管理企业资质管理办法》，对物业管理企业的资质等级、标准、申请与审批、业务范围等作出了明确规定。物业管理企业划分为一级、二级、三级三个资质等级和一个临时资质。

（1）资质一级企业

1）注册资本 500 万元以上。

2）物业管理专业人员以及工程、管理、经济等相关专业类的专业职称和技术人员不少于 30 人。具有中级以上职称不少于 20 人，工程、财务等业务负责人具有相应专业中级职称。

3）管理两种以上物业。

4）管理各类物业的建筑面积分别占下列相应计算基数的百分比之和不低于 100%。计算基数是：多层住宅 200 万平方米；高层住宅 100 万平方米；独立式住宅（别墅）15 万平方米；办公楼宇、工业厂房及其他物业 50 万平方米。

5）建立并严格执行服务质量、服务收费等企业管理和标准。建立企业档案系统，有优良的经营管理业绩。

一级资质的企业可以承接各种物业管理项目。

（2）资质二级企业

1）注册资本 300 万元以上。

2）物业管理专业人员以及工程管理、经济等相关专业类的专职管理和技术人员不少于 20 人。中级以上职称的人员不少于 10 人。工程、财务等业务负责人具有相应专业中级以上职称，物业管理专业人员按照国家有关规定取得职业资格证书。

3）管理两种类型以上的物业。

4）管理各类物业的建筑面积分别占下列相应计算基数的百分比之和不低于 100%。计算基数是：多层住宅 100 万平方米；高层住宅 50 万平方米；独立式住宅（别墅）8 万平方米；办公楼宇、工业厂房及其他物业 20 万平方米。

5）建立并严格执行服务质量、服务收费等企业管理制度和标准，建立企业信用档案系统、有良好的经营管理业绩。

二级资质的企业可以承接 30 万平方米以下住宅项目和 8 万平方米以下的非住宅项目的物业管理服务。

（3）资质三级企业

1）注册资本 50 万元以上。

2）物业管理专业人员以及工程、管理、经济等相关专业类的专职管理和技术人员不少于 10 人。具有中级以上职称的人员不少于 5 人，工程、财务业务负责人具有相应专业中级以上职称。

3）物业管理专业人员按照国家有关规定取得职业资格证书。

4）有委托的物业管理项目。

5）建立并严格执行服务质量、服务收费等企业管理制度和标准，建立企业信用档案系统。

三级资质的企业可以承接 20 万平方米以下住宅项目和 5 万平方米以下的非住宅项目的物业管理业务。

3．企业资质管理部门与审批

（1）物业管理的资质实行分级管理制度

建设部负责全国物业管理企业的资质管理工作；省、自治区建委（建设厅）、直辖市房地产局负责本行政区域内的物业管理企业的资质管理工作；市、县房地产局负责本行政区域内相应的物业管理工作。

（2）物业管理企业资质的申请

第一，已经设立的物业管理企业申请评定资质等级应提交以下材料：物业管理企业资质等级申报表；营业执照复印件；建设部颁发的物业管理企业经理岗位证书，从业人员证书复印件和管理人员、工程技术人员专业职务资格证书复印件；物业管理委托合同复印件；物业管理业绩材料；企业上一年度财务审计表。

第二，新设立的物业管理企业应当自领取营业执照30日内，执有下列文件向工商所注册所在地直辖市、设区的市的人民政府房地产主管部门申请资质：①营业执照；②企业章程；③验资证明；④企业法定代表人的身份证明；⑤物业管理专业人员的职业资格证书和劳动合同、管理和技术人员的职称证书和劳动合同。

（3）物业管理企业资质的审批

物业管理企业资质管理实行分级审批制度。一级物业管理企业由省、自治区建委（建设厅）、直辖市房地产局初审，初审合格后报建设部审批。二级、三级物业管理企业由省、自治区建委（建设厅）、直辖市房地产局审批。三级物业管理企业经省、自治区建委（建设厅）同意，可由地级以上城市的物业管理主管部门审批，报省、自治区建委（建设厅）备案。

经资质审查合格的企业，由资质审批部门发给相应等级的《资质证书》。《资质证书》格式由建设部统一制定，分为正本和副本，正本、副本具有同等法律效力。

（二）物业管理企业业务范围

1. 公共服务

它是为全体业主和使用人提供的经常性服务，是所有住户都可以获取到的，贯穿于物业管理的始终，主要包括：

（1）对物业及其配套设施的维护和保养。对物业来说，机电设备、空调系统、供水供电系统、电讯系统、公用设施等，都必须处于良好的状态，才能保障物业正常、安全的使用，科学的维护和保养可以延长物业的使用寿命，为业主和租户提供基本的使用保障。

（2）安全防范服务。向业主和租户提供生活、生产和办公的安全保障。保持物业区域内治安环境的良好，确保人们的生命和财产安全。同时还有消防设备的养护，确保其处于备用状态。

（3）环境卫生及绿化服务。垃圾、各种废物、污水、雨雪水的清除；草地绿化和花木养护等生态环境的营造。

（4）物业管理区内的交通管理。包括区域内平行交通和建筑物内的垂直交通。

（5）车辆有关的车位等公共场地管理。

（6）做好社区管理，创造健康文明的社区文化，并协助政府进行社会管理。

（7）物业档案资料管理。建立物业档案，随时掌握产权的变动情况，维护物业的完整和统一管理。

（8）财务管理。一是维修基金以及储备金的核收与使用管理，为住户的长远利益作早期筹划，二是管理费用的核收和使用管理，保证物业管理工作的顺利进行。

2. 专项服务

它是为某些住户群体提供的服务。例如为高层住户24小时开启电梯，高层供水设备管理，为了某一类业主的必需而提供服务。

3. 特约服务

主要是接受业主的委托，提供诸如房屋代管、车辆保管、家电维修、室内清洁、土建维修、装饰工程、代购商品、代购车船机票、代定报刊杂志、代付公共事业各种费用、家庭护理、代聘保姆和接送小孩以及其他各类商务及住户(业主)委托的服务项目。

4. 便民服务

首先是商业服务网点建设，主要是与银行、邮电等部门协作在物业区内建立服务网点，在小区内建立饮食店、副食品市场、超市、小五金店、美容美发店、洗衣店、公用电信服务等以方便业主。其次是文体娱乐项目如游戏厅、阅览室等，以及教育卫生项目和交通网点建设。

二、物业管理独立监督主体中的物业管理行业组织

(一)物业管理行业组织的概念及特征

所谓物业管理独立监督主体是指不具有业主方(即物业管理委托人)身份，但依法对物业管理企业所从事的物业管理和衍生服务活动的合法性，享有外部监督权利或监管权力而居于物业管理独立监督人地位的主体。依中国法律法规的规定，物业管理独立监督人可分为法律监督主体(人大和检察院)、行政监督主体(物业管理行政主管部门和相关行政管理机关)、自律组织监督主体和社会监督主体(社会媒体、消费者协会、社会公众)四类。

物业管理行业协会具有四个特点：一是专业群众性。它是本行业的专业企业和众多的专业人才、有识之士的群众聚集组织。二是组织民间性，它是行业内企业和人士根据国家社团管理法规自愿组织起来，并依靠协会章程来约束大家的行为，以平等协商的办法合作开展工作。三是特别服务性，它代表本团体的利益，专门集中反映本团体的呼声和正当权益要求，并以其人才荟萃的优势组织开展各种咨询服务，为会员排忧解难，为业主委员会、物业产权人、使用人提供全方位、一体化的优质服务。四是行业自律性，它依法享有行业自律的自主权，拥有制定和监督实施行业行为准则及道德规范的权力和实施纪律惩戒的组织权力，其行业规范和纪律规范经会员大会或会员代表大会民主通过，集中了行业内各方共同意志，能体现和维护行业内各方共同利益，具有合约型法律效力，得到法律的承认与支持，故能起到弥补法律规定疏漏、不明等不足和更周全地规范约束专业企业、从业人员的执业行为作用。

上述四个特点，决定了物业行业协会居于政府和专业企业、从业人员的中间特殊地位和特殊作用，其本质上属于社会中介机构，不是政府的附属物，也不是"二政府"和物业管理企业的管理者，而是服务者，它要在许多政府部门不应管又不便管、管不了也管不好的事情上，发挥监督、协调和信息服务功能。协会要积极加强自身建设，更好地发挥"三个作用"，即在政府与行业之间的桥梁作用、纽带作用和促进作用，搞好"三面服务"(即为政府决策提供参考咨询服务、为会员服务、为业主等物业管理有关方的服务)，体现行业自律的威力和实效。

(二)健全物业管理行业组织法律地位和职责的立法建议

在中共"十四大"所做的系列决策基础上，适应中国国家机关职能发生重大变化和市场经济发展的新形势，行业管理和市场调控自律机制取代了过去政府对企业和市场行为的直接管理制度和做法，行业协会的地位和作用越来越重要。许多地级以上城市成立了物业管理协会，也有一些地方在本地的房地产协会中设立物业管理专业委员会。不少地方政府在制定物业管理行业管理规章中也都对物业管理行业协会的法律地位、职责、组织机构等作出了明文规定。例如，1998年7月20日深圳市人民政府第74号令发布施行的《深圳经济特区物业管理行业管理办法》中第五章专门对物业管理行业协会作出了规定。

但是，在我国关于物业管理的最高法律效力的《物业管理条例》以及各地方(包括深圳市)经人大常委会通过的物业管理法规和国家有关物业法规中尚未提到物业管理的行业协会，这属于比较重大的缺陷，应予立法完善。建议在修定《物业管理条例》或制定更高层次的法律法规文件中单列出"物业管理行业协会"专章，明确规定其在行业管理中的主体特殊地位和特殊作用。若不单列专章，则可以在"物业管理企业"专章中先用专条规定：依法成立的物业管理企业和其他兼营物业管理业务的组织应当加入其登记注册所在地的物业管理行业协会，成为协会团体会员；从事物业管理服务和理论研究工作的个人，可以申请加入某一物业管理行业协会，成为个人会员。会员应当遵守物业管理行业协会合法制定的物业管理行业行为准则及道德规范，并接受物业管理行业协会的监督。然后再用专条规定：全国性和地方性的物业管理行业协会是按协会章程组织和依法登记成立的物业管理行业的自律性社团法人。

物业管理行业协会主要职责是：(1)制定和监督实施物业管理行业行为准则及道德规范，宣传和贯彻有关物业管理的法律法规、方针政策；(2)组织物业管理行业人员的业务培训、考试；(3)向有关立法机关和行政主管部门及相关单位反映物业管理行业的意见、建议和要求、维护物业管理行业的合法权益；(4)调解行业内部会员间和会员与物业管理委托人或物业管理服务接受人之间的民事经济权益争议；(5)受理对会员的投诉、组织调查，并向有关部门提出处理意见；(6)对违反物业管理行业行为准则及道德规范的会员和从业人员，依法予以批评教育和纪律处分；(7)协助行政主管部门监管措施执行工作和开展物业管理服务质量评优活动；(8)办理物业管理行政主管部门委托的和会员大会决议交办的其他事项。物业管理行业协会的最高权力机构是会员大会或会员代表大会，由会员大会或会员代表大会选举产生的理事会是常设执行机构。会员大会或会员代表大会和理事会的职权以及理事会总人数由协会章程规定。

另以专条规定：物业管理行业协会可以制定行业纪律惩戒细则。纪律处分的种类为：(1)警告；(2)警示(或称谴责公示)，即在违纪或从业人员会员营业场所或工作场所及其违纪行为的以书面告示形式和公开张贴、悬挂等方式将其违纪行为和受到的公开谴责处分予以公示，警示持续时间为10天以上2个月以内；(3)罚款，罚款最高限额为五千元；(4)停权，即暂停会员权利行使资格和暂停违纪从业人员从事物业管理业务资格，暂停期最长不得超过12个月；(5)开除，即取消会员资格。物业管理行业协会应当设立自律委员会，负责行业纪律监督和惩戒工作。自律委员会根据受惩戒人违纪的程度事实，按公正妥当原则适用具体的纪律处分措施，罚款处分可与其他处分种类合并适用。受惩戒人有权在受处分前申请自律委员会举行听证会，有权依行业纪律惩戒细则规定的申诉程序提出申诉。只有赋予行业协会执行行业纪律的实权，才能有效保证行业协会在行业管理中发挥应有的监管作用，更得力地维护行业正面形象。

三、物业管理企业的权利和义务

物业管理运作法律关系的内容即运作关系主体的权利和义务。在前面有关章节中已对物业管理运作关系主体中的行政管理部门、业主方和独立监督方的权利义务作了阐述，故在此只对物业管理企业的权利和义务作出说明。在我国现行法上，直接规定物业管理人权利义务的规范主要集中在《物业管理条例》和《城市新建住宅小区管理办法》中。归纳起来包括以下几点：

（一）物业管理企业的权利

物业管理企业的权利可以按权利来源依据和涉及外部关系性质不同分为四类：

1. 依《公司法》的规定而享有的经营自主权。物业管理企业采取公司形式，《公司法》第五条明确规定："公司以其全部法人财产，依法自主经营，自负盈亏"，"公司在国家宏观调控下，按照市场需求自主组织生产经营，以提高经济效益、劳动生产率和实现资产保值增值为目的。"《公司法》第十一条第二款和第三款规定："公司的经营范围由公司章程规定，并依法登记。"公司应当在登记的经营范围内从事经营活动。物业管理法规也明确规定物业管理企业有权在其登记的经营范围内开展多种经营。物业管理企业的经营自主权不容侵犯。物业管理行政部门和业主都不得违法干涉属于物业管理企业自主经营和管理范围内的事务及活动。

2. 依物业管理法规的规定而享有的管理办法拟制权。《物业管理条例》第二十二条："建设单位应当在销售物业之前，制定业主临时公约，对有关物业的使用、维护、管理，业主的共同利益，业主应当履行的义务，违反公约应当承担的责任等事项依法作出约定。建设单位制定的业主临时公约不得侵害物业买受人的合法权益。"

在1994年建设部发布的33号令中列举规定了物业管理公司的权利，其中第一项就是"物业管理公司应当根据有关法规，结合实际情况，制定小区管理办法"。深圳市等地方的物业管理法规也作了相同或类似的规定。但上海市居住物业管理条例中未作出类似规定。国家工商行政管理局、建设部联合颁发的《商品房购销合同示范文本》中规定："该商品房移交给乙方（买方）时，乙方应承诺遵守小区（楼宇）管理委员选聘的物业管理公司制定的物业管理规定；在小区（楼宇）管理委员会未选定物业管理机构之前，甲方（卖方）指定某公司负责物业管理，乙方遵守负责物业管理公司制定的物业管理规定。"这是业主购房时必须签署的一份合同。有一种观点认为：物业管理公司虽然只是企业而不是国家行政管理部门，但国家已把制定具体物业管理办法的权利赋予了它，业主就必须承诺遵守物业管理公司制定的物业管理办法。我们认为这种观点不符合物业管理立法精神。

中国物业管理立法精神有三个要点：一是确立和保障业主自治管理权益，因此赋予业主方享有物业自治管理规约制定自主权和委托管理权；二是保证物业管理的服务质量，因此围绕物业管理市场的公平竞争、物业管理企业资质、物业管理服务方式和内容、委托服务合同、服务收费等问题作出系统化的相应规定；三是平衡业主自治管理的目的公益性与物业管理企业的目的营利性的利益矛盾关系，在坚持物业管理项目市场化、社会化、专业化方向的同时，立法为物业管理企业因承接从事公益性物业管理工作而遭遇的难以赢利的困境开辟收益弥补渠道予以政策扶持。从物业管理立法精神看，具体的物业管理办法应属于自治管理规约范畴，不同于物业管理企业自行有权制定的内部管理规章制度，物业管理企业并没有权利独立直接依法"制定"并让业主们"必须"遵行未经业主方审核认可的物业管理办法。1994 年建设部 33 号令中关于物业管理公司有权制定小区管理办法的规章性规定，有违物业管理立法精神，是有关物业管理立法经验不足造成的立法表述失误，现在不应引以为据。作为受业主方（无论是前期物业管理关系中的物业开发商作为业主还是业主委员会代表业主）的委托服务受托人的物业管理企业，就其受托人法律地位而言，仅是物业管理执行事务代理人和具体操作者，除非经业主方特别授权，否则不可能享有制定不需经业主方同意即能对业主方生效的物业自治管理规约的权利。为实现业主自治管理与专业企业的专业统一管理相结合原则的意旨，充分发挥物业管理企业专业经验丰富的优势，立法应赋予或认可物业管理企业对其承管物业区域有拟制具体管理办法的权利，但其拟制的管理办法必须经业主方按合法程序审议批准后方能生效实施。未经业主方表决同意批准，该管理办法就不具有自治管理规约和效力，对业主方和物业使用人也不产生约束力。

3. 依物业管理法规和物业管理委托合同规定而享有的管理事务执行权。物业管理事务执行权的具体表现形式是多样的，包括对违反辖区物业管理规定的行为制止权，聘用专营公司（如清洁公司、保安公司等）和专业人员承担专项管理业务工作的选聘权，业主方（业主委员会）协助管理的敦请权，物业养护、维护、保护技术措施的决定权，物业管理专用房屋的使用权，车辆行驶及停泊引导权，业主公益活动组织办事权，物业维修基金领用权等等。

4. 依物业管理收费法规和物业管理委托合同规定而享有的管理费用收取权。物业管理费用实际是物业管理服务价格，又称物业管理服务收费。1996 年原国家计委、建设部印发的《城市住宅小区物业管理服务收费暂行办法》第二条规定："本办法所称的物业管理服务收费是指物业管理单位接受物业产权人、使用人委托对城市住宅小区内的房屋建筑及其设备、公用设施、绿化、卫生、交通、治安和环境容貌等项目开展日常维护、修缮、整治服务及提供其他与居住生活相关的服务所收取的费用。"依该办法第 5 条第 1 款规定，物业管理服务收费分三种类型：一是公共性服务收费，亦称日常管理费；该办法第八条将公共性服务收费的费用构成规定为包含八个部分；二是公众代办性服务收费，实际分为收取的代办手续费和代有关部门收取的收益金（如水费、电费、燃气费、公房房租等），物业管理企业代收代缴行为，是代政府职能部门和公用事业部门从事繁琐收费工作，方便了广大业主居民，有利于提高收费办事效率和服务质量，其从事此项代理取得的手续费收入应当依国家税务局国税发〔1998〕217 号通知的规定，计征营业税；三是特约性服务收费，这属于为满足业主、物业使用人个别需求而应其约定提供针对性服务所收取的费用。物业管理服务收费的利润率暂由各省、自治区、直辖市政府物价主管部门根据本地区实际情况确定。由于该收费暂行办法将物业管理服务收费定义局限于住宅物业的管理服务收费范围，故此定义难以适用于非住宅物业的管理服务收费情形。并且该办法关于物业管理服务收费类别的划分并不很科学，有待改进完善。从理论上分析，物业管理企业的管理服务收费权是由管理服务成本费代收权（为物业管理委托方代理收取的）、便民代劳收费权（为政府职能部门和公用事业部门代收代缴费用的）、法定税费预收权（收得的这部分收益还得用于缴纳法定税费）和服务佣金（利润）自收权四种类型收费权组合构成的。因此，物业管理在行使收费权的时候，应注意向收费对象说明收费项目与相应收费权类型的关系，以免引起收费对象对其收费权利行使正当性、合法性的误解，减少收费障碍。

5. 聘专营公司承担专项经营服务业务。《物业管理条例》第四十条："物业管理企业可以将物业管理区域内的专项服务业务委托给专业性服务企业，但不得将该区域内的全部物业管理一并委托给他人。"

6. 拒绝任何机关和单位违反法律、法规、规章，对企业进行人力、物力、财力摊派。

7. 要求业主大会协助管理、提请召开业主大会。

8. 劝阻、制止、处理违反物业管理规定的行为。本条的性质应该认定为物业管理企业的权责，物业管理企业有权利也有义务行使该项行为。《物业管理条例》第四十六条："对物业管理区域内违反有关治安、环保、物业装饰装修和使用等方面法律、法规规定的行为，物业管理企业应当制止，并及时向有关行政管理部门报告。有关行政管理部门在接到物业管理企业的报告后，应当依法对违法行为予以制止或者依法处理。"

（二）物业管理企业的义务

物业管理企业的义务可分按照《公司法》规定应履行的一般义务，依物业管理法和物业管理委托合同应履行的专业义务和依特约服务合同应履行的特约义务三类。综合而言，物业管理企业应承担的涉及企业外部关系的义务主要包括：

1. 依法从业义务。

《公司法》第十四条规定："公司从事经营活动，必须遵守法律，遵守职业道德，加强社会主义精神文明建设，接受政府和社会公众的监督。"物业管理法规中也明确要求物业管理公司依法从事物业管理经营活动。依法从业是一项与建设具有中国特色的法治国家历史重任相应的义务。物业管理企业应当增强和坚持正确的法制观念，认清依法从业、依法管理的重要意义。1981年3月10日成立的全国第一家涉外商品房管理专业公司即深圳市物业管理公司，根据境外人士极为重视法制环境的体会，在公司成立之初，就制定了"依法管理、业主至上、服务第一"的宗旨。深圳市华侨城物业管理有限责任公司也奉行"依法管理、竭诚服务、追求卓越、温馨家庭"的服务质量方针。类似这样明确把"依法管理"或"依法从业"的观念和要求列入企业行为宗旨或方针内容第一位的物业管理企业，在国内还为数不多。

2. 专业服务义务。

物业管理企业向物业管理委托方提供的是专业化管理服务，这种专业服务义务的履行，在效果上应当能够保持托管物业的形质功能完好、环境整洁优美、公共秩序良好、保障物业使用方便和安全，体现了中国优秀文化传统和社区文明特色。专业服务具有专业性，业务内容有限，因此，物业管理企业提供的专业服务并不包罗万象。物业管理法规和物业管理委托合同不应将与物业管理专业无关的事项纳入物业管理企业的义务，而使其不堪重负和违法扩大其经营范围。

根据物业管理法规的有关规定，物业管理企业承担的专业化管理服务的义务范围包括：(1)房屋本体及其固定配套设备设施的合理使用指导、维修和定期养护；(2)消防设施、网络设施、电梯及其他机电设备、道路和路灯、停车场、车棚、渠、池塘、井等共用配套设施、设备和公共场所的合理使用指导、维修养护和管理；(3)园林绿化地段的维修、养护和管理；(4)环境和公共卫生维护、改善技术措施(清洁、杀菌、除污染等技术措施)；(5)劝阻、制止违反法规、业主公约、物业管理规约的行为，协助有关部门和业主团体维持社区公共秩序和治安秩序；(6)按照有关规定对车辆的行使和停泊进行引导和管理；(7)对物业管理区域经常进行全面巡视、检查，发现共同设备或公共设施损坏时，立即采取保护措施，并按照物业管理服务合同的约定进行维修或更新，若接到物业损坏报修时，限时进行维修和处理；(8)做好物业维修、更新及其费用收支的各项记录，妥善保管物业管理档案资料和有关的账册，并按定期(三个月或半年)向业主委员会等物业管理委托方报送物业维修、更新费用的收支账目，接受审核；(9)法律、法规和物业管理委托合同规定的其他具有专业性的服务，如代理物业经租管理、物业管理咨询服务等事务。超出上列义务范围的便民有偿服务事项，属于物业管理企业的非专业服务项目，可纳入其多种经营范围，有关服务的权利义务由服务关系当事人双方约定。

3. 达标服务义务。

达标服务义务，亦称规范化服务义务。

物业管理企业应当按照国家和其管区所在城市规定的技术标准和规范以及业主委员会等物业管理委托方审定的物业管理服务年度计划，实施管理服务。《深圳经济特区物业管理行业管理办法》第二十三条规定："物业管理企业提供物业管理服务，应当遵循国家有关的强制标准；没有国家强制性标准的，应当符合市主管部门规定的行业标准，鼓励物业管理企业采用国外先进的管理服务标准，提高管理服务水平。"产品概念被 ISO 8402(即 GB/T 6583)标准定义为活动或过程的结果。产品可包括服务、硬件、流程性材料、软件或它们的组合。产品标准实质是用户需求的集中体现，是评价和衡量产品成果质量的技术依据。积极采用国际标准和国外先进标准有利于促进企业技术进步和行业发展，有利于加强规范化管理，以法治代替人治，对提高和稳定产品质量、提高企业的竞争和生存能力有重要作用，也可以给企业带来更好的市场信誉，可以指引物业开发商或业主委员会选择合格的人居服务机构。

4. 履行合同义务。

物业管理企业是通过市场竞争和委托合同来获得物业管理业务的，必须依《合同法》第六十条的规定奉行遵守约定原则和诚实信用原则，必须按照合同的条款正确、全面地履行合同和履行由诚实信用原则演绎的与合同履行相关附随义务。从法理上讲，按契约自愿(自由)原则和契约神圣原则而依法缔结的合同作为双方当事人自由合意的结果，在当事人之间具有相当于法律的效力，合同一经依法成立后，当事人就应当信守诺言、服从约定、履行合同条款约定的全部义务。不允许任意毁约或更改原约定内容的行为。《合同法》第六十条第一款明确规定："当事人应按照约定全面履行自己的义务。"遵守约定原则，既概括了合同必须履行的法理逻辑，又集中了中国合同实践中长期存在的"重合同、守信用"等习惯规则。遵守约定原则包括两个方向：正确履行(要求合同履行的主体、标的、时间、地点和方式等均须适当，完全符合合同约定的要求)与全面履行(要求合同当事人按照合同所约定的各项条款，全部而完整地完成合同义务)。

诚实信用是市场活动中形成的道德规则，要求人们在民事活动中诚实不欺、讲究信用、恪守诺言、平衡利益，以善意的方式行使其权利和履行其义务。在不损害他人利益和社会利益的前提下追求自己的利益。诚信原则被法学界视为合同法的最基本原则，被称为债法的最高指导原则和"帝王规则"。它具有确定行为规则(即诚实守信，以善意的方式行使权利和履行义务)、平衡利益冲突(即平衡当事人之间、当事人与社会之间的利益冲突，要求当事人不得滥用权利利己)、解释法律与合同(即在法律和合同缺乏规定或规定不明确的场合，司法人员应当根据诚信、公平的观念，准确解释法律和合同)三大基本功能。

5. 报告工作义务。

物业管理企业作为委托事务的受托人，应当执行《合同法》第401条规定，即"受托人应当按照委托人的要求，报告委托事务的处理情况。委托合同终止时，受托人应当报告委托事务的结果"。物业管理法规也规定物业管理企业负有向业主委员会等物业管理委托方报告工作的义务。

6. 接受监督义务。

物业管理法规规定物业管理企业应当接受业主委员会等物业管理委托方，全体业主和物业使用人及有关部门的监督，定期听取监督方的意见和建议，改进和完善管理服务。

7. 配合社区活动义务。

社区工作千头万绪，说到底是要服务于人民，造福于人民，这是社区建设的基本立足点。物业管理辖区往往是与社区范围相重合的，物业管理事业与社区文明建设事业也有着紧密的联系，物业管理企业要认识到社区建设工作的重要意义，其作为社区的单位成员之一和作为社区中业主团体自治管理事务的代理执行人，理应发挥自身优势，积极自觉地支持所在社区的建设工作，以改革创新精神和高度重视态度配合当地居民委员会等社区工作组织和街道政府做好社区管理、社区服务的有关工作，配合业主委员会、居委会积极开展多种形式、健康向上的社区文化活动，丰富居民的精神生活，力争在对市民的"三义"（爱国主义、集体主义、社会主义）、"三知"（党的基本知识、科学文化基本知识、市场经济基本知识）、"三德"（社会公德、职业道德、家庭美德）、"三业"（敬业、精业、创业）教育活动中，在"走百家、进万户，察民情、除困难，办实事、暖人心，聚众力、创幸福"活动中作出自己应有的贡献。

8. 解除或者终止物业管理服务合同时，配合依法选定的接管单位接管，按照规定移交有关物业、物品和档案。依据《物业管理条例》第二十九条："在办理物业承接验收手续时，建设单位应当向物业管理企业移交下列资料：

（1）竣工总平面图，单体建筑、结构、设备竣工图，配套设施、地下管网工程竣工图等竣工验收资料；

（2）设施设备的安装、使用和维护保养等技术资料；

（3）物业质量保修文件和物业使用说明文件；

（4）物业管理所必需的其他资料。

物业管理企业应当在前期物业服务合同终止时将上述资料移交给业主委员会。"

物业管理运作法律关系的客体，取决于物业管理委托合同中的有关管理服务内容的具体规定，从第二章中关于物业管理法律关系客体的分析和本章中关于物业管理企业专业服务义务及物业权属的分析中不难推知物业管理运作法律关系的客体种类，故不作赘述了。

四、业主与业主团体

详见第五章。

五、物业管理行政监督管理机关

（一）监管机关

我国《物业管理条例》第五条："国务院建设行政主管部门负责全国物业管理活动的监督管理工作。县级以上地方人民政府房地产行政主管部门负责本行政区域内物业管理活动的监督管理工作。"

本条规定了全国物业管理主管活动的监督管理机关是国务院建设行政主管部门即建设

部。根据国务院批准的《建设部职能配置内部机构和人员编制规定》的规定，建设部是负责建设行政管理的国务院组成部门，其主要职能："提出住宅建设与房地产业的中长期规划和科技发展战略、产业政策和规章，拟定住宅建设、房屋拆迁、房地产开发、房地产市场、房地产评估、物业管理的规章制度监督执行"；"拟定房地产开发企业、物业管理企业、社会中介服务机构的资质标准"等。县级以上地方人民政府房地产行政主管部门负责本行政区域内物业管理活动的监督管理工作。县级以上地方人民政府房地产行政主管部门主要包括省、市、县等房地产行政主管部门，根据实际中的情况，各省、市、县对物业管理实行政府管理的具体行政管理部门应指房管局。

（二）监管的方式和职能

政府对物业管理市场的管理，不再是行政性和福利性的管理，正在完成角色转换，主要立足于宏观管理，通过法规来实现管理目标，其基本职能和作用是把物业管理市场置于法规监督之下，本着疏导的原则为物业管理市场充分发挥功能创造有法可依、有章可循的良好外部环境，使物业管理法制化、规范化。主要体现在：

1. 制定物业管理的政策法规；

2. 对物业管理经营企业进行管理，包括领导和进行物业管理质量评优工作，制定物业物业管理的管理标准，对物业管理公司进行资质管理，指导、帮助和监督物业管理公司的工作；

3. 指导和帮助业主委员会工作；

4. 协调、解决物业管理市场运作中出现的情况和问题。

政府对监管物业管理活动的具体职能也可分为：

（1）前期物业管理中的政府监管。

前期物业管理的责任人是物业的开发商，然而，某些必备工作却必须在政府有关部门的指导下进行，如：竣工验收；根据法律、法规的规定，组织或监督第一次业主大会的召开，对选举产生的业主委员会登记，对其工作依法监督；向业主委员会提供委托管理合同范本。

（2）房地产行政主管理部门对物业管理公司的监管。

物业管理公司由房地产行政主管部门归口管理。物业管理工作应当在其指导下进行。房地产行政主管部门主管物业管理的主要工作：组织物业管理公司参加评比；负责物业管理公司经营资质审批；对物业管理人员进行岗位资格培训。

（3）物业管理具体工作中的政府监管。

在物业管理的房屋维修、修缮与改造，物业附属设备、设施的维护、保养与更新，相关场地的维护与管理，消防设备的维护、保养与更新，治安与保卫，通过值班、看守、巡逻所进行的防火、防盗、防水以及突发事件的处理，清扫保洁，庭院绿化、车辆管理等，都需要消防部门、公安部门、交通管理部门、城市环境保护部门等的依法管理。

第三节　物业权属及其管理法律制度

一、物权和物业权属

（一）物权的概念特征及种类

1. 物权的概念及特征

物权作为一个法律范畴，是指由法律确认的主体对物依法所有享有的支配权利。换言之，就是权利人在法定的范围内为直接支配特定物并具有排他性的享有其利益的权利。我国没有制定实施物权法典，《民法通则》中关于"财产所有权和与财产有关的财产权"的规定，实际上就是关于物权的规定。

物权的主要特征有：

（1）物权为直接支配物的权利。一方面物权的权利人可以依据自己的意志依法占有、使用其物或采取其他的支配方式，任何人未经权利人同意不得侵害和干涉；另一方面物权人可以以自己的意志独立进行支配而无须他人同意。

（2）物权的权利主体是特定的，而义务主体是不特定的。物权是一种对世权，这一点与债权的特定义务主体相区分。

（3）物权的设立采取法定主义。即物权的基本内容由法律规定，而不允许当事人自由创设物权种类。

（4）物权的标的是物。作为物权的客体必须是独立物和有体物，而不可能是行为。

（5）物权具有追及效力和优先效力。前者指物权的标的物不管辗转流入什么人手中，物权人都可以依法向物的不法占有人索取，请求其返还原物。物权的优先效力有两层含义，其一当物权与债权并存时，物权优于债权；其二是先设立的物权优于后设立的物权。

2. 物权的种类

在我国民法理论上，对物权的分类通常如下：

（1）所有权与他物权。所有权是指所有人依法可以对物进行占有、使用、收益和处分的权利。是物权中最完整最充分的权利。他物权是在所有权权能与所有权人发生分离的基础上产生的。二者的区别主要是：权利的主体不同，前者为所有人，后者为非所有人；权利的内容不同，前者可以自由排他地行使所有权的四项权能，后者只能依据合同行使部分权能；权利存在的期限不同，前者通常没有期限限制后者则须依据合同或法律规定的时间内行使。

（2）用益物权和担保物权。传统民法将他物权分为用意物权和担保物权。用益物权是指以物的使用收益为目的的物权，包括地上权、地役权、永佃权等。担保物权是指以担保债权为目的的，即以确保债务的履行为目的的物权，包括抵押权、质权、留置权、典权等。二者的区别主要在于：

第一，用益物权以追求物的使用价值为内容。标的物必须有使用价值，而担保物权以标的物价值优先受偿为内容，故标的物必须有交换价值。

第二，用益物权往往有明确的存续期间，通常依据合同约定。担保物权以债权的存在为前提，债权实现时担保物权归于消灭。

第三，一物之上一般不能存在两项用益物权，而一物之上可以有多项担保物权同时存在。

第四，用益物权客体之形态发生变化或灭失，必然影响其用益，而担保物权客体纵使变形乃至灭失，只要仍有价值或转化的价值形态（如赔偿金）存在，担保物权就可继续存在。

（3）动产物权和不动产物权。这是按物权的客体不同作的划分。最早起源上是基于移动是否影响物的自身价值。分类的法律规范意义在于二者在取得方法、成立要件和效力方面存在着一些区别。在我国，不动产物权包括不动产所有权、地上权、地役权、房屋典权、国有土地的使用权、不动产的抵押权等；动产物权包括动产所有权、留置权、动产的抵押权等。

（二）物业权属的概念、特征和种类

1. 物业权属的概念

物业权属是指房地产所有权及其有关的其他财产权利主体上的归属。实际上是物权中的不动产物权，主要指房屋所有权和土地使用权。它的特征主要有：

（1）表现形态上具有固定性和不可替代性。物业权属属于物权中的不动产物权，其外在的表现形态是物业，属不动产。物业占有固定空间而不能移动，当它作为商品流入市场流通时，转移的只是其使用价值而不是物质实体。同时，物业属于典型的特定物，在地势、地质、面积、位置、气候、结构、质量、装饰、等方面彼此之间都存在着较大的差别，世界上没有两个相同的物业。

（2）在权属变化和价值上具有稳定性。房地产作为一种有形财产，较其他财产而言具有更大的稳定性，这一方面表现在它有较长的使用寿命。另一方面，由于土地和空间日益短缺而需求的不断扩大，物业不但不会像其他一些财产那样会随着时间的推移而逐渐贬值，相反却会不断增值。在所有投资方式中，物业是最能抵抗通货膨胀影响的一种，因此常被人们作为保值的工具。

（3）权属结构上的二元性。根据我国《宪法》、《民法通则》等法律，土地要么归国家所有，要么归农民集体所有，而个人又可以拥有房屋所有权的现实，土地和建筑物可以被推定为可分离的两个物。《宪法》第十条规定"城市的土地属于国家所有"，因此城市私有房主不拥有土地所有权。同时，该条还规定农村的宅基地和自留地、自留山也属于集体所有。另外，自国有土地出让制度改革后，所有商品房的所有权人也只能取得房屋占用土地的使用权。由此确定了我国的物业权属结构为房屋所有权和土地使用权的二元结构。

（4）物业权属中房屋所有权人与土地使用权人主体具有一致性。在我国，房屋所有权人无法成为占有土地的所有权人，但是法律要求房屋所有权人和土地使用权主体一致。《城市房屋产权产籍管理暂行办法》（建设部1990年发布）第三条规定："城市房屋的产权与该房屋占用土地的使用权实行权利人一致的原则，除法律、法规另有规定的外，不得分离。"《城市房屋权属登记管理办法》（建设部1997年发布）第六条重申"房屋权属登记应当遵循房屋的所有权和该房屋占用范围内的土地使用权权利主体一致的原则"。《城镇国有土地使用权出让和转让暂行条例》第二十四条第一款："地上建筑物、其他附着物的所有人或共有人，享有该建筑物、附着物使用范围内的土地使用权。"

（5）物业权的复杂性。在物业的权属法律关系中，如房屋所有权关系中，就房屋的独有关系、共有关系、区分所有关系；又如，还有两个或两个以上的人对物业共同享有权利的情形，在登记机关的权属证书中是反映不出来的，但是也必须认定为共有。如夫妻共同财产，权属证书上虽只有夫或妻一人的名字，除双方约定为个人财产外，应认定为共同对所属物业享有权利。因此对物业权属的确认是相当复杂的。

2. 物业权属的种类

（1）土地所有权和土地使用权。土地所有权在我国又分为国有土地所有权和农民集体土地所有权。同样，我国的土地使用权也有如此划分。

（2）房屋所有权。其中又包括房屋的独有权、房屋的共有权、建筑物的区分所有权。

（3）物业相邻权。包括土地相邻权、建筑物相邻权。

二、物业权属（登记）管理

（一）物业管理权属登记管理的概念

物业管理权属登记管理在本书里是指对物权所有或使用权所进行的登记及由上述权利产生的抵押权、典权等房屋他项权利进行登记，并依法确认产权归属关系的登记管理行为。这是房地产行政管理的一项基本工作，是城市房地产各项管理工作的核心和基础，意义重大。首先，产权确认功能。物业权属登记确认物业权属，承认并保护物业与其权利人之间的法律支配关系的功能。经过登记的物业权利因受法律的确认，得到法律的强制力保护，可以对抗权利人以外的任何主体的侵害，从而取得社会公认的权威。产权确认职能是物业产权制度得以运做的基础。其次，公示功能。是指将物业权利变动的事实向社会公开用以标示物业流转的功能。物业权属登记的公示智能是维护物业交易安全的需要，一方面，防止不具有支配权或者不再具有支配权的人进行诈骗；另一方面，公示物业已经设立的相关权利（抵押权），可以防止利用权利的暇疵进行交易。再次，管理功能。一方面产籍管理功能即对物业权属的现状和历史情况的档案资料管理的功能；另一方面，审查监督功能，有关部门的物业主管机关在物业权属登记过程中，对申请登记权利的真实性和合法性进行审查，并通过物业权属登记对物业的交易状况进行监督。

（二）物业管理权属登记的种类

1. 房产权属登记

根据地 1997 年 10 月 27 日建设部第 57 号令《城市房屋权属登记管理办法》将其分为：

（1）总登记。是指县级以上地方人民政府根据需要，在一定期限内对本行政区内的房屋进行统一的权属登记。登记机关认为需要，经县级以上地方人民政府批准可对本行政区域内的房屋权属证书进行验证或者换证。凡列入总登记、验证或者换证范围，无论权利人以往是否领取房屋权属证书，全书是否变化，均应当在规定的区县内办理登记。

（2）初始登记。是指新建造的房屋没有进行过产权登记的，房屋产权人应在规定的期限内办理房屋产权登记。新建的房屋，应当在房屋竣工后的三个月内向登记机关申请房屋所有权登记，并提交用地证明文件或者土地使用权证、建设用地规划许可证、建设工程规划许可证、施工许可证、房屋局验收合格证等其他有关的证明文件。集体土地上的房屋转为国有土地上的房屋，申请人应当自事实发生后之日起 30 日内向登记机关提交用地证明等有关文件。

（3）转移登记。是指在总登记之后，因房屋买卖、交换、赠与、继承、划拨、转让、分割、合并、裁决等原因而致使其权属发生转移，必须办理产权过户手续时所进行的登记，必须在事实发生之日起 30 日内提出申请。转移登记是一项经常性工作，目的在于及时掌握所有权的变动情况以及确定新的所有权的权利，修正原有的产籍资料。

（4）变更登记。是在总登记之后，房屋发生扩建、翻建、改建、添建、部分拆除等增减情况以及相应宅基地、院落地使用范围的增减所进行的登记。房屋坐落的街道、门牌号或者房屋名称发生变更的；房屋面积增加或者减少的；房屋翻建等法律法规规定的其他情形发生后 30 日内申请变更登记。

（5）他项权利登记。是指对设定房屋抵押权、典权、他物权进行登记。同样要求在事实发生之日起30日内提交申请。

（6）注销登记。因房屋灭失、土地使用年限届满、他项权利终止等原因在事实发生日起30日内申请注销原登记。有下列情形之一的，登记机关有权注销房屋权属证书：申报不实的；涂改房屋权属证书的；房屋权利丧失，而权利人未在规定期限内办理房屋权属注销登记的；因登记机关的工作失误造成房屋权属登记不实的。注销房屋权属证书，登记机关应当作出书面决定，并送达权利人。

2. 地产权属登记

（1）初始登记。是在一定时间内，对辖区内全部土地进行的普遍登记。其权利范围包括国有土地使用权、集体土地所有权、集体土地建设使用权等。

（2）变更登记。在初始登记之后，因发生土地所有权、使用权、他项权利以及土地的主要用途发生变更而随时办理的登记，包括土地所有权变更登记、土地使用权变更登记、土地抵押权变更登记、主要用途变更登记。《中华人民共和国土地管理法实施条例》第六条规定："依法改变土地所有权、使用权的，因依法转让地上建筑物、构筑物等附着物导致土地使用权转移的，必须向土地所在地的县级以上人民政府土地行政主管部门提出土地变更申请，由原土地登记机关依法进行土地所有权、使用权变更登记。土地所有权、使用权的变更，自变更之日起生效。依法改变土地用途的，必须持批准文件，向土地所在地的县级以上人民政府土地行政主管部门提出土地变更申请，由原来土地登记机关依法进行变更登记。"

（3）注销登记。《中华人民共和国土地管理法实施条例》第七条规定："依照《土地管理法》有关规定，收回用地单位的土地使用权的，由原土地登记机关注销登记。土地使用权有偿合同约定的使用期届满，土地使用者未申请续期或者虽申请续期但未获批准的，由原来土地登记机关注销土地登记。"

（三）物业管理权属登记的内容和程序

1. 物业登记的内容

一般来说，主要有以下几个方面：（1）新生的房地产权需要通过登记加以确认和公示，如当事人新取得的土地使用权、新建成的房屋等。（2）当房地产产权发生转移时，真实的权利人与名义权利人出现分离时，真实的权利人需要通过登记予以公示。（3）当事人就房地产设定权利以及撤消以前设定的权利时，也需要通过登记予以公示。（4）房地产的利害关系人在未具备申请程序上需要的条件时，需要以登记保全房地产权利的设定、转移、变更或者消灭的请求权，该利害关系人具有预备登记请求权。

2. 房产权属登记的程序

（1）受理申请登记。房屋由权利人申请。这里的权利人是指依法享有房屋所有权和该房屋占有范围内的土地使用权、房地产他项权利的法人、其他组织和自然人。提出申请应该是已获得房屋相应权利但未获得房屋所有权的法人、其他组织和自然人。

权利人（申请人）为法人、其他组织的，应当使用其法定名称，由法定代表人申请。权利人（申请人）为自然人的应当使用其身份证件上的姓名。共有的房屋，由共有人共同申请。房屋他项权利登记由权利人和他项权利人共同申请房地产行政主管部门直管的公房由登记机关直接代为登记。申请人应当按照国家规定到房屋所在地的人民政府房地产行政主管部门申请登记，领取证书。

申请登记时应当向登记机关交验单位或相关人的有效证件。委托代理人申请的应同时提交权利人的书面委托书。

（2）权属审核。是以产权、产籍档案的历史资料和实地调查勘察现实资料为基础，以国家现行的政策、法律和有关部门的行政法规为依据，对照申请人提出的申请书、墙界表以及其他产权证明，审查其申请登记的房屋产权来源是否清楚，产权转移和房屋变动是否合法的整个工作过程。权属审核经过"三审"。初审是通过查阅产权档案及有关资料，审核申请人提交的各种产权证件和必须办理的各种手续。核实房屋的四面墙界及使用土地的四至范围，弄清产权来源及其转移变动的情况。符合有关的政策、法律和行政法规规的，即可作出审查确认的初步意见。复审是经过初审及公告，产权无异议的登记案件，交由复审人员进行全面的复核，如有异议的应仍由登记人员继续调查处理。

（3）审批是权属审核的最后程序，确定是否确认产权，发给证件。

（4）公告。公告程序适用于登记机关认为有必要进行公告的登记，是征询产权有无异议的一种形式，将申请人申请房屋产权的登记状况以及初步核定的有关情况在当地张榜公布，或通过报纸、电台等新闻工具公布，规定时间内无异议者可书面向当地登记机关提交证据，无异议即准予确认产权。

（5）核准登记，颁发房屋权属证书。房屋权属登记应当遵循房屋的所有权和该房屋占用范围内的土地使用权权利主体一致的原则。应当按照权属单元以房屋的门排号、栋、套以及具体权属界限的部分单元进行登记。

同时注意有下列情况的由登记机关依法直接代为登记：由房地产行政主管部门代管的房屋；无人主张权利的房屋；法律规定的其他情形。登记机关应当不予登记的情形有：属于违章建筑的；属于临时建筑的；法律、法规规定的其他情形。

3. 地产权属登记程序

（1）初始登记的程序

申报。土地所有者、土地使用者、他项权利拥有者在规定期限内以书面形式，必须向指定的土地登记申请者提交土地登记申请书、土地登记申请者的法人代表证明、个人身份证明或户籍证明、土地权属来源证明和地上附着物权属证明。

地籍调查。各级土地管理部门按地籍调查规程组织区内的地籍调查。

权属审核。土地管理部门应该根据地籍调查结果，对土地权属、面积、用途等逐项进行全面审核，填写审批表。

注册登记。经申请、审查、批准的土地使用权、土地所有权和他项权利，由土地管理部门进行登记，填写土地登记簿、土地证书、土地登记归户册。

颁发土地证书。土地证书由市、县人民政府颁发，是土地使用权或者土地所有权的法律凭证。根据土地使用权、土地所有权性质，分别颁发《国有土地使用证》、《集体土地所有证》或者《集体建设用地使用证》。

（2）变更登记的程序

变更申报。土地使用者、所有者及他项权利拥有者申请土地使用权、所有权以及他项权利变更登记的，应当提交变更登记理由证明材料和原土地证书。

变更调查。土地管理机关在收到变更土地登记申请后，认为符合变更申报要求的，即应向申请者发出变更调查通知书，然后进行实地调查、勘丈、绘制新的宗地草图，填写变更地籍调查表，并对地籍图进行修测、补测，编制宗地号等。

变更审核。审核的主要内容有土地权属变更法律依据及其法人资格、土地变更的面积、界址和涉及土地使用权的他项权利。通过审核之后，再报人民政府批准。

变更登记注册、发证。土地权属及用途变更，经县级以上人民政府批准后，由土地管理部门办理变更注册登记。

（四）物业管理权属登记机关及相关证书

1. 物业权属登记机关

目前，在我国内地存在两种房地产管理体制：一种是在大多数地方人民政府实行房、地分管体制，设立建设厅（或房地产管理局、处）和土地管理体制改革，由一个行政主管机关统一负责房产管理和土地管理工作，成为房地合一的房地产权属登记机关。

物业权属登记机关即房地产权属登记机关，其对物业权属的登记也因我国的房地产管理体制的不同而不同。在实行房、地分管体制的地方，物业权属登记一般分为土地权属登记和房屋权属登记，分别由土地管理机关和房产管理机关主管。在实行房地合一的地方，物业权属登记由负责权属登记的房地产登记机关登记。

2. 房屋权属证书

依照城市房屋权属登记管理办法第三十条规定，房屋权属证书的种类可以分为：

（1）《房屋所有权证》（《房地产权证》）。

（2）《房屋共有权证》（《房地产共有权证》）。

共有的房屋，由权利人推举的持证人收执房屋所有权证书，其余共有人各执房屋共有权证书一份。

（3）《房屋他项权证》（《房地产他项权证》）。

房屋他项权证书由他项权利人收执。他项权利人依法凭证行使他项权利，受国家法律保护。

《房屋所有权证》、《房屋共有权证》、《房屋他项权证》的式样由国务院行政主管部门统一制定，证书由市、县房地产行政主管部门颁发。

房地产权属证书破损，经登记机关查验需换领，予以换证。房屋权属证书遗失的，权利人应当及时登报声明作废，并向登记机关申请补发，由登记机关作出补发公告，经六个月无异议的，予以补发。

3. 土地权属证书

依照《土地管理法实施条例》第四、五条规定，土地权属证书的种类可以分为：

（1）集体土地所有权证书。农民集体所有的土地，由土地所有者向土地所在地的县级人民政府土地行政主管部门提出土地登记申请，由县级人民政府登记造册，核发集体土地所有权证书，确认所有权。

（2）集体土地使用权证书。农民集体所有的土地依法用于非农业建设的，由土地使用者向土地所在地的县级人民政府土地行政主管部门提出土地登记申请，由县级人民政府登记造册，核发集体土地使用权证书，确认建设用地使用权。

（3）国有土地使用权证书。单位和个人依法使用的国有土地，由土地使用者向土地所在地的县级以上人民政府土地行政主管部门提出土地登记申请，由县级以上人民政府登记造册，核发国有土地使用权证书，确认使用权。其中，中央国家机关使用的国有土地的登记发证，由国务院土地行政主管部门负责，具体登记发证办法由国务院土地行政主管部门会同国务院机关事务管理局等有关部门制定。未确定使用权的国有土地，由县级以上人民政府登记造册，负责保护管理。

第四节 物业产权持有形式和取得方式

一、物业产权持有形式简述

产权的特有形式。产权的特有形式又称产权形态，是指财产法律关系主体对产权特别是对所有权的把持方式，是通过产权中介使特定主体与特定财产连结起来的财产归属形式。根据主体的社会性质、人数规模和持有形式的法律特点的不同，可以将其分为五类：

1. 个人独有

指一个自然人、法人或一个社会组织单独持有某项产权。

2. 数人共有

指两个以上的若干人（包括自然人、法人、其他组织）共同持有某项产权。按我国《民法通则》第七十八条规定："共有分为按份共有和共同共有，按份共有人按照各自的份额，对财产分享权利，分担义务。共同共有人对共有财产共同享有权利、承担义务。"

3. 公有

指一定的非家庭式社会经济组织范围内的全体成员聚合持有某项产权。广义的公有可分为集体所有、国家所有、社会所有等多种形式；狭义的公有仅指国家所有，而集体所有划入广义的个体所有范围内。依据《中华人民共和国宪法》第六条、第九条、第十条和《土地管理法》第二条、第八条、第十条的规定，中国社会主义经济制度的基础是生产资料社会主义公有制，即全民所有制和劳动群众集体所有制。矿藏、水流等自然资源，除由法律规定属于集体所有的森林和山岭、草地、荒地、滩涂的，都属于国家所有。全民所有，即国家所有土地的所有权由国务院代表国家行使。国家依法实行国有土地有偿使用制度，但是，国家在法律规定的范围内划拨国有土地使用权的除外。

4. 财团所有

指无成员在内的，以一定的财产为基础，依法成立的能独立参加民事关系的法人团体持有自身财产权。财团是财团法人的简称，是将一定数额货币财产或物质聚合体依法赋予法人资格。主要表现为一定的捐赠财产组成的、不以赢利为目的的各种形式的基金法人、宗教法人（由寺庙宫观堂庵等宗教财产构成）、慈善法人团体等。

5. 特定复有，简称复有

指对同一宗财产本享有同质产权的分别居处于上下位置相邻法律地位中的不同主体，基于相互约定或依法律政策的规定，而将该宗财产权的实际持有主体确定为一方，而另一方保留一定属主性、制约性、自益性权利，从而形成一类特殊的不同法律地位主体之间的双重复合持有同一项产权形式。在我国复有形式主要类型有：（1）国有企业制中的国家和企业双方对企业财产的产权复有；（2）股份公司制的公司股东（投资人）和公司双方对公司财产的产权复有；（3）信托财产制中的信托人和受托人双方对信托财产的产权复有；（4）住宅合作制中的合作社和社员双方对合作社住宅财产的产权复有；（5）我国房改过程中形成的有限产权、部分产权中的国家、单位与有限产权人、部分产权人双方或三方对有限产权房屋部分产权房屋的产权复有；(6)建筑物区分所有制中的业主团体和个体对共有物业部分的产权复有。

二、物业产权的取得方式简述

物业产权的取得属于不动产产权的发生关系。按发生的方法不同可将其分为两类：一类称原始取得，指直接依据法律规定而取得某宗物业的确产权，不是以原来物业的产权为依据。这种不根据他人的产权而独立取得的产权完全是新发生的权利，如新建的所有权之取得。另一类称继受取得，又称传来取得，指新的产权人的产权是根据法律或合同约定从原产权人那里取得的。

从物业管理实务角度看，物业产权的取得主要涉及以下三种情形：

(一)土地使用权的取得

本处所指土地不是"国有土地"，而是范围较大的用于支撑其上的所建房屋等建筑物及构筑物和其他附着物，包括地上或地下一定范围内独立空间的土地。相应的土地使用权的定义可以表述为：用地人为建造和支配自有建筑物和附着物而依法律规定和合同约定占用他人所有的建设用地并享有其收益的权利。

1. 设定取得

设定行为是使土地所有权内含的占有、使用、收益权能从所有权权能群中分离出来而组合形成相对独立的土地使用权的法律行为。又包括两种方式：其一，行政设定，县级以上人民政府依法批准，在土地使用者缴纳补偿、安置等费用后将该幅土地交付其使用，或者将土地使用权无偿交付给土地使用者使用的行政行为。以划拨设定的土地使用权具有计划性、行政性、用途特别性、转让受限性、基本无偿性和无具体期限性等特点；其二，民事设定，这是指土地所有者和土地使用者(用地需求人)按照民法或合同法规定及用地权特别规定，通过出让合同、出租合同、承包经营合同等合同关系，将用地权有偿确定给用地需求人。《土地管理法实施条例》第二十九条规定"国有土地有偿使用的方式包括国有土地使用权出让、国有土地租赁和国有土地使用权作价出资或入股。"《土地管理法》第六十三条规定："农民集体所有土地的使用权不得出让、转让或出租用于非农业建设；但是，符合土地规划并依法取得建设用地的企业，因破产、兼并等情形致使土地使用权依法发生转移的除外。"国有和集体所有的农用地通常是采取土地承包经营式设立，建设用地一般采用出让(包括拍卖、招投标、协议三种)和出租两种办法设定用地权。

2. 转让取得

房地产转让是指房地产权利人通过买卖、赠与或者其他合法方式将其房地产转移给他人。物业管理辖区内的土地使用权若属行政划拨用地权，业主或物业管理企业代理业主转让其房地产的，应当注意国务院及其所属部委和物业所在地方政府有关是否要办理用地权出让手续和土地收益分配的规定。如1999年7月20日财政部、国土资源部、建设部根据《国务院关于进一步深化改革加快住房建设的通知》，联合印发了《已购公有住房和经济适用房上市出售土地出让金和收益分配管理的若干规定》。《城镇国有土地使用权出让和转让暂行条例》第二十三条规定："土地使用权转让时，其地上建筑物、其他附着物所有权随之转让。"第二十四条规定："地上建筑物、其他附着物的所有人或者共有人，享有该建筑物、附着物使用范围内的土地使用权。土地使用者转让地上建筑物、其他附着物作为动产转让的除外。"《城市房地产管理法》第三十一条也规定："房地产转让、抵押时，房屋所有权和该房屋占有范围内的土地使用权同时转让、抵押。"

3. 继承取得

继承是指自然人依法承受与其有特定人身关系的死者死亡时所遗留的合法财产的方式。我国现行土地使用权制度使国有土地使用权和农民宅基地使用权都可以成为公民的个人财产，自应允许继承。《城镇国有土地使用权出让和转让条例》第四十八条规定："依照本条例的规定取得使用权的个人，其土地使用权可继承。但要注意，国家和法人不能享有遗产继承权。即使实际取得遗产也只能是接受遗赠或是取得无主财产，而不是继承。"

（二）房屋所有权的取得

房屋所有权的取得方法主要有：

1. 新建取得

由建设单位和个人投资兴建的自用房屋、由房地产开发企业投资兴建的供租售的房屋，都属于按原始取得方式取得所有权。1983 年国务院正式批转了《城镇个人建造住房管理办法》。如今，城市中仍然是以建设单位和房地产开发商开发兴建房屋为主。房屋所有权证发给建设单位和房地产开发商俗称成"大产权证"。"大产权证"维系的物业可以进一步分割售让给他人而形成小宗物业，经登记发给俗称"小产权证"。

2. 购置取得

以买卖、置换等有偿转让交易方式取得房屋所有权，是城市房屋所有权取得中的主要方式。市场经济社会，买卖自由，但是有法律规定的情形除外。如《城市房地产管理法》第三十七条明确规定："下列房地产不得转让：（一）以出让方式取得土地使用权的，不符合本法第三十八条规定条件的；（二）司法机关和行政机关依法裁定、决定查封或其他形式限制房地产权利的；（三）依法收回土地使用权的；（四）共有房地产，未经其他共有人书面同意的；（五）权属有争议的；（六）未依法登记领取权利证书的；（七）法律、行政法规规定禁止转让的其他情形。

3. 接受赠与取得

依照我国合同法的规定受赠人在接到赠与人的赠与意思表示后，作出接受赠与承诺时，赠与合同即告成立，对双方当事人产生法律拘束力。即所谓民法理论上的诺成说、非实践说。赠与合同不是商品流通的法律形式，以赠与为名规避有关限制流通物和禁止流通物的赠与合同以及规避法律义务为目的的赠与合同无效。赠与房屋等不动产应依法办理登记手续。

4. 取得时效取得

我国现行法并没有时效取得制度。只有正在制定的《物权法》草案建议稿中作出了规定。单从立法趋势来看，我国民法将会采纳此种制度。如可将其表述为：现实登记为不动产所有权人，虽未实际取得该项权利，但在占有该不动产并依所有人身份行使其权利的，自登记之日起满 20 年而未被注销登记者，视为实际取得该不动产所有权；以自主占有的意思，和平、公开、连续占有他人未登记的不动产满 20 年者（国家土地所有权除外），可以请求登记为该不动产的所有人。

5. 继承、分家析产、分割公有房地产和其他法律规定取得

例如建国初期依据《土地改革法》的规定农民分得的房屋。

（三）他物权的取得

他物权包括用益产权和担保产权两大类。用益产权大致包括农地使用权、土地使用权、邻地利用权、房屋典权四种。担保产权大致包括保证权、抵押权、质权、留置权四种。其中，与物业直接相关的他物权有邻地利用权、房屋典用权、不动产抵押权、土地使用权。

1. 邻地利用权是指土地所有人、土地使用人或农地使用人为使用其土地的方便与利益而利用相邻他人土地的权利。在传统民法上两个不同属的不动产相邻，一方为了自己土地的利用方便需使用他方土地时，一用法定的不动产相邻权，另一就是约定的地役权。我们所说的邻地利用权就相当地役权。邻地视需用土地权利人与共用地权利人，基于书面形式的邻地利用合同的约定而单独特别设立，自合同成立之日生效。

2. 房屋典用权是指支付典价、占有他人不动产而使用收益的权利。分为设定取得和转典取得两种方式。前者是指当事人双方订立书面合同并向不动产登记机关办理登记而取得的方式。后者是指受转典人与典权人订立转让典权的合同方式取得。

3. 不动产（房地产）抵押权是指债权人（抵押权人）对债务或者第三人（抵押人）不转移占有而供作债权担保的不动产，在债务人不履行债务时，就该财产的便加款优受偿的权利。房地产抵押权的取得，包括以法律行为而取得、依法律规定而取得和继承取得。我国《担保法》第38条规定，抵押人和抵押权人应当以书面形式订立合同。第46条规定，抵押担保的债权范围包括主债权及利息、违约金、损害赔偿金和实现抵押权的费用。

土地使用权的取得前文已有论述，在此不作展开。

三、建筑物特定复有形式

（一）概念及理论基础

建筑物复有概念理论上并不统一。本书认为其法学定义应该简要表述为，在特定的多空间建筑物中，由若干业主分别所有单属部分和按分共有该建筑物公用及附属部分形成的物业产权持有形式。

其理论基础即是民法理论的建筑物区分所有权理论。理论上有三种争议，即一元论说、二元论说、三元论说。争议焦点是在现代社会的"建筑物共有关系"中的权益性质。一元论主张区分建筑物是由区分所有人全体所共有，每个所有人的享益部分为标的物的权利是区分所有权。二元论主张建筑物区分所有权是由建筑物专有部分和共用（共有）部分组成。三元论主张建筑物区分所有权指区分所有人对建筑物的专有部分所有权和共有部分所有权以及因对建筑物管理、修缮等共同事务关系产生的成员权的总称。

可以看出，我们较为赞成"二元论"。因为，首先一元论说无法和我国的现行立法相符合，只有一种区分所有权不能找到我国民法上的依据，并且不能解决其中纷繁复杂的物业共有、共同事务的管理与单独所有的部分排他享有之间的矛盾。而三元论说中的成员权，具有较强的人法性（约定性），无论如何也不能与不动产所有权同时并列的产生和存在，成员权产生于共同体，该共同体的权源即是专有所有权和共有所有权。如此可以认为成员权是所有权的派生权利，二类权利不在同一个位阶上。

（二）实务中的专有和共有部分的界定

专有部分是指复有物业中业主能够自由支配自己封闭管理、具有物理构造上和排他使用上的独立部分。共有部分是指复有建筑及附属物和所占土地使用权维系的土地中，各业主共有、公用、共管的部分。理论上二者的区分界限为是否损害公共利益为准。换句话说，只要专有权人利用方式不致损害共用墙壁的承重，不损害共用管线的安全，不损害相邻各方的共用利益，该利用方式所涉及的物业本身几所围括的空间即为专有部分。

在我国现行法中，建设部、财政部1998年12月16日发布的《住宅公用设施设备维修基金管理办法》第三条规定："本办法所称共用部位是指住宅体承重结构部位（包括基础、内外承重体墙、柱、梁、楼板、屋顶等）、户外墙面、门厅、楼梯间、走廊通道等。共用设备是指住宅小区或单幢住宅内，建设费用已分摊进入住房销售价格共用的上下水管道、落水管、水箱、加压水泵、电梯、天线、供电线路、照明、锅炉、暖气线路、煤气线路、消防设施、绿地、道路、路灯、沟渠、池、井、非经营性车场车库、公益性文体设施和共用设施设备使用的房屋等。"

在建设部1989年发布2001年8月15日修改的《城市异产毗连房屋管理规定》中也有间接的规定，如第六条："所有人和使用人对共有、共用的门厅、阳台、屋面楼道、厨房、厕所以及院路、上下水设施等，应共同合理使用并承担相应的义务；除另有约定外，任何一方不得多占、独占。所有人和共有人在房屋共有、共用部位，不得有损害他方利益的行为。"

四、物业产权持有人行使产权的法律限制和不动产相邻关系

（一）物业产权持有人行使产权的法律限制

物业具有自然属性和经济社会属性。从自然属性看，物业具有体位固定性（属于不动产）、处境独特性（所处地理位置和环境各不相同）、结构特定性（效用寓于面积、空间之中）、本体环境性（物业本身就是环境的一部分）、数量有限性、区位和质量差异性、存在期和使用历久性等特点；从经济和社会属性看，物业具有社会必需的重要性，经济活动的资产性（物业既是消费对象），用途的多样性和服务的长期性，供给的稀缺性、乏弹性、地域性和垄断性，价值的偏高性、综合性和级差性，生产、流通、消费三个过程并存交合性，归属主体的特定性和社会地位的显示性，权属的级层性和产权市场的流转性，投资与收益分配的复杂性，相邻影响的延续性，与社会公共利益关系的密切性，对法律政策调控的特别依赖性等特点。基于物业具有属性多样化的品质，牵涉国家、社会和业主自身的利益相当重大，因此，物业产权人（包括所有权属主、使用权人、经营管理权人）不能随心所欲地行使自己持有的产权，必然要受到国家法律的限制和调控，应承担法律规定的义务。

将法规对物业产权人行使产权的限制性概括为八项法定义务：①遵守国家法规、政策和物业所在地地方法规的义务；②不得利用物业危害社会公共利益、损害全体物业复有权人的共同利益、损害他人合法权益的义务；③服从城市规划或村镇规划管理的义务；④保护公有、共有物业的义务；⑤承担及时修缮物业的义务；⑥履行合理使用物业的义务；⑦尊重物业所有权属主同意权和行政主管部门行政管理权的义务；⑧正确对待物业相邻关系的义务。

（二）物业相邻关系

物业相邻关系亦即不动产相邻关系，是指不动产毗（连）邻（近）的物业所有权属主或占用人之间，在对各自的物业行使权利时，因彼此间依法应给予相邻人便利或接受法定限制而发生的一种特定的权利义务关系。相邻关系中的权利可称之为相邻权，相邻权是指不动产（物业）的一方主体为正常、合理地利用物业，而要求相邻不动产（物业）他方提供一定便

利或抑制不当行为的权利。相邻权是一种从属于物业的所有权、使用权等权利的从物权，它并不能直接管理和支配物业。由于相邻关系只能发生在相毗邻的不动产主体之间，故相邻权不像其他物权那样可以对抗权利主体以外的任何人。相邻关系中的各方当事人可称为相邻人，当事人的权利义务是对等的。法律规定在相邻关系中的权利是可以从相邻方得到必要的便利，有权防止来自相邻方的危害和危险；义务是向相邻方提供必要的便利和不得给相邻方造成危害和危险。从本质上说，相邻关系中的相邻权是一方当事人行使财产权利的延伸，是对相邻方行使财产权利的限制。

我国《民法通则》第八十三条第一次以基本法律的形式确立了不动产相邻关系，但是只对相邻关系的种类作了概括性的规定。概括现实生活中的相邻关系，可以划分为下述五类：

（1）物业地界相邻关系。主要表现为通行权、通过权、借用场地权、分界墙权、地上权等关系。通行权是指物业一方在自然环境条件决定无其他出路时，有从相邻他方的土地、通道上通行的权利。通过权是指物业一方因生产、生活需要而必须经相邻他方的地底、上空或建筑物铺设管道、架设线路时所具有的一种权利。相邻他方必须依法提供通行、通过的便利。例如，一楼的顶棚漏水，要从二楼的地板着手，否则无从修理，二楼的房主应容忍一楼房主及其雇请的维修工利用自己的独有部分从事建筑物的维修工作。

（2）物业环境卫生相邻关系。主要包括相邻通风权、采光权、相邻排除干扰权。例如，物业相邻人一方不得以噪声、跳舞、震动、各种污染气味及其他过度发散干扰，妨碍邻居的工作、生活和休息，否则邻居有权请求巡警帮助制止其行为，排除过度发散的干扰。

（3）相邻用水、排水、用电、用气关系。相邻人一方不得阻碍他方正常用水、用电等。

（4）相邻防险、防害、保安全关系。例如相邻人一方不得在自己装修房屋时打掉承重墙，从而侵害了楼上相邻人的建筑物支撑权，也造成了塌楼危险。

（5）通风、采光相邻权。根据我国《宪法》第 13 条，《民法通则》第八十三条和第五条，《城市私有房屋管理条例》第三条，建筑部《城市异产毗连房屋管理规定》等有关法律法规和行政规章的规定精神，处理物业相邻关系纠纷时应遵循下列原则：

① 物业相邻的公民或法人应按照用利于生产、方便生活、团结互助、公平合理的原则精神正确处理相邻关系纠纷。

② 相邻一方有权要求另一方提供便利，因此而产生的损失、费用由受益人承担。

③ 相邻一方因违反自己的相邻义务而使另一方遭到危害时，应依法承担相应的停止侵害、排除妨碍、消除危险、赔偿损失的民事责任。

复习思考题

1. 简述物业法律关系的概念及构成。
2. 物业管理人的主要权利和义务是什么？
3. 物业权属管理的主要内容是什么？
4. 什么是特定复有形式？
5. 简述物业管理与不动产相邻权的关系。

第三章　物业管理法律行为

学习目的与要求

本章主要讨论物业管理过程中的法律行为问题。物业管理过程中的法律行为是物业管理法规中最重要的概念之一。一般来讲，它主要包括物业管理民事法律行为和物业管理行政监督法律行为。在学习中，应当着重理解和掌握物业管理民事法律行为的概念、特征、形式、构成要件(包括成立要件和生效要件)、效力种类(包括有效、无效、可变更和可撤销、效力待定)等。同时也要掌握物业管理行政监督法律行为的概念、特征、行为方式等基本内容。通过对本章的学习，应当对物业管理过程中的法律行为理论有初步和全面的认识，为后面的学习打下基础。

第一节　物业管理法律行为的意义和民法效力

一、物业管理法律行为的定义和形式

（一）物业管理法律行为

从性质上讲，物业管理法律行为主要属于民事法律行为范畴。所谓民事法律行为，是指以意思表示为核心，能够产生民事法律关系的设立、变更、消灭的法律效果的合法民事行为。《民法通则》第五十四条规定："民事法律行为是公民或者法人设立、变更、终止民事权利和民事义务的合法行为。"所以，物业管理法律行为是指物业管理行为主体以自己的意思表示为核心，为了设立、变更或消灭一定的物业管理法律关系而做出的合法行为。

在这里，必须明确两个关键的问题：一是意思表示；另一是民事行为和民事法律行为的关系。首先，意思表示是指行为人将自己内心希望发生一定法律后果的意愿通过一定方式表现于外的行为。它是民事法律行为的核心，没有意思表示，就没有民事法律行为。例如，业主希望招聘一家物业公司为其提供物业服务，于是通过协商或招标的形式将这种内心的意思表示于外部，使得物业服务提供者得知，从而与业主进行物业合同的协商。这种意欲与物业公司订立物业管理服务合同的内心想法的表示行为，就是意思表示。其次，中国民法理论将民事行为作为民事法律行为的上位概念，民事法律行为仅仅是指合法的民事行为，而民事行为还包括无效的民事行为、可变更、可撤销的民事行为、效力待定的民事行为等。民事法律行为是会产生行为者主观上想发生的法律效果，例如业主通过订立物业管理合同的民事法律行为，最终取得了业主想要获得物业服务的法律效果。而违法的民事行为不会发生行为人主观上想要获得的法律效果，相反，会产生法律规定的、与行为人意思相悖的法律后果。例如，侵权责任人要对受害人赔礼道歉并赔偿损失。

（二）物业管理法律行为的形式

是指物业管理法律关系主体作为行为人表示意思的方式。这种表示意思的方式分为两

种：法定形式和约定形式。法定形式是法律明确予以规定的，当事人必须遵守，否则会导致行为无效。约定方式是当事人依照自己的主观意思而自由确定的。

《民法通则》第五十六条规定："民事法律行为可以采取书面形式、口头形式或者其他形式。法律规定用特定形式的，应当依照法律规定。"物业管理法律行为绝大部分属于合同行为，《合同法》对此也有明确规定。《合同法》第十条规定："当事人订立合同，有书面形式、口头形式和其他形式。法律、行政法规规定采用书面形式的，应当采用书面形式。"由以上法律规定可知，物业管理法律行为可以采取3种方式，即书面方式、口头方式和其他方式。

1. 书面方式，是指以文字等有形的表现方式来表现行为人的意思表示的形式。它包括普通书面形式（例如信件、电报、传真等）和特殊书面形式（例如公证书、鉴定书等）。《合同法》第十一条规定："书面形式是指合同书、信件和资料电文（包括电报、电传、传真、电子资料交换和电子邮件）等可以有形地表现所载内容的形式。"书面形式的缺点在于，需要履行大量的必要程序，费时较长，而且在形式上受到的限制较多。但是它的优点也是不言而喻的，即可以为日后的纠纷解决提供书面证据，避免了举证困难、法院无法查清事实真相的弊病。它尤其适用于标的大、不能实时清结、法律关系复杂的合同。鉴于物业管理法律行为（主要是物业管理服务合同行为）比较复杂，涉及的利益众多，所以应当采用书面形式，但是现行的法规并未对此作出规定。故，建议在订立物业管理服务合同的时候采用书面形式，且须报主管部门备案登记。

2. 口头形式，是指以谈话、叙述等方式进行意思表示的形式。它的优点在于简便、迅速，尤其适用于可以实时清结的合同，例如平时我们常见的"一手交钱、一手交货"的合同。缺点在于这种形式无法有效地保存，从而为日后的纠纷解决埋下了举证困难的伏笔。

3. 其他形式，是指法规规定的推定行为形式、默示形式和当事人约定采用的或商事交易惯例采用的非口头、书面形式。例如，凡是物业管理规范性文件要求应当报送行政主管部门备案的物业管理服务合同等文件，只要主管部门对所报送的文件没有提出违法异议，则视为该文件合法有效。

二、物业管理中民事行为的有效条件

物业管理中民事行为的有效条件，是指已经成立的民事行为要发生法律效力所应当具备的条件。根据我国《民法通则》和《合同法》的规定，物业管理中的民事行为应当具有下列条件，方能生效：

（一）当事人合格

所谓当事人合格，是指当事人应当具有相应的民事权利能力和民事行为能力。

民事权利能力是指当事人能够享受民事权利、履行民事义务所具有的一种资格。这种资格是不能被法律所剥夺的。民事权利能力又分为自然人的民事权利能力和法人的民事权利能力。自然人的民事权利能力始于出生，终于死亡，而且所有自然人的民事权利能力都是平等的。我国《民法通则》第九条规定："公民从出生时起到死亡时止，具有民事权利能力，依法享有民事权利，承担民事义务。"第十条规定："公民的民事权利能力一律平等。"法人是具有民事权利能力和民事行为能力、依法享有民事权利能力和承担民事义务的组织。根据《民法通则》第三十六条，法人的民事权利能力开始于法人成立，终结于法人终止。法人的民事权利能力与自然人不同，它有范围的限制（这种范围的限制主要体现在工商营业执照上所规定的经营范围内），所以不同的法人，它们的权利能力的范围是各不相同的。

民事行为能力是指当事人能够以自己的行为取得民事权利、承担民事义务的可能性。它仍然可以分为自然人的民事行为能力和法人的民事行为能力。自然人的民事行为能力根据自然人的生理年龄分为不同的情况：第一，完全民事行为能力。我国《民法通则》第十一条规定："18周岁以上的公民是成年人，具有完全民事行为能力，可以独立进行民事活动，是完全民事行为能力人。16周岁以上不满18周岁的公民，以自己的劳动收入为主要生活来源的，视为完全民事行为能力人。"所以，具有完全民事行为能力的自然人可以与他人从事任何的民事法律行为。第二，限制民事行为能力。这部分自然人可以做出与其年龄、智力相符的民事法律行为，其他的民事活动应当由其法定代理人代其做出或征得法定代理人同意后做出。《民法通则》第十二条第一款规定："10周岁以上的未成年人是限制民事行为能力人，可以进行与他的年龄、智力想适应的民事活动；其他民事活动由他的法定代理人代理，或者征得他的法定代理人的同意。"《民法通则》第十三条规定："不能完全辨认自己行为的精神病人是限制民事行为能力人，可以进行与他的精神健康状况相适应的民事活动；其他民事活动由他的法定代理人代理，或者征得他的法定代理人的同意。"第三，无民事行为能力人。我国《民法通则》第十二条第二款、第十三条第一款规定："不满10周岁的未成年人是无民事行为能力人，由他的法定代理人代理民事活动"，"不能辨认自己行为的精神病人是无民事行为能力人，由他的法定代理人代理民事活动。"

这里必须指出的有两点：第一，限制民事行为能力人和无民事行为能力人虽然不可以成为订立物业管理服务合同的当事人，但是可以成为合同成立生效后的合同主体，其基于合同的行为由其法定代理人行使。第二，根据我国《合同法》第四十七条第一款规定："限制民事行为能力人订立的合同，经过法定代理人追认后，该合同有效，但纯获利益的合同或者与其年龄、智力、精神健康状况相适应而订立的合同，不必经过法定代理人追认。"法律并没有对无民事行为能力人的这种纯获利益的情况做出规定，但是通过该条规定的精神可以推知无民事行为能力人也同样准用这条规定。

法人的民事行为能力与民事权利能力同时产生，而且范围相同。我国《民法通则》第三十六条第二款规定："法人的民事权利能力和民事行为能力，从法人成立时产生，到法人终止时消灭。"前面说到，法人的民事权利能力受到其登记的经营范围的限制，法人的民事行为能力也同样受到登记的经营范围的限制。我国《合同法》第九条第一款规定："当事人订立合同，应当具有相应的民事权利能力和民事行为能力。"但是，这并不意味着只要法人的民事行为超越了其民事权利能力和民事行为能力的范围（登记的经营范围），就绝对地因此而被认定为无效，除非这种行为违反了法律法规的禁止性规定，法律实务中也对这种做法采取了肯定的态度。

（二）意思表示真实

所谓意思表示真实，是指当事人所自由表达出来的意思与自己内心的真实想法是一致的。它包括以下两层含义：

1. 当事人所表达于外部的意思与自己内心的真实想法是一致的。

2. 当事人进行意思表达是在完全自由的情况下进行的，没有受到他人的欺诈、胁迫，也不是他人在乘人之危的情形下强迫当事人做出的,也不是在自己存有重大误解的情况下做出的意思表示等。

意思表示是民事法律行为的核心要素,而意思表示真实则是民事行为生效的关键。根据我国《民法通则》和《合同法》的有关规定,意思表示不真实将会导致民事行为的无效。如果意思表示有瑕疵,即意思表示有不明确或不完整,应当采取以下方式补正:对于意思表示不明确的,通过对意思表示内容进行解释使之明确;对于意思表示内容不完整的,应当规定意思表示的补充方式。如果意思表示虽然真实,但是却不明确或不完整,仍然有可能导致民事行为的无效。这种意思表示真实的表现方式在物业管理服务合同中是通过要约和承诺的表达来实现的,这个将在后面讲到。

(三)不违反法律或者社会公共利益

在民法领域,只要是法律没有明文禁止的行为,当事人都可以从事。在民事法律法规中,任意性的规定占绝大部分,当事人可以采纳也可以不采纳,完全依照自己的主观意思。但是也有少数规定属于禁止性规定,当事人不能通过和议加以排除,而是必须遵守。这类规定在法条中的突出标志是"不得"、"应当"、"禁止"、"必须"等。当当事人遇到这样的规定时,就必须使自己的民事行为符合它的要求,否则会因为违反法律而无效。此外,当当事人的民事行为违反社会公共利益的时候,这种民事行为也会被认定为无效。

综上所述,只有民事行为具有了上述三个条件,才会产生法律拘束力。当然这只是针对最一般的情况而言,对于某些特殊的法律行为还要符合法律规定的特殊生效要件。例如要物法律行为(也称为实践性法律行为),就要求还必须有标的物的交付,该法律行为才生效。例如民法中的保管合同,当事人在达成意思表示一致之后,保管人还必须交付保管物给保管人,这样合同法律行为才告生效。

最后,我们还要注意一下民事行为生效的时间。民事行为生效和成立是两个不同的概念。成立不代表生效,而生效的民事行为则一定是成立的。民事行为的成立是当事人意思表示一致的体现,它并未具备法律效力;而民事行为的生效则是法律对已经成立的民事行为的肯定性评价,即赋予已经成立的民事行为以法律约束力。一般来讲,民事行为的成立和生效是同时的,但是也有例外的情况。我国《民法通则》第五十七条规定:"民事法律行为从成立时起具有法律约束力。行为人非依法律规定或者取得对方同意,不得擅自变更或者解除。"《合同法》第四十四条规定:"依法成立的合同,自成立时生效。法律、行政法规规定应当办理批准、登记等手续生效的,依照其规定。"

三、物业管理中民事行为的无效、可变更、可撤销和效力待定

民事行为的无效,是指民事行为缺乏法律规定的生效要件,而自始不产生法律效力的情况。一般讲,民事行为的无效分为狭义的无效和广义的无效。狭义的无效仅仅是指《合同法》第五十二条规定的情形。而广义的无效则又可以分为绝对无效、相对无效两种情况,此外民事行为还有效力待定的情形。

(一)绝对无效的民事行为

所谓绝对无效的民事行为,是指由于在生效要件上存在着不可弥补的缺陷,从而依照法律规定而自始无效的民事行为。绝对无效的民事行为不需要任何人提出主张其无效的请求就自始不产生法律效力,而且不受诉讼时效的限制。我国《民法通则》第五十八条和《合同法》第五十二条对此作出了明确的规定。但是需要高度注意的是,这两部法律对于无效民事行为的规定，存在着一些不一致。《民法通则》是我国整个民事法律领域的基本法，它调整的是最一般的民事关系。而《合同法》则属于对合同领域的特别调整规范，合同领域以外的民事关系它是不能调整的。所以，根据法学理论中的特别法优于普通法的原则，物业管理服务合同是优先适用《合同法》的。只有在《合同法》没有规定和在合同以外的物业管理服务民事行为才适用《民法通则》的调整。当《民法通则》和《合同法》的规定没有不一致的地方时，两者共同对物业管理法律行为进行调整。物业管理法律行为主要表现为物业管理服务合同行为，所以在这里我们主要根据合同法的规定进行讨论。如果民事行为中含有以下五种情况的任意一种，则其将会被认定为绝对无效的民事行为。

1. 损害国家利益的欺诈、胁迫行为

我国《民法通则》第五十八条将欺诈和胁迫规定为绝对无效的民事行为。但是 1999 年生效的《合同法》则将欺诈和胁迫进行了更为细致的划分：如果欺诈和胁迫行为损害了国家利益，则该民事行为为绝对无效；如果欺诈和胁迫行为没有损害国家利益，则该民事行为为可撤销。

欺诈是指民事行为一方当事人以虚构事实或者隐瞒真相的办法，诱使另一方当事人陷于错误之中，并且依据这种错误的认识而做出了不真实的意思表示，与之订立合同或者为其他民事行为。构成欺诈必须具备下列要件：(1)欺诈行为人主观上有欺诈的故意；(2)欺诈行为人在客观上做出了虚构事实或者隐瞒真相的行为；(3)对方因为欺诈行为而陷入错误认识而做出了不真实的意思表示，与欺诈人订立合同或从事其他民事行为；(4)已经成立的合同或者民事行为对受欺诈人产生重大不利。例如，某物业管理公司为了招揽客户慌称自己的物业服务费用可以减收 50%，业主因此而与之订立了物业管理服务合同，但是入住以后发现物业公司并未按照先前的承诺执行收费标准。这里，物业公司的行为就属于欺诈行为。

胁迫是指行为人以正在实施的或者将来实施的危害为手段，使对方当事人在心理上产生恐惧而被迫接受胁迫人的条件，与之订立合同或为其他民事行为的情况。胁迫的构成要件是：(1)胁迫人主观上有胁迫的故意；(2)客观上有胁迫的行为；(3)对方当事人因为受到胁迫而产生心理上的恐惧，从而违背自己的真实意思与之订立合同或其他民事法律行为；(4)已经成立的合同或者民事行为对受胁迫人产生重大不利。例如，某物业公司为了与业主续签物业管理服务合同，威胁业主说如果不和自己续签合同，就对业主停水、停电，并且暗示自己有后台，不怕业主告状上访。业主受到胁迫，无奈之下和物业公司续签了物业管理服务合同。在这里，物业公司的做法就是典型的胁迫行为。

2. 恶意串通，损害国家、集体或者第三人利益的行为

当事人在主观上具有共同的非法目的，并且彼此进行串联和沟通，通过订立合同或者其他民事行为而达到非法目的，同时也造成国家、集体或者第三人利益的损害。例如，代理人与相对人恶意串通订立合同而损害被代理人利益(《合同法》第五十二条第三款)；又例如，某国有房地产开发公司将自己下属的物业管理部以极低的价格转让给民营的物业管理公司，双方当事人都从中得到好处，但是这种转让行为使大量国有资产流失，损害了国家的利益；再例如，某物业管理公司为了增加收入，将小区内公共休闲广场的使用权分成若干块出售给小商贩做买卖，结果使本来安静舒适的休闲场所变得环境肮脏、噪声扰民，业主也失去了平日里休闲娱乐的场所。物业公司的这种行为就属于和小商贩恶意串通而损

害了第三人(业主)的利益。

3. 以合法形式掩盖非法目的的行为

以合法形式掩盖非法目的，又被称为隐匿行为，是指当事人以表面合法的行为来掩盖其非法的目的，或者说虽然形式上合法，但是目的却是非法的。例如，某小区业主委员会的成员为了侵吞业主委员会的财产，以赠与的方式将其赠给业主委员会成员或者亲属。在这里，赠与的方式是合法的，但是这个民事行为的目的——侵占业主委员会的财产——却是非法的，所以这种赠与的行为是无效的。另外需要说明的一点是，如果双方订立的合同形式并不是他们的真实目的，而是在这个形式下追求另外一个目的，而这个真实的目的并不违反法律，则这个合同不属于我们刚刚所说的"以合法形式掩盖非法目的"的无效行为，而是有效的。例如，两个自然人意欲订立房屋租赁合同，但是为了掩盖租赁的合同目的，双方订立了一个使用借贷合同(即借用合同)，这个合同并不违法，因为我国法律是允许私有房屋进行租赁的，但是，如果所租赁的房屋属于物业公司管理经营的营业房屋，而且有不允许非法转租的规定，则这种擅自以借用为表面形式的转租行为就属于非法的，由此订立的合同也是无效的。

4. 损害社会公共利益的行为

社会公共利益是一个内涵和外延都不十分确定的概念，极具弹性。我国《民法通则》的颁布使得它成为一个正式的民法概念。它包括国家和社会的一般利益、社会一般的伦理道德准则、国家和社会存在与发展所必要的一般秩序和社会正义等内容。它为法官在司法实践中行使自由裁量权提供了一个弹性的标准。

在物业管理实务中，可能会因为损害社会公共利益而被认定为绝对无效的民事行为的类型主要有以下几种 ：(1)危害国家公共秩序的行为，国家公共秩序是指国家政治、经济、财政、税收、治安等关系到国家根本利益的秩序，例如订立提供房屋作为颠覆现政权工作场所的合同就属于危害国家公共秩序的行为；(2)违反性道德的行为，例如，一方为了开设地下妓院而与物业公司签订租赁物业公司管理经营的房屋的合同；(3)非法射幸行为，是指未经政府有关部门特许，擅自进行的以他人的损失而受偶然利益的行为，例如，物业公司擅自经营彩票业务；(4)侵犯他人人格权的行为，例如，在物业管理服务合同中规定，物业公司的保安有权对管区内发现的可疑分子进行搜身检查或者进行拘禁审查等；(5)限制经济自由的行为，例如，物业公司与业主委员会订立的物业管理服务合同中规定，小区内业主房屋的装修业务由该物业公司负责，业主未经物业公司的许可，不能擅自与第三人签定有关装修的合同。需要指出的是，对于法律法规有明确规定的禁止性行为，不再涵盖于社会公共利益范围内，而直接依据相关的法律法规进行处理。

5. 违反法律、行政法规的强制性规定的行为

法律是指全国人大和全国人大常委会依法制定、修改和调整国家、社会和公民生活中某一方面带有根本性的社会关系或者基本问题的规范性文件，其效力层次仅次于宪法。行政法规是指由国务院根据法律的授权或者全国人大的授权而依法制定、修改的有关行政管理和管理行政事项的规范性法律文件的总称，其效力低于宪法和法律，但是高于地方性法规和部门规章。在法律和行政法规当中，根据内容不同，可以分为义务性条款、授权性条款和权义复合性条款。义务性条款就属于强制性规定，例如在法条中出现"禁止"、"不得"、"应当"等字眼，当事人从事民事行为的时候不可以与之相抵触；相反，对于任意性

条款(即授权性条款)，当事人可以依照自己的自由意思来决定是否采用。

另外，根据我国《合同法》第五十三条的规定，在合同中约定造成对方人身伤害、因为故意或者重大过失造成对方财产损失的免责条款，是无效的。

对于被认定为绝对无效的民事行为，自始不产生法律效力，其将会产生以下法律后果：返还财产；赔偿损失；追缴财产。《民法通则》第六十一条规定："民事行为被确认为无效或者被撤销后，当事人因该行为取得的财产，应当返还给受损失的一方。有过错的一方应当赔偿对方因此所受的损失，双方都有过错的，应当各自承担相应的责任。双方恶意串通，实施民事行为损害国家的、集体的或者第三人的利益的，应当追缴双方取得的财产，收归国家、集体所有或者返还第三人。"

我国《合同法》第五十八条规定："合同无效或者被撤销后，因该合同取得的财产，应当予以返还；不能返还或者没有必要返还的，应当折价补偿。有过错的一方应当赔偿对方因此所受到的损失，双方都有过错的，应当各自承担相应的责任。"第五十九条规定："当事人恶意串通，损害国家、集体或者第三人利益的，因此取得的财产收归国家所有或者返还集体、第三人。"

民事行为的无效还可以分为部分无效和全部无效两种情况。我国《民法通则》第六十条规定："民事行为部分无效，不影响其他部分的效力的，其他部分仍然有效。"《合同法》第五十六条规定："无效的合同或者被撤销的合同自始没有法律约束力。合同部分无效，不影响其他部分效力的，其他部分仍然有效。"

（二）可变更、可撤销的民事行为

可变更、可撤销的民事行为，又可以称为相对无效的民事行为，是指由于在民事行为的生效要件上存在瑕疵，其是否有效取决于对方当事人是否行使撤销权的民事行为。它与绝对无效的民事行为相比，所欠缺的生效要件是可以弥补的，并非绝对无效。对方当事人可以依据自己的真实意愿，在法律规定的期限内决定是否向法院或仲裁机关请求变更该民事行为或者确认该民事行为无效。对方当事人在法律规定的期限内没有向法院或仲裁机关提出变更或撤销的请求之前，或者超越法律规定的期限而提出变更或撤销请求的，该民事行为仍然有效。我国《民法通则》第五十九条规定："下列民事行为，一方有权请求人民法院或者仲裁机关予以变更或者撤销：（一）行为人对行为内容有重大误解的；（二）显失公平的。被撤销的民事行为从行为开始起无效。"我国《合同法》第五十四条规定："下列合同，当事人一方有权请求人民法院或者仲裁机构变更或者撤销：（一）因重大误解订立的；（二）在订立合同时显失公平的。一方以欺诈、胁迫的手段或者乘人之危，使对方在违背真实意思的情况下订立的合同，受损害方有权请求人民法院或者仲裁机构变更或者撤销。当事人请求变更的，人民法院或者仲裁机构不得撤销。"根据我国法律的规定，可变更、可撤销的民事行为分为以下几种：

1. 重大误解

所谓重大误解，是指行为人因为自己的过错，对民事行为(主要是合同)的主要内容发生认识上的重大错误，而使得行为后果与自己的真实意思相悖，造成自己遭受重大不利益的法律事实。它的构成要件有以下几个：(1)行为人有意思表示，并成立了民事行为；(2)当事人主观上存在过错；(3)当事人对民事行为的主要内容发生认识上的重大错误；(4)当事人的主观误解导致自己遭受重大的不利益。

民事行为的主要内容是指民事行为的性质、标的、当事人等。例如，当事人误把租赁合同当作使用借贷合同，就属于对民事行为性质的重大误解；当事人对民事行为（合同）标的物的数量、品种、规格等的错误认识导致自己受到重大不利益的，就属于对民事行为标的的重大误解；某甲误把某乙当作某丙而订立合同，就属于对民事行为当事人的重大误解。

2. 显失公平

所谓显失公平，是指当事人双方在权利义务方面存在重大的不对等，一方遭受重大不利益的情况。特别注意的是，我国《合同法》第五十四条的规定与《民法通则》略有不同。合同法特别规定了显失公平必须是"在订立合同时"，所以在物业管理服务合同的订立时如果出现"显失公平"，则这是属于可变更、可撤销的民事行为范畴；而如果在合同履行过程中出现显失公平的情况时，就不能援引该条规定，请求变更或撤销了，而是以违背民法公平原则为抗辩的理由。

3. 乘人之危

所谓乘人之危，是指行为人利用他人的紧迫情况或危难处境，强迫其违背自己的真实意思而为一定民事行为、造成明显不利益的行为。例如，某甲由于拆迁而急于购买商品房，开发商利用对方的紧迫情况而故意抬高房价，甲为了避免无处居住的窘境而被迫接受这种不平等的合同。在这里，开发商的行为就属于乘人之危的行为。

4. 未损害国家利益的欺诈、胁迫行为

我国《民法通则》第五十八条将欺诈、胁迫列入绝对无效的民事行为当中，而不论其是否损害到国家利益。但是 1999 年生效的《合同法》则对此作了进一步的划分，根据《合同法》第五十四条规定，凡是没有损害到国家利益的欺诈、胁迫行为，都属于可变更、可撤销的民事行为，而不一概地将其认定为绝对无效。

对于可变更、可撤销的民事行为，当事人在法律规定的时间和范围内享有决定其是否继续有效的主动权。一方面，当事人可以向人民法院或者仲裁机构请求变更由于上述情形产生的民事行为。根据《合同法》第五十四条规定，当事人请求变更的，人民法院或者仲裁机构不得撤销。另一方面，当事人也可以向人民法院或者仲裁机构请求撤销该民事行为，但是撤销权的行使是有法律限制的。《合同法》第五十五条规定："有下列情形之一的，撤销权消灭：（一）具有撤销权的当事人自知道或者应当知道撤销事由之日起一年内没有行使撤销权；（二）具有撤销权的当事人知道撤销事由后明确表示或者以自己的行为放弃撤销权。"该条第一项规定了当事人行使撤销权的时间期限为一年，即如果当事人在知道或者应当知道撤销事由之日起一年内没有行使撤销权的，该撤销权归于消灭。这里的一年期限不是民法上的诉讼时效，而是除斥期间。超过诉讼时效，当事人会丧失胜诉权，但是不会丧失撤销权；但是超过了除斥期间，当事人的实体权利就归于消灭了，在这里就体现为当事人永远失去了行使撤销权的权利。该条第二项则规定了当事人主动放弃撤销权的情况。

对于可变更、可撤销的民事行为被撤销之后，从行为开始起无效。相应的法律后果与绝对无效的民事行为类似，都有返还财产、赔偿损失的后果，但是前者由于没有涉及损害国家利益的情况，所以不存在将财产收归国家所有的情形。

（三）效力待定的民事行为

所谓效力待定的民事行为，是指已经成立的民事行为因为欠缺一定的生效要件，其生效与否尚未确定，必须经过补正才可以生效，在法律规定的期限内不予补正的，则为无效的民事行为。效力待定民事行为的成因主要是行为人在主体资格上存在瑕疵，一般来讲可以分为以下几个方面的情形：

1. 无民事行为能力人、限制民事行为能力人所为的民事行为

根据我国《民法通则》和《合同法》的有关规定，无民事行为能力人、限制民事行为能力人为民事行为的，必须经过其法定代理人的同意或者追认方才有效。法定代理人不同意或者不予以追认的，则该民事行为无效。但是，纯粹获得利益的民事行为则不在此列。例如《合同法》第四十七条规定："限制民事行为能力人订立的合同，经法定代理人追认后，该合同有效，但是纯获利益的合同或者与其年龄、智力、精神健康状况相适应而订立的合同，不必经过法定代理人追认。"

根据《合同法》第四十七条第二款的规定，相对人可以催告法定代理人在一个月内予以追认。法定代理人未作表示的，视为拒绝追认。合同被追认之前，善意相对人有撤销的权利。撤销应当以通知的方式作出。

2. 无权代理人所为的民事行为

根据我国《民法通则》第六十六条、《合同法》第四十八、四十九、五十条，行为人没有代理权、超越代理权或者代理权终止以后仍然以被代理人名义从事民事行为的，非经被代理人追认，对被代理人不生效力。但是被代理人知道行为人以被代理人名义从事民事行为(例如订立合同)而没有作出否认表示的，或者相对人有充分理由相信行为人有代理权的，法律规定不需要被代理人追认，该民事行为当然有效。另外，根据《合同法》第四十八条第二款，相对人可以催告被代理人在一个月内予以追认。被代理人未作表示的，视为拒绝追认。合同被追认之前，善意相对人有撤销的权利。撤销应当以通知的方式作出。例如，某小区的全体业主委托某律师代理其全体业主与物业公司订立物业管理服务合同，但是在委托事项上并未授权律师就该小区业主的房屋装修业务全部提供给物业公司经营。但是该律师擅自超越代理权限，将小区内业主的房屋装修业务全部以合同形式提供给物业公司。在这里，律师的这种行为就属于效力待定的民事行为，物业管理服务合同中的相关条款是否有效，要看业主是否予以追认。如果追认，则该条款有效；如果拒绝追认，则该条款自始无效。

3. 无处分权人的处分行为

根据我国《合同法》第五十一条规定，无处分权的人处分他人的财产，经权利人追认或者无处分权的人订立合同后取得处分权的，该合同有效。无处分权的人在事后没有取得权利人追认或者事后没有取得处分权的，该处分行为无效。例如，某小区的物业公司受业主甲的委托照看甲在该小区无人居住的房产，后来该物业公司为了谋取利益，未经甲的允许而擅自将该房屋出租给他人。在这里，该物业公司的行为就属于无处分权人的处分行为。如果甲事后予以追认，或者物业公司事后得到了该房屋的处分权，则该租赁行为有效；如果甲事后拒绝追认，物业公司也没有取得该房屋的处分权，则该租赁行为无效。

4. 法定代表人越权从事的民事行为

法人或者其他组织的法定代表人、负责人超越权限订立的合同，如果相对人是善意的，该代表行为有效；如果相对人知道或者应当知道该法定代表人或负责人是越权从事民

事行为，则该民事行为的效力待定，我国《合同法》第五十条有相关规定。例如，某小区的业主委员会主任在未得到全体业主授权的情况下，擅自与物业公司修改了物业管理服务合同的条款，提高了物业管理服务费用。如果物业公司不知道或不应当知道该主任的行为是越权行为（即物业公司是善意的），则该行为有效，由此给业主带来的损失由业主委员会主任个人承担；如果物业公司明知此为越权行为，则该代表行为是否有效要看全体业主是否予以追认。

第二节　物业管理活动的行政监督行为及其效力

一、物业管理活动的行政监督行为的含义和特征

物业管理活动的行政监督行为，是指具有管理物业管理活动的行政职权的行政机关、法律法规授权的组织及其工作人员、行政机关委托的组织或者个人，在针对物业管理活动行使管理职权过程中所实施的所有的具体行政行为。它的主要作用在于用行政手段及时引导和规范物业管理活动，并对违法行为进行惩处，以保证物业管理活动的顺利进行。还可以把它叫做物业管理具体行政行为。这种行政监督行为不但可以针对物业管理企业、开发商，也可以针对物业业主、物业使用人、业主大会、业主委员会等。《物业管理条例》第五条规定："国务院建设行政主管部门负责全国物业管理活动的监督管理工作。县级以上地方人民政府房地产行政主管部门负责本行政区域内物业管理活动的监督管理工作。"

物业管理具体行政行为是和物业管理抽象行政行为相对立而言的。所谓物业管理抽象行政行为，是指行政机关制定和发布普遍性行为规范的行为。它一般针对不特定的对象，并且具有反复适用性和普遍约束性，有时也被称为制定行政规范性文件的行为。例如，国务院制定《物业管理条例》的行为。物业管理行政监督行为本质上属于具体行政行为，它具有以下特点：

1. 单方面性

是否实施物业管理行政监督行为，实施何种行政监督行为，完全由行政主体决定，不受行政相对人左右。

2. 国家意志性

行政主体行使的物业管理行政监督行为是执行国家法律法规和政策的行为，从而体现出强烈的国家意志性。

3. 效力先定性和强制性

物业管理行政监督行为一经作出，不论其是否真的合法，均推定其合法，并具有强制执行力。如果需要确定其违法而否定其效力的，必须经过法定程序方可实现。

4. 公益性

物业管理行政监督行为应当代表公共利益，而不能仅仅为了某个人或者组织的私利。

5. 可诉性

根据我国《行政诉讼法》第十一条规定，物业管理行政监督行为可以归于行政诉讼的受案范围。

6. 一次性

物业管理行政监督行为一旦作出，不可以反复适用，只是针对特定对象的特定行为方

才有效。

二、物业管理活动的行政监督行为方式

根据我国各种关于物业管理的规范性文件的规定,物业管理活动的行政监督行为可以分为以下方式:

(一)物业管理行政许可

物业管理行政许可是指在物业管理活动过程中,行政机关根据行政相对人的申请,对相对人是否具备法律法规规定的资格或者条件进行审核,对合格者发给证照,对不合格者不发给证照的一种验证资格和条件的具体行政行为。《物业管理条例》第三十二条第二款规定:"国家对从事物业管理活动的企业实行资质管理制度。具体办法由国务院建设行政主管部门制定。"建设部《关于实行物业管理企业经理、部门经理、管理员岗位培训持证上岗制度的通知》、《全国物业管理从业人员岗位证书管理办法》等对物业从业人员行业准入制度的规定,就属于行政许可的范围。

(二)物业管理行政处罚

物业管理行政处罚是指在物业管理活动中,行政机关和法律法规授权的组织对违反行政法规的行为,实施行政法规制裁的行为。根据我国《行政处罚法》第三、四、五、六条的规定,进行行政处罚必须遵循处罚法定原则(第三条)、公开公正原则(第四条)、处罚与教育相结合原则(第五条)、救济原则(第六条)。

根据《行政处罚法》第八条规定,行政处罚分为以下7种:

1. 警告

警告,即谴责和训诫。理论上称为申诫罚,是物业主管行政部门公开对违反物业管理相关法规的行为人发出警诫,申明其行为的违法性,督促其改正,避免重犯的行政处罚。例如,《物业管理条例》第五十七条规定:"违反本条例的规定,住宅物业的建设单位未通过招投标的方式选聘物业管理企业或者未经批准,擅自采用协议方式选聘物业管理企业的,由县级以上地方人民政府房地产行政主管部门责令限期改正,给予警告,可以并处10万元以下的罚款。"

2. 罚款

罚款,即行政机关对违法的行政相对人强制其缴纳一定数额的金钱。它在理论上称为财产罚。这种行政监督行为在物业管理活动中是大量存在的。例如,《物业管理条例》第五十八条规定:"违反本条例的规定,建设单位擅自处分属于业主的物业共用部位、共用设施设备的所有权或者使用权的,由县级以上地方人民政府房地产行政主管部门处5万元以上20万元以下的罚款;给业主造成损失的,依法承担赔偿责任。"第五十九条规定:"违反本条例的规定,不移交有关资料的,由县级以上地方人民政府房地产行政主管部门责令限期改正;逾期仍不移交有关资料的,对建设单位、物业管理企业予以通报,处1万元以上10万元以下的罚款。"特别注意,我国《行政处罚法》第二十四条规定:"对当事人的同一个违法行为,不得给予两次以上罚款的行政处罚。"

3. 没收违法所得、没收非法财物

没收违法所得、没收非法财物是指行政主体对于行政相对人的违法行为所获得的收入、违禁物等无偿收归国有,它也属于财产罚的范畴。例如,《物业管理条例》第六十条规定:"违反本条例的规定,未取得资质证书从事物业管理的,由县级以上地方人民政府

房地产行政主管部门没收违法所得，并处 5 万元以上 20 万元以下的罚款；给业主造成损失的，依法承担赔偿责任。"

4. 责令停产停业

责令停产停业，是指行政主体对违法的行政相对人采取的剥夺其继续生产经营能力的一种处罚方式，属于资格罚范畴。

5. 暂扣或者吊销许可证、暂扣或者吊销执照

它仍然属于资格罚的范畴，是指行政主体依法限制或者剥夺违法行为人某项原已被确认的法律上的资格，它在物业管理活动中也是大量存在的。例如，《物业管理条例》第六十二条规定："违反本条例的规定，物业管理企业将一个物业管理区域内的全部物业管理一并委托给他人的，由县级以上地方人民政府房地产行政主管部门责令限期改正，处委托合同价款 30%以上 50%以下的罚款；情节严重的，由颁发资质证书的部门吊销资质证书。委托所得收益，用于物业管理区域内物业共用部位、共用设施设备的维修、养护，剩余部分按照业主大会的决定使用；给业主造成损失的，依法承担赔偿责任。"

6. 行政拘留

行政拘留属于自由罚中的一种，是指行政主体对违法的行政相对人采取的剥夺一段时间人身自由的行政处罚。这种处罚方式只能由法律加以规定，行政法规、部门规章、地方性法规和规章、其他规范性文件都无权加以规定。在我国目前专门的物业管理方面的法规规章中并没有此种规定。

7. 法律、行政法规规定的其他行政处罚

在我国关于物业管理活动方面的法规当中，大部分都采用多种处罚方式并存的形式，以便更好地行使物业管理行政监督权。例如，《物业管理条例》第六十三条规定："违反本条例的规定，挪用专项维修资金的，由县级以上地方人民政府房地产行政主管部门追回挪用的专项维修资金，给予警告，没收违法所得，可以并处挪用数额 2 倍以下的罚款；物业管理企业挪用专项维修资金，情节严重的，并由颁发资质证书的部门吊销资质证书；构成犯罪的，依法追究直接负责的主管人员和其他直接责任人员的刑事责任。"

（三）物业管理行政强制执行

物业管理行政强制执行，是指在物业管理活动中，个人、组织不履行法律法规中规定的义务，行政主体依法强制其履行义务的行政行为。

物业管理中的强制执行主体可以是物业主管行政部门，也可以是人民法院。目前更多的是行政部门向法院提出强制执行申请，由法院依法审查并执行。

物业管理行政强制执行分为直接强制执行和间接强制执行。前者是指行政主体直接对法定义务人的人身或者财产实施强制，以迫使其履行义务。我国物业管理规范性文件虽然规定了许多处罚方式，但是并没有明确规定主管部门有扣押、查封、冻结等直接强制措施。后者是指通过间接方法强制行政相对人履行义务，它可以分为代执行和执行罚两种。代执行是指行政主体请人代替法定义务人履行义务，再由法定义务人负担费用。它一般经过告诫、代执行、征收费用三个阶段。例如，某业主在小区内擅自搭建违章建筑，经过有关部门再三警告仍然不予以拆除，则行政主体可以请他人代替拆除，所花费的费用由该违章建筑搭建者负担。执行罚是指行政主体通过使不履行法定义务的行为人承担新的、持续不断的给付义务，促使其履行义务。滞纳金就是典型的例子。

（四）物业管理行政指导

物业管理行政指导是指在物业管理活动中，行政主体基于国家的法律法规和政策而作出的，旨在引导行政相对人自愿采取一定的作为或不作为，以便实现行政管理目的的非职权行为。其必须坚持正当性原则、自愿性原则和必要性原则。例如，建设部 1999 年 10 月 14 日发布的《前期物业管理服务协议（示范文本）》，建设部、原国家工商行政管理局 1997 年 8 月 25 日印发推行的《物业管理委托合同示范文本》。

复 习 思 考 题

1. 简述物业管理过程中的法律行为的概念、基本种类。
2. 简述物业管理过程中的民事法律行为的形式。
3. 简述物业管理过程中的民事法律行为的效力种类，分别需要具备的要件。
4. 物业管理过程中的行政监督法律行为的概念、特征和行为方式各是什么？

第四章　物业管理企业的设立及其法律地位

第一节　物业管理企业

学习目的与要求

物业管理企业在物业管理法律关系中具有重要的法律地位，通过本章学习要了解物业管理企业的设立，组织结构；掌握物业管理企业的特征，指导思想，职责范围；重点掌握物业管理企业组织运行方式。

一、物业管理企业概念和特征

1. 物业管理企业的概念

物业管理企业通常我们称之为物业管理公司。物业管理企业是指依法成立的，取得物业管理企业资质证书，对物业项目实行专业化的管理和服务，并收取相应报酬的，具有独立法人资格的经济实体。

2. 物业管理企业的特征

（1）物业管理企业必须是独立的企业法人

《物业管理条例》第三十二条明确规定："从事物业管理活动的企业应当具有独立的法人资格。"

物业管理企业是从事经营活动的市场主体。作为市场主体，应当具有相应的主体资格，享有完全的民事权利能力和行为能力，能够独立的承担民事责任。按照《民法通则》的规定，法人是具有民事权利能力和民事行为能力，依法享有民事权利和承担民事义务的组织。物业管理企业应当具有独立的法人资格，意味着物业管理企业应当具备下列条件：

① 依法成立。物业管理企业应当根据《中华人民共和国公司法》、《中华人民共和国外资企业法》、《中华人民共和国中外合资企业法》等法律法规，按合法程序建立。

② 有必要的财产或者经费。物业管理企业属于盈利性法人。必要的财产和经费是其生存和发展的前提，也是其承担民事责任的物质基础。按照《公司法》规定，物业管理企业为有限责任公司的，注册资本不得低于 10 万元；为股份有限公司的，注册资金不得低于 1000 万元。

③ 有自己的名称、组织机构和场所。其中，名称是企业对外进行活动的标记，其确定应当符合《企业名称登记管理规定》等法律法规的规定；组织机构是健全内部管理的需要，如公司应设立董事会、股东大会、监事会等；场所是物业管理企业进行经营活动的固定地点，不仅表示企业的存在具有长期性，并且可以确定与企业相关的其他一些问题，如合同的履行、诉讼管辖问题等。

④ 能够独立承担民事责任。如果企业不能就自己的行为承担相应责任，难称其具有

独立的主体资格。独立承担民事责任是建立在独立财产基础之上的。如果企业没有独立的财产，是不可能独立承担民事责任的。

作为独立的企业，物业管理企业应拥有一定的资金和必要的固定资产，具有法人地位，能够独立完成物业管理和服务工作，自主经营、独立核算、自我约束、自我发展，能独立享有民事权利，承担民事责任等。因此，物业管理企业除本行业自身的专业特色外，在市场地位、经营运作、法律地位等方面和其他企业是一样的，都要遵循企业法人讲究质量、信誉、效益等市场竞争法则。所以说，物业管理企业应是一个独立的企业组织，它在物业管理活动中具有独立性和自主性。但目前我国还有一些企业不具有独立的企业法人资格，不能独立承担民事责任。

（2）物业管理企业依据《物业服务合同》的约定履行职责

物业管理企业应当与物业项目的业主或业主委员会签订《物业服务合同》，在物业项目的开发建设阶段（即前期）应与项目的开发建设单位签订《前期物业服务合同》。《物业服务合同》、《前期物业服务合同》是物业管理企业行使物业管理权的依据。物业项目的全体业主、物业使用人及物业管理企业之间是平等的民事主体关系，不存在着领导者与被领导者、管理者与被管理者的关系。双方的权利、义务关系体现在物业服务合同的具体内容中。因此，双方必须严格按照合同的约定执行。

（3）物业管理企业属于服务性企业

物业管理企业的主要职能是通过对物业的管理，提供形式多样的服务，为业主、物业使用人创造一个舒适、方便、安全、幽雅的居住和工作环境。物业管理企业作为非生产性企业，主要是通过对物业的维修、养护、管理、环境维护、公共秩序的维护及直接为业主提供全方位、多层次的服务来达到企业的工作目标。因此，物业管理企业的"产品"只有一个，那就是服务。

（4）物业管理企业应当获得报酬

物业管理企业是一个经济实体，其所提供服务的直接受益者是物业项目的全体业主、物业使用人。业主、物业使用人享受了一定的服务就应当支付一定的报酬，物业管理企业因为付出了相应的劳动就应得到相应的报酬。同时物业管理企业要生存、要发展也必须有资金的支持。因此，物业管理企业的服务是有偿的，是带有经营性的，它属于企业性的经济行为。

二、物业管理企业设立的条件及成立

（一）物业管理企业设立的条件

物业管理企业大多数均为公司制的企业，因此，根据《中华人民共和国公司法》的规定，我国的物业管理企业可分为物业管理有限责任公司和物业管理股份有限公司。

1. 物业管理有限责任公司

《公司法》第十九条规定，设立有限责任公司应具备下列条件：

（1）股东符合法定人数，即股东一般应在2人以上50人以下，同时根据《公司法》第二十条第二款规定："国家授权投资的机构或者国家授权的部门可以单独投资设立国有独资的有限责任公司。"

（2）股东出资达到法定资本最低限额即是根据《公司法》第二十三条的规定，服务性公司的注册资本最低限额为人民币10万元。目前国家没有统一物业管理公司的注册资本最低限额规定，一般由各省、市、自治区根据有关法律、结合各地具体情况自行规定。一些地方性法规规定物业管理企业最低注册资本为人民币 20 万～30 万元之间。

（3）股东共同制定公司章程。

（4）有公司名称，建立符合有限责任公司要求的组织机构。

（5）有固定的生产经营场所和必要的生产经营条件。

物业管理有限责任公司应由全体股东制定公司的章程。公司章程应载明如下内容：

（1）名称和住所；

（2）经营范围；

（3）注册资本；

（4）股东的姓名或名称；

（5）股东的权利、义务；

（6）股东的出资方式和出资额；

（7）股东转让出资的条件；

（8）企业的组织机构及其生产办法、职权、议事规则；

（9）法定代表人；

（10）解散与清算；

（11）其他事项。

同时物业管理企业还需配备必要的专业的管理人员和技术人员，建立健全管理机构和规章制度。

2. 物业管理股份有限公司

《公司法》第七十三条规定设立股份有限公司，应当具备下列条件：

（1）发起人符合法定人数；

（2）发起人认缴和社会公开募集的股本达到法定资本最低限额；

（3）股份发行、筹办事项符合法律规定；

（4）发起人制定公司章程，并经创立大会通过；

（5）有公司名称，建立符合股份有限公司要求的组织机构；

（6）有固定的生产经营场所和必要的生产经营条件。

《公司法》第七十五条规定："设立股份有限公司，应当有 5 人以上为发起人，其中须有过半数的发起人在中国境内有住所。国有企业改建为股份有限公司的，发起人可以少于 5 人，但应当采取募集设立方式。"股份制物业管理企业的最低注册资本额为人民币 1000 万元。

物业管理股份有限责任公司应制定公司章程，章程应载明下列内容：

（1）名称和住所；

（2）经营范围；

（3）设立方式；

（4）股份总数、每股金额和注册资本；

（5）发起人的姓名或者名称、认购的股份数；

（6）股东的权利、义务；

（7）董事会的组成、职权、任期和议事规则；

（8）法定代表人；

（9）监视会的组成、职权、任期和议事规则；

（10）利润分配办法；

（11）解散与清算；

（12）发布通知与公告的办法；

（13）其他事项。

同时物业管理企业还需配备必要的专业管理人员和技术人员，建立健全管理机构和规章制度。

（二）物业管理企业的成立

物业管理企业成立一般要经过资质审批、工商注册登记、税务登记和公章刻制等几个步骤。

（1）根据《公司法》规定的设立条件，准备好有关资料和文件。

（2）公司名称预先核准申请。为了避免企业名称与其他的企业重名，在工商登记之前，要向工商行政登记主管机关提出预先核准公司名称申请。

（3）向企业所在地房地产行政主管部门提出办理物业管理企业资质证书的申请。在我国，有些地区规定物业管理企业必须取得当地房地产行政主管部门核发的物业管理企业资质证书，方可办理工商登记，从事物业管理业务。

（4）向企业所在地工商行政管理机关申请法人注册登记和开业登记，领取营业执照。按照《公司法》的规定，所有公司的设立，都必须到工商行政管理机关进行注册登记，领取营业执照后，方可开业。物业管理企业也不例外。

（5）到公安机关(或授权单位)进行公章登记和刻制。

（6）向所在地税务机关办理税务登记。物业管理企业持营业执照、物业管理企业资质证书、企业公章、开户银行账号及税务机关要求提供其他相应的资料，进行税务登记。

上述过程结束后，物业管理企业就可以开展物业管理业务了。

三、物业管理企业资质管理

（一）物业管理企业资质管理的意义和作用

我国对物业管理企业实行资质管理。《物业管理条例》第三十二条规定："国家对从事物业管理活动的企业实行资质管理制度。"这项规定主要是物业管理企业建立市场准入和清出制度。物业管理企业提供的管理和服务与人们的生产、生活密切相关，直接影响到人们的生产和生活质量、人身健康和生命财产安全。物业管理实质是对业主及物业使用人共同事务进行管理的一种服务活动。物业管理企业按照服务合同的约定，即提供物业公共部位和公共设施设备的维修养护，同时也承担着物业管理区域内公共秩序的维护责任。如果主管部门对物业管理企业缺乏有效的监管，可能会导致业主及物业使用人的公共利益受到损害，引起社会的不安。

物业管理企业是一种以较少自有资本而管理较大资产的企业。一般情况下，企业运营成本较低，企业注册资本相对较少。而企业管理的物业价值却达到数千万元、亿元甚至几十亿元，因其管理水平的高低会引起物业价值的波动，物业波动的价值远远超过企业自身的价值。因此，物业管理企业抗风险的能力较弱。实行资质管理，有助于提高物业管理企业的管理服务水平，有助于防范企业经营风险，有助于发挥物业管理的社会效益。

物业管理企业提供的服务，表现在消费者面前的，更多的是维护公共秩序，但其最基本的服务是房屋及设备设施的维护管理。随着经济的发展、科学技术的进步，建设领域不断涌现新技术、新产品，物业的智能化越来越高，这就要求物业管理企业具有先进的管理工具及设备，建立一套科学、规范的管理措施及工作程序。物业管理具有一定的专业性，实行市场准入和清出制度，有利于物业管理企业适应产业结构调整升级的趋势和现代化城市发展的需要，有利于推进物业管理企业的技术进步。

（二）物业管理企业的资质管理

物业管理企业资质的条件、分级、申请、审批、动态管理等属于物业管理企业资质管理的内容。建设部于 2004 年颁布了《物业管理企业资质管理办法》，各地物业管理行政主管部门也根据自己的实际情况制定了相应资质管理办法。

建设部颁布的《物业管理企业资质管理办法》中，将物业管理企业划分为一级、二级、三级三个等级。分别对不同等级的企业在注册资本；物业管理专业人员及工程、管理、经济等相关专业内专职管理和技术人员的比例；物业管理专业人员按国家有关规定取得职业资格证书；管业面积；获得全国及省、市优秀物业管理项目的比例；维修基金管理制度和企业规章制度等方面做出了相应的规定。

四、物业管理企业组织机构设置

（一）物业管理企业机构设置的要求

物业管理企业组织机构的设置应为实现企业的经营目标服务，而企业的经营、管理、服务则主要依靠各职能部门来完成。所以，物业管理企业的组织机构设置是物业管理的计划、组织、指挥、协调、控制等职能的要求。为了保证物业管理统一、畅通、健康、高效地运转，为了保证企业决策层的行政指挥，物业管理企业应设置相应的组织机构。

物业管理企业机构设置应考虑能够充分体现物业管理企业的服务性功能，明确每一个组织机构的功能作用和具体目标；能够充分发挥企业员工的潜能；保证企业对内、对外关系的协调；从实际出发，对人、财、物等资源的合理分配，以低成本的投入达到最高的工作效率、经济效益、社会效益和环境效益等方面的要求，设计一个目标明确、功能齐全、结构合理的组织机构。

（二）物业管理企业机构的设置

物业管理企业机构的设置必须有利于企业内部运行机制和内部监督约束机制的形成和运作。目前，我国物业管理企业的机构设置主要采用直线制、职能制、直线职能制、事业部制等组织形式。

1. 直线制组织形式（见图 4-1）

直线制是最早的一种企业管理组织形式。其特点是企业各级单位从上至下垂直领导，各级主管人对所属单位的一切负责，不设专门职能机构，只设职能人员协助主管人工作。

直线制的优点是机构简单，责权统一，决策迅速，行动效率高。缺点是对领导者要求较高，要通晓各相关专业知识，亲自处理许多具体业务。适用于管理单一、规模较小的企业或专业化公司，如保洁、保安、绿化、房屋维修等专业公司。

2. 职能制组织形式（见图 4-2）

职能制是在总经理领导下设立职能机构，这些职能机构在总经理的授权范围内，向下传达命令和指示。

这种组织形式的主要优点是各职能机构目标清楚，分工明确，能够发挥职能机构的专业管理作用，提高管理效率，减轻总经理的负担。缺点是多头管理，容易造成责任不清。

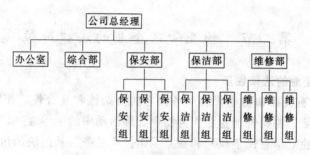

图 4-1　直线制组织形式

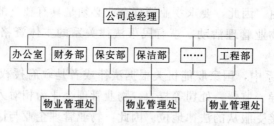

图 4-2　职能制组织形式

3. 直线职能制组织形式（见图 4-3）

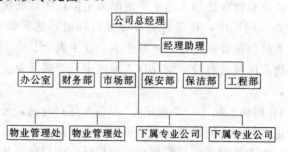

图 4-3　直线职能制组织形式

直线职能制是在直线制的基础上结合职能制的长处，除各级职能主管负责人外，还设立了各职能机构。各职能机构有权在自己业务范围内从事专业管理工作。

这种形式结合了直线和职能制的优点，既保持了直线制集中统一指挥的优点，又具有职能分工的长处。它将机构形式分为两个层次，一是管理层，另一个是操作层。这对减轻主管领导负担，提高决策质量和工作效率起到了积极的作用。

这种形式也有不足之处，下级往往缺乏必要的自主权，各职能部门之间缺乏横向联系，容易产生脱节和矛盾，信息反馈的速度较慢等等。

目前，物业管理企业机构设置中主要采用这种组织机构形式。

如果物业管理企业规模扩大了，既有专业公司，有各管理处或分公司，也可以将公司机构改变为事业部的机构组织形式。如果有了专业公司，也可根据实际情况对部门情况进行调整，合并一些部门机构。随着业务的拓展也可增设相应的部门机构。总之，部门机构设置既要考虑其合理性，只能不重叠，没有盲点，便于管理；又要充分考虑具体情况，根据实际情况进行设置。

第二节 物业管理企业的法律地位

一、物业管理企业的法律性质

1. 物业区分所有关系和物业管理业务内容的复杂性和复合性，使物业管理企业在性质上体现出多重特征。物业管理企业作为物业管理活动中的主体之一，是依法成立的具有法人资格的，能够独立享有民事权利和独立承担民事义务。从民法的角度来说，物业管理企业与业主和物业使用人是平等的民事主体，并且通过物业服务合同形成了平等的民事法律关系。业主、业主大会及业主委员会有选聘、解聘物业管理企业的权利和自由，物业管理企业也有拒聘的自由。因此，要求物业管理企业必须是具有独立的企业法人资格经济实体，能够独立的实施物业管理活动，享有民事法律关系的主体资格。在市场竞争中求生存、求发展。

2. 在行政管理关系中，国家职能机关根据法律或者是政府授权对物业管理行业和活动进行管理，行使指导、监督、处罚等权力。物业管理企业为相对人必须接受国家行政主管机关的管理，处于接受服从的法律地位。因此，物业管理企业与国家职能机关在物业行政法律关系中处于不平等法律地位。

二、物业管理企业管理物业的基础——合同

物业管理企业与业主和物业使用人是平等的民事主体，体现在物业管理企业与业主委员会签订的《物业服务合同》中，在签订物业服务合同时，通常物业管理企业处于被业主、业主大会及业主委员会选择的地位，一旦业主、业主大会及业主委员会发出要约，物业管理企业才能根据物业区域及自身的情况自主地决定是否接受业主、业主大会及业主委员会的要约。

《中华人民共和国合同法》第十三条规定："当事人订立合同，采取要约、承诺方式。"所谓要约就是希望和他人订立合同的意思，意思表示就是把内心旨在发生一定效果的意思对外表示出来的行为。物业管理行业目前推行的招投标中的招标公告或招标邀请，就是一种要约邀请。因为物业管理招标是作为合同当事人的业主、业主大会及业主委员会一方向数个物业管理企业公布的订立合同的意思表示，记载该意思表示的文件就是招标文件或招标邀请书。由于招标中标底是不公开的，招标公告或招标邀请书不具备合同的主要内容，因此，招标公告或招标邀请书是要约邀请。《中华人民共和国合同法》第十三条规定："承诺是受要约人同意要约的意思表示。"作为物业管理企业接受业主、业主大会及业主委员会的要约，则可以签订物业服务合同给予承诺。由于物业管理服务合同必须采取书面形式订立，因此，《中华人民共和国合同法》第二十三条规定："当事人采用书面形式订立的合同，自双方当事人签字或者盖章时合同成立。"当业主、业主大会及业主委员会与物业管理企业双方在合同上签字或盖章后，物业管理服务合同正式成立，业主、业主大会及业主委员会与物业管理企业的合同关系也就即时成立。

《中华人民共和国合同法》第三条规定："合同当事人的法律地位平等，一方不得将自己的意志强加给另一方。"这条规定的实质就是合同法的平等原则的具体体现。这种平等包含了两个要点：①这种"平等"不是指社会生活中、合同关系之外的平等与不平等，而是指在一个合同关系中合同双方当事人之间的平等。即使一方当事人在社会生活领域中是

行政机关、国家机关，虽然它们从事管理市场、管理社会的工作，经常发号施令，但当其参与市场，建立购销合同、建筑合同、物业管理服务合同时，它们与别的当事人之间就是平等的，这就是法律对当事人提出的要求。《合同法》当中的平等，就是指当事人之间的平等。至于合同关系之外的平等与否，则与合同关系无关，与《合同法》无关。因此，法院、仲裁机关在受理合同纠纷案时，不应考虑当事人在社会生活领域平等与否，只应考虑在合同关系上双方是平等的。即使一方是上级机关，一方是企业或自然人，在建立购销合同、建筑合同、物业管理服务合同关系上，《合同法》同样要求双方平等，行政机关的架子必须放下来，与对方的法人或自然人平等的协商，来解决双方当事人之间的权利和义务。②这种"平等"也仅限于法律地位的平等，不是指经济实力的大小。一方是大企业，一方是个体户，经济实力上当然是不平等的。法律地位平等意味着不能以势压人，不能将自己的意志凌驾于一方当事人之上。作为国家机关，可以对所辖企业、单位罚款，做决定，发号施令，吊销执照等等，而一旦与它签订合同，构成市场交换关系，就要放下架子，与对方平等地、友好地协商，共同决定双方之间的权利义务。

物业管理企业与业主、业主大会及业主委员会之间平等的合同关系还体现在物业管理企业的管理服务行为若不符合合同的要求，业主、业主大会及业主委员会有权解除合同，并要求物业管理企业承担相应的违约民事责任。反之，业主、业主大会及业主委员会的行为违反了合同的规定，物业管理企业也可以根据合同，要求业主、业主大会及业主委员会承担相应的违约民事责任。由此可见，物业管理企业与业主、业主大会及业主委员会之间处于平等的法律地位。

复习思考题

1. 简述物业管理企业设立的条件。
2. 简述物业管理企业的组织机构。
3. 简述物业管理企业的职责范围。
4. 简述物业管理企业的法律地位。

第五章　业主与业主团体

学习目的与要求

本章围绕着我国《物业管理条例》有关业主和业主大会的相关规定，介绍了业主的权利义务、业主大会的职责、业主委员会的运作、业主公约的内容等等，另外还包括业主委员会的性质等一些在理论界存在争议的知识点，以期读者对有关业主及业主团体的相关知识能够进行整体地把握，并在现实生活中遇到具体问题时找到相关的法律及理论依据。

第一节　业　主　概　述

一、业主的概念

（一）业主的定义

业主是指物业所有权人。业主可以是自然人也可以是法人。我国《物业管理条例》第六条第一款规定："房屋的所有权人为业主。"一方面，业主既是物业管理的主体，也是物业管理服务的对象。另一方面，物业管理公司通过具体管理实现物业管理合同的目标，在此意义上业主是被管理者。在法律上，只有办理了产权过户手续，被登记为产权人的买受人才可称为业主。

（二）业主的分类

业主可按以下情况进行分类：

1. 按物业所有权主体的数量，可以分为独立产权的业主和共有产权的业主。独立产权是指业主单独拥有物业；共有产权是业主与他人公共拥有物业。具体区分方法有二，首先，形式上，凡是房屋产权证上只写明一个所有人享有房屋产权的，这个所有人就是独立产权的业主，凡是房屋产权证上写明房屋是共有的，那么房屋产权证明的这些所有人就是共有产权的业主。其次，现实生活中绝大部分住宅都是由家庭拥有，而房屋产权证上常常只有一个自然人作为所有人，从形式上来说，这项物业的业主是独立产权的业主，但实质上这项物业的业主是共有产权的业主。

2. 按业主是自然人还是法人，可以分为自然人业主和非自然人业主。所谓自然人业主，就是指拥有物业的所有权人是自然人。而非自然人业主就是指拥有物业所有权的是自然人以外的主体，包括法人和非法人组织。

3. 按物业的所有权主体性质的不同，可以将业主划分为公房业主和私房业主两类。公房业主按中国法律是指国家和集体，公房业主狭义仅指国家及其授权经营管理公房的部门或单位；私房业主按国务院《城市私有房屋管理条例》第二条第二款规定，仅指个人所有、数人共有的自用或出租的住宅和非住宅用房之业主。私房业主广义是指有物业所有权的"私人"，包括自然人、非国家机关性质的法人和其他组织。

除此之外，以物业基本用途不同，可把业主分为居住物业的业主和非居住物业的业主；以享有物业所有权份额多少不同，可把业主分为大业主和小业主；以业主资格取得先后次序和依据不同，可以把业主分成原始业主（即新建物业的业主）、继受业主（即购买物业人）和准业主（即依法视为业主的业主委员会和物业使用权合法持有人）三类。按照不同的标准，业主还可有其他分类，在此不再详述。

（三）相关概念——物业使用人

物业的使用人不是业主，而是指物业的承租人和实际使用物业的其他人。业主是物业的所有人，对物业享有占有、使用、收益和处分的全部权利；而物业使用人对物业只享有占有、使用或者一定条件的收益权，没有处分的权利。一般而言，物业管理只涉及业主与物业公司之间的权利义务，而不涉及使用人。但现在也有越来越多的业主购买商品房不是为了自己居住，而是为了投资。这部分业主在购买商品房之后即将所购房屋出租他人使用。这样，物业管理关系就不仅仅涉及业主和物业公司，还涉及承租人。业主将自己拥有产权的房屋通过房屋租赁合同出租给他人使用，承租人基于租赁合同，在约定的时间内有偿地获得房屋的占有权、使用权甚至收益权。尽管承租人并非业主，但其占有、使用不动产的权力是从业主那里受让而来，所以承租人应遵守物业管理区域的自治性规范，不得以其并非业主为由拒绝自治性规范的约束。另外，承租人并不当然享有表决权，除非业主授权其行使表决权，否则承租人不能参与业主大会表决有关待议决事项。因为，表决权具有身份属性，并不会随着租赁关系而当然从业主转移给承租人。

二、业主的权利与义务

（一）业主的权利

物业管理是为了全体业主的利益而产生的。业主在物业管理中究竟享有哪些权利呢？对此，《物业管理条例》第六条第二款是这样规定的："业主在物业管理活动中，享有下列权利：（一）按照物业服务合同的约定，接受物业管理企业提供的服务；（二）提议召开业主大会会议，并就物业管理的有关事项提出建议；（三）提出制定和修改业主公约、业主大会议事规则的建议；（四）参加业主大会会议，行使投票权；（五）选举业主委员会的工作；（六）监督业主委员会的工作；（七）监督物业管理企业履行物业服务合同；（八）对物业共用部位、公用设施设备和相关场地使用情况享有知情权和监督权；（九）监督物业共用部位、共用设施设备专项维修资金（以下简称专项维修资金）的管理和使用；（十）法律、法规规定的其他权利。"根据此条例，业主的权力主要包括：

1. 按照物业服务合同的约定，接受物业管理企业提供的服务

物业管理合同是广大业主选举出来的业主委员会与业主大会选聘的物业管理企业之间签订的委托物业管理企业对物业进行综合管理的法律文件。物业服务合同是确定业主和物业管理企业之间权利的基本法律依据。而业主之所以要与物业管理企业签订合同，最主要的目的是接受物业管理企业提供的服务。因此，按照物业服务合同的约定，接受物业管理企业提供的服务的权利，可以说是业主享有的最为基本的权利。

2. 提议召开业主大会会议，并就物业管理的有关事项提出建议

业主大会是由物业管理区域内全体业主组成的，维护物业管理区域内全体业主的公共利益，行使业主对物业管理的自治权。业主是物业管理的享用者，物业管理的好坏直接决定了业主的利益能否得到充分的保护，因此，业主有权就物业管理的事项提出建议。在成

立业主委员会以后，应由业主委员会组织召开业主大会，同时，经一定比例以上的业主提议，也可就所提议事项召开业主大会。

3. 提出制定和修改业主公约、业主大会议事规则的建议

业主公约，指业主共同订立或者承诺的，对全体业主具有约束力的，有关使用、维护物业及其管理等方面权利义务的行为守则。而业主大会议事规则是指由有关业主大会召开时应当遵循的会议程序、决议通过的要求等有关规则。业主享有制定和修改业主公约、业主大会议事规则的建议权，直接决定和影响了业主的自治权能否得到充分有效的保护。

4. 参加业主大会会议，行使投票权

参加业主大会，是保证业主民主表决权的前提，而投票权是业主民主表决权的实现。同时业主大会会议通知必须按时、明确和充分。

5. 选举业主委员会的工作

业主委员会是经业主大会选举产生并经房地产行政主管部门登记，在物业管理活动中代表和维护全体业主合法权益的组织。一方面，业主享有选举业主委员会的权利，这决定着业主自己的意志能否充分实现。另一方面，业主还享有成为业主委员会委员的被选举权，即业主作为物业自治管理组织的成员，有被选举为业主委员会委员的权利。

6. 监督权

业主享有的监督权主要包括：监督业主委员会的工作，如对业主委员会的工作提出批评和改进的建议等；监督物业管理企业履行物业服务合同，如监督物业管理和服务水平、服务质量和收费情况等；对物业共用部位、公用设施设备和相关场地使用情况享有知情权和监督权。业主可以对物业公用部位，公用设施设备和相关场地的使用情况进行了解，并提出质疑，要求物业管理企业给予答复和说明，对存在的问题提出改进建议并要求得到合理解决；监督物业共用部位、共用设施设备专项维修资金的管理和使用。

业主通过这些监督行为，可以及时纠正物业管理区域中的自治机构以及物业公司的一些违反自治性规范，甚至违法的行为，以维护全体业主自身的权利。同时，其他业主、物业使用人、房地产开发企业、业主大会及业主委员会、物业管理企业和政府有关部门也有权利监督该业主。可见，物业管理活动中的监督权利是参与物业管理各主体之间的一种双向监督。

7. 法律、法规规定的其他权利

业主的权利在其他法律、法规中可能也会做出规定，对于这些权利业主当然享有。例如，业主享有对物业的公共部位及公共设施的使用权、受益权。对于物业管理区域中的某栋楼房而言，该栋楼房的全体业主对属于该栋楼房的公共部位和设施处于共同所有关系，他们对这部分共同部位和设施享有共同的利用权。另外，业主对已经履行的房屋买卖合同和房屋产权证所确定面积享有所有权；业主有权对享有所有权的房屋依法出售、赠与、出租、出借、抵押等处分，不受其他业主、业主自治机构和物业管理企业的非法干涉。

（二）业主的义务

业主在享有以上权利的同时，也应当履行相应的义务。对此，我国《物业管理条例》第七条是这样规定的："业主在物业管理活动中，履行下列义务：（一）遵守业主公约、业主大会议事规则；（二）遵守物业管理区域内物业共用部位和公用设施设备的使用、公共秩序和环境卫生的维护等方面的规章制度；（三）执行业主大会的决定和业主大会授权业主委

员会做出的决定；（四）按照国家有关规定缴纳专项维修资金；（五）按时交纳物业服务费用；（六）法律、法规规定的其他义务。"根据此条例，业主承担的主要义务有：

1. 遵守规约、执行决议的义务

这主要包括：遵守业主公约、业主大会议事规则；遵守物业管理区域内物业共用部位和公用设施设备的使用、公共秩序和环境卫生的维护等方面的规章制度；执行业主大会的决定和业主大会授权业主委员会做出的决定。

业主是作为物业管理区域内的成员共同缔结或签署了业主公约、业主大会议事规则、物业管理区域内物业共用部位和公用设施设备的使用、公共秩序和环境卫生的维护等方面的规章制度、业主大会的决定和业主大会授权业主委员会作出的决定。物业管理的各项规约中，采取的是多数通过原则，即只要大多数业主达成了一致意见，规约就合法生效了，并且对于所有业主都产生一致的约束力，少数表示反对的业主也必须放弃自己的异议，共同遵守这一协议。因此，在物业管理规约中，其对所有的业主都有相同的约束力，即使是当初表示了反对的业主，只要规约是合法的，就有遵守的义务。如果业主违反业主公约等自治性规范，则应按照自治性规范中的条款承担责任；造成其他业主损失的，应承担民事赔偿责任。

2. 交纳资金费用的义务

这主要包括两项，即按照国家有关规定缴纳专项维修资金和按时交纳物业服务费用。业主交纳维修资金和物业管理服务费用是保证物业管理区域正常的管理和维护，每位业主都负有此项义务。业主享有公益利益，也应承担相应义务，对于经业主大会或业主委员会做出决议的物业管理费、维修资金等各项合理费用，各业主即使有异议，也有交纳的义务。基于此项义务，各业主应负责其名下应分担的管理费及维修、保险等款项，并应准时交付。如因迟交或欠交而引起其他业主损失的，要负赔偿责任。

3. 法律、法规规定的其他义务

全体业主在使用自己物业的过程中，除了应遵循自治性规范以外，还应遵守法律、法规的规定，例如不得侵害其他业主的权益。业主应遵守民法关于相邻关系的规定，不得妨碍其他业主的正常生活。再如，各业主不得随意改变物业的使用性质，在装修时不得损坏房屋承重结构和破坏房屋外貌，并应事先取得物业管理公司和有关部门的同意；各业主在使用公共地方及设施之内不得做出任何对其他业主及楼宇使用构成滋扰、不方便或者损害的行为等。如果出现以上违法行为，受侵害的业主可以根据法律的规定，直接请求相对方承担民事责任。

第二节 业 主 团 体

一、业主团体概述

业主团体是由全体业主组成的社会团体。业主团体的性质属于法人还是非法人，业主团体是否具有实体法上的主体资格，对于这些问题，理论界和实务界存在以下不同的观点：

1. 业主团体具有法人人格模式

这种模式承认全体业主组成的业主团体为法人性质。法国、新加坡和我国香港地区的业主团体的立法属于该种模式。不过，这几个国家和地区的法律在业主团体是当然构成还是需要经过登记才成立上有所不同。

法国《住宅分层所有权法》规定，如果有 2 名以上拥有建筑物不同部分的区分所有者，即应存在区分所有权人管理团体。而且，该 2 名以上区分所有权人全体于法律上系当然构成团体，并各自成为该管理团体的构成员。该团体性质上属于享有法人人格的团体。其与公司相同，有法律上的行为能力，能实施法律行为，并能进行诉讼活动。依此可知，法国在立法上认为，全体业主当然构成具有法人人格的业主团体。

我国香港《建筑物管理条例》第七条第一项规定，管理委员会须在获委任后 28 天内向土地注册处处长申请将各业主根据条例注册为法团。由此可知，香港地区的业主立案法团必须经过注册登记才能成立，而非当然成立。

2. 业主团体不具有法人人格模式

这种模式不承认全体业主组成的业主团体具有法人人格，而是把业主团体看成是没有权利能力的团体；诉讼上的当事人是单个的住宅所有权人而非住宅所有权人共同体。立法以德国《住宅所有权法》以及我国台湾地区的《公寓大厦管理条例》为代表。但德国的学术界认为，该住宅所有权人团体性质上属于具有部分权利能力的特别团体。

德国现行住宅所有权法规定，住宅所有人通过契约结成住宅所有人共同体即管理团体，而不是当然在法律上结成住宅所有权人共同体。依据我国台湾地区《公寓大厦管理条例》规定，业主组成的团体不具有法人人格，其对外行为均由管理委员会以其自身名义直接实施。管理委员会具有当事人能力。

3. 折衷模式

该种模式认为一定数量的业主团体，可以决议并经登记而成立法人。业主总数在一定数量以下的，为无权利能力的社团。日本为该模式立法的代表。根据日本区分所有权法规定，由 30 人以下的业主构成的管理团体，属于无权利能力的社团；业主人数为 30 人以上，经业主及决议权各 3/4 以上的多数集会决议，决定成立法人、规定名称和办公处所，并在主要办公处所所在地登记的，即成为具有法人资格的管理团体。

我国在物业管理的立法上，没有直接规定业主团体这一概念，而只对其代表机构——业主委员会作了规定，因而关于业主团体的概念及其性质没有被深入广泛地讨论。但在理论上，必须承认全体业主构成一个团体（我们称"业主团体"），并赋予业主团体以民事主体资格。从我国目前各地关于物业管理的立法来看，实际上是将业主团体作为一个非法人团体来看待的。因为，各地的立法均未要求对业主团体进行登记，非法人团体的特殊性在于其民事主体资格会因不同性质的主体呈现差异，但总体上应当具有与其目的、性质相适应的特定民事权利能力。

如果否认业主团体的存在，则现行各地立法所规定的作为全体业主代表机构的业主委员会缺乏一个被代表的主体。因此，从逻辑上，全体业主组成一个非法人团体，而业主委员会是该团体的代表机构。业主团体的产生无须登记，购房者在购买商品房时即自动加入成为该团体的成员。业主团体在物业管理区域内的物业管理事项上享有民事权利能力，具有民事主体资格，而且业主团体的民事权利能力仅仅局限于本物业管理区域的物业管理事项，不能扩及其他事项。物业管理区域内的商品房出售达到一定数量或满足其他一些要求的，可以由全体业主选举产生成员并成立业主委员会，业主委员会成立后，代表业主团体对外实施与物业管理有关的行为。

二、业主团体自治管理原则

业主团体自治管理过程中应当遵循一定的行为准则，这就是业主团体自治管理的原则，它是判断业主团体自治管理行为有效性的根本依据。我们可以将业主自治管理的原则概括为以下几点：

（1）依法自治原则。依法自治是业主团体自治管理活动的根本原则。依法自治原则要求业主团体组建成立开始到其存续期间运作全过程对照有关法律法规和行政规章的规定，严格依法办事。业主自治的自由和权力形式是有社会权责界限的，这个界限就是《宪法》第五十一条规定的"不得损害国家的、社会的、集体的利益和其他公民的合法的自由和权利"。

（2）规范自治原则。业主不但应当依法办事，还应当发挥自治主体自律机制效能。不但应当对自己的组织活动程式和实施管理监督行为程式做出规定，还应当依据《宪法》第二十一条第1款中关于"在城乡不同范围的群众中制定和执行各种守则、公约"的赋权规定，按照物业管理法规的要求，结合本业主团体辖区实际情况，制定和执行业主公约和其他必要规约，以制度形式保证自治效果符合既定的目的。

（3）积极自治原则。业主及其团体应当积极利用依法所有的自治权利，并创造性地把自治权限内的物业管理和环境文明建设的公益事业兴办起来和推进发展，充分实现法律赋予业主自治权的目的和要求。物业管理立法文件中规定业主大会、业主委员会应当定期召开会议、议决自治事项等内容，这些规定从制度上为积极自治指明了方向。

（4）民主管理原则。民主的理想方式是通过一定的程序进行充分的协商，得出一致的意见，达到和谐。作为群众性自治组织，业主团体在自治管理过程中应当坚持民主议事、民主决策、民主管理、民主监督的原则，贯彻"多数决定原则"（少数服从多数）和"尊重少数原则"（允许持不同看法的少数人保留意见）。

（5）公益优先原则。在业主和物业使用人私人利益与业主团体共同利益发生矛盾冲突时，应当优先保障共同利益的实现；业主团体共同利益与社会公共利益、国家利益发生矛盾冲突时，应当优先保障社会公共利益、国家利益的实现。

（6）接受监督原则。业主依法组建业主委员会和开展自治活动，应当接受当地物业管理行政主管部门和有关行政机关的监督管理，尊重行政指导权和参考行政指导意见，以确保物业管理法规得到切实贯彻执行和业主自治在法制轨道上运行。

三、业主团体的运作

业主团体作为一个非法人性质的特殊民事主体，有其做出决策并执行决策的议事规则。业主团体的决策通过召开业主大会或业主代表大会的形式来实现。

《物业管理条例》第八条规定："物业管理区域内全体业主组成业主大会。业主大会应当代表和维护物业管理区域内全体业主在物业管理活动中的合法权益。"该条例只规定了全体业主组成业主大会，并没有对业主代表大会做出规定，这是不同于目前我国部分省市的规定的。部分省市除了规定全体业主大会之外，还规定业主成员过多的物业管理区域内，可以成立业主代表大会。

（一）有关物业管理区域

条例第八条中所涉及的物业管理区域指由一个物业委员会管理的物业的范围，一般而言，它应该是一个由设计构成的自然街坊或封闭小区。自然街坊是城市建设中自然形成的相对独立的居住区。近年来，房地产开发中形成的居住小区，一般由4～5个住宅群组成。用地一般为15～20公顷。建筑面积约为15万～20万平方米。按照政府有关建设小区规划的规定，小区应配置居委会、学校、幼儿园、托儿所、文化活动中心、综合服务商店等公共设施项目。小区的水、电、气等公共设施在开发时一起建成，一起交付，再让居民入住。这种小区大都实行封闭式管理，被称为封闭小区。将一个封闭小区划分为一个物业管理区域，有利于对房屋及相关设施的管理。

物业管理区域的划分应当考虑物业的公用设施设备、建筑物规模、社区建设等因素。具体办法由省、自治区、直辖市制定。之所以这样规定，是因为各地情况有很大不同。对于物业管理区域的范围，可以是一栋或几栋大楼，也可以是一个楼宇群体进行适当的调整划定。区域一经划定，如无特殊情况，不应做任意改动。这样，物业管理区域范围相对稳定，有利于业主自治机构和物业管理公司管理上的稳定性和连续性。例如，上海市房屋土地管理局印发《关于〈上海市居住物业管理条例〉有关条文的应用解释》通知第六条规定："物业管理区域化定：本条所指的物业管理区域范围划分，原则上以自然街坊或一个封闭的小区予以确定。一个物业管理区域的房屋总建筑面积一般不超过10万平方米。各区、县房地产管理局（以下简称区、县房管局）可以根据上款规定，对物业管理区域范围进行调整。物业管理区域划定后，区、县房管局应在1/500地形图上予以注记。"

（二）业主大会的法律地位和特征

业主大会是由合法划定的业主自治管理区域内全体业主组成的，以会议制形式依法行使物业管理民主自治权利和自制规约订立权的群众性社会自治机构，又是各业主团体自治管理体系中表达集体共管意思的权力机关。业主大会在充分民主的基础上集中全体业主的共同意志和利益要求，行使本机构直管辖区内的物业管理自治规约订立权，决定属于自治范围的业主生活公共事务及物业管理公益事业中的其他重大问题。因此，业主大会在业主集体自治管理组织分工体系中居于首要地位。

业主大会是由业主自行组成的维护物业整体利益的组织，其应具有民主性、自治性、代表性的特征。首先，业主大会是民主性的组织。其成员在机构中的地位是平等的，能够根据自己的意愿发表建议，提出看法、意见等。其次，业主大会是自治性组织。其成员是对物业享有所有权的人，进行的是自我服务、自我管理、自我协商、自我约束。业主大会的成员是作为物业管理区域内的一分子，基于维护物业整体利益的需要而进行的管理，不受外部人员的非法干预。最后，业主大会具有代表性的特征，业主大会代表了全体业主在物业管理中的合法权益。业主大会做出的决议应当是全体业主利益的反映，而不仅仅是个别业主利益的反映，即使业主大会做出的决议并没有经过全体一致的同意，甚至有时还会受到个别业主的反对，但只要符合业主大会决议的议事规则，那么这种决议就代表了全体业主的利益。

业主大会对物业的管理与公共利益的维护是一种自治、自助行为，其机构的构成成员本身是业主，即物业的所有权人。所以，它不同于物业管理公司，后者是物业管理服务的专营性质的公司，以管理、经营一定区域的物业为经营目的。业主大会也不同于地方政府所设立的专门负责辖区内物业管理工作的行政部门，后者是行政性的管理，起指导作用，不同于业主大会的自我管理、平等协商性质。因此，业主大会及其性质、宗旨、组成人员、运作机制的不同而区别于其他对物业进行管理、指导、监督的组织，具有独立性和不可替代性。

（三）业主大会的设立和召开

1. 设立

物业管理区域内全体业主组成业主大会。业主大会对物业的管理与公共利益的维护是一种自治、自助行为。业主大会在充分民主的基础上集中全体业主的共同意志和利益要求，行使本机构直管辖区内的物业管理自治规约订立权和决定属于自治范围的业主生活公共事务及物业管理公益事业中的其他重大问题。业主大会的设立直接决定了业主的利益能否得到最为充分的保护。我国《物业管理条例》第十条第一款规定："同一个物业管理区域内的业主，应当在物业所在地的区、县人民政府房地产行政主管部门的指导下成立业主大会，并选举产生业主委员会。但是，只有一个业主的，或者业主人数较少且经全体业主一致同意，决定不成立业主大会的，由业主共同履行业主大会、业主委员职责。"

可见，同一个物业管理区域内的业主，应当成立业主大会，并选举产生业主委员会。同时，由于我国在市场经济条件下的房地产行业初建不久，房地产建成后使用中的管理、服务更是一个新的领域，所以，业主自治机构的设置在实践中存在不完善、不规范、不统一的阶段。物业管理行业发展应当说还处于初级阶段，所以政府的监督和指导就变得不可或缺，业主大会应当在物业所在地的区、县人民政府房地产行政主管部门的指导下成立。

根据房地产业比较发达和成熟的国家以及我国香港等地区的经验，业主大会应该采取二重机构设置的方式，即由全体业主组成业主大会，作为业主自治机构的权力机关，行使重大事务的决策权；在业主大会下设立由业主民主选举产生的业主委员会，作为业主大会的常设机构和执行机关，行使日常事务的管理权。成立业主大会的同时应当产生业主委员会。

但是，在一定条件下可以不必设立业主大会和业主委员会。这主要是因为有些物业管理区域内的业主较少，甚至只有一个业主，此时，如果法律强制设立业主大会显得并不必要。全体业主可以随时决定物业管理的有关问题，这样既节约了时间和精力，也减少了不必要的开支。因此，《物业管理条例》第十条规定了只有一个业主的，或者业主人数较少且经全体业主一致同意，决定不成立业主大会的，由业主共同履行业主大会、业主委员会职责。这体现了法律的灵活性。

2. 业主大会的召集

在物业管理已交付使用的建筑面积达到一定比例时，应召开第一次业主大会，《广东省物业管理条例》规定，在物业已交付使用的建筑面积达到50％，或者已交付使用的建筑面积达到30％以上、不足50％，且使用已超过1年的，应召开首次业主大会，选举产生业主委员会。

首次业主大会召集人负责筹备大会，须经业主大会讨论通过的重大问题均由召集人准备，所以召集人能否反映最大多数业主的意志，保护业主的合法权益，就显得尤为重要。由于在首次业主大会前一般是由房地产开发公司聘请物业管理公司进行管理，所以在实践中有相当一部分是由开发公司或开发公司聘请的物业管理公司召集准备首次物业大会。我国各地关于首次业主大会的召集人问题规定不尽相同。例如《深圳条例》第九条规定："住宅区已交付使用且入住率达到50％以上时，住宅区管理部门应会同建设单位及时召集第一次业主大会，选举产生委员会。"《上海公有住宅售后管理办法》第九条规定："一个住宅区公有住宅出售率达到 30％以上的，住宅所在地的区、县房管部门和售房单位应在一个月内召开第一次业主大会。管委会成立后，业主代表大会每年至少召开一次。"《海南规定》第九条规定："住宅区已交付使用且入住率或房屋出售率达到 50％以上的……由房屋行政管理部门组织开发建设单位或已经实施管理的物业管理单位或物业管理公司召集第一次业主大会，选举产生管委会，业主也可以自行召开业主大会选举产生管委会。"

首次之后的业主大会由业主团体的代表机构即业主委员会召集，除了由业主委员会召集召开例会以外，经一定数量以上的业主和业主代表提议，业主委员会也应召集召开业主大会或业主代表大会临时会议。《深圳条例》第十一条第二款规定："经持有 10％以上投票权的业主提议，管委会应……召开业主大会。"厦门市人民政府发布的《厦门市居住小区物业管理规定》第十一条第二款规定："经持有 15％以上投票权的业主和非业主使用人提议，管委会须……召开管理大会。"

3. 业主大会业主的表决权

在物业管理中，业主的表决权是业主根据拥有物业的所有权而取得参与管理物业、表达自己意愿的权利。它是物业所有权派生出来的一项权利，根据各国及各地区的法律规定，业主表决权大致有三种计算方式：

（1）以业主所拥有的业权份额来计算，每份业权份额拥有一个表决权。关于业权份额的计算，我国香港地区的《建筑物管理条例》第三十九条规定，业主的份额须按照以下方式确定：一是按照土地注册处注册的文书包括公契所规定的方式；二是如无文书，或文书无此规定，则按照业主在建筑物所占的不可分割份数与建筑物分割成的总份数的比例。

（2）不具体核算每个业主的表决权数量大小。这种表决方式并不具体计算每个业主的表决权的数量，而是采用与会业主业权份额比例及其人数比例总体合算。我国台湾地区的《公寓大厦管理条例》规定，涉及业主表决权时，须经出席会议业主一定比例以上人数及其出席会议业主的区分所有权一定比例以上通过。这种规定从表面上看，并没有确定每个业主表决权的数量大小，但是实际隐含的意思仍然是以面积的大小来衡量表决权的大小。

（3）每个业主享有相同的表决权。我国的地方性立法大多采用这种方式来计算业主的表决权。如《浙江省住宅区物业管理办法》第七条、《上海市居住物业管理条例》第八条都规定每个业主享有相同的表决权。

我国目前各地地方法规规定的表决权计算方式主要为不分面积大小的"一权一票"。例如，2000 年 8 月 3 日，上海市房屋土地资源管理局出台的《加强业主委员会管理若干规定》中关于业主的表决权采用的计算方法是："居住房屋按套计算，每套一票；非居住物业按建筑面积计算，100 平方米以上的每 100 平方米一票，100 平方米以下的，每证一票。"《广东省物业管理条例》规定："业主的投票权，住宅按每户计算表决权；工业厂房、商业用房按物业建筑面积计算表决权。"广州市国土房管局对计算办法又做了更为详细的区分，即商业用房按面积计算，每 100 平方米为一票，百位数以下四舍五入，如果业主拥有商业面积总额不足 100 平方米的，按一票计算。广东省虽然规定的是住宅物业的投票权数以户来计算，但由于住宅物业其建筑规划比较统一，各业主拥有住宅物业的建筑面积也比较一致，所以，虽然以户为计算单位，基本上与以建筑面积为计算单位差别不大。

我国《物业管理条例》第十条第二款规定："业主在首次业主大会会议上的投票权，

根据业主拥有物业的建筑面积、住宅套数等因素确定。具体办法由省、自治区、直辖市制定。"由此可见，这一规定放弃了部分面积大小"一权一票"制的计算原则，而是根据业主拥有物业的建筑面积、住宅套数等因素确定。同时，各地方将以物业建筑面积计算投票数这一标准细化、量化，有利于业主投票表决时计票工作，使计票更为便捷。例如《广西壮族自治区物业管理条例》第十条规定："召开业主大会或者业主代表大会应当有过半数的业主或者业主代表出席。业主大会或者代表大会做出的决定，应当有全部投票权数过半数票数同意才能通过。决定通过后应当予以公布。业主表决权数按照业主拥有的物业建筑面积计算，业主大会或者业主代表大会对业主投票权数可以约定附加条件。"

召开业主大会时业主应当亲自出席并参与物业管理有关事项的决议，以行使其表决权。按照各国物业管理立法的规定，业主可以亲自参加业主团体会议，亲自行使表决权参与待决事项的议决。但是，如果业主无法亲自参与业主团体会议的，也可以委托他人参加，并且还可以将自己的表决权书面委托其行使。关于表决权代理的形式，可以参照公司法律制度中关于股东表决委托书的规则。

4. 业主大会的职责

召开业主大会或业主代表大会是业主团体运行的主要途径。从理论上讲，业主大会对业主自治管理事务的支配具有全权性，但为求处理自治事务的工作效率和形成职权行使的制衡机制，在业主团体自治组织内部有分工存在的必要，《物业管理条例》第十一条对业主大会的职责是这样规定的："(一)制定、修改业主公约和业主大会议事规则；(二)选举、更换业主委员会委员，监督业主委员会的工作；(三)选聘、解聘物业管理企业；(四)决定专项维修资金使用、续筹方案，并监督实施；(五)制定、修改物业管理区域内物业共用部位和公用设施设备的使用、公共秩序和环境卫生的维护等方面的规章制度；(六)法律、法规或者业主大会议事规则规定的其他有关物业管理的职责。"其中，其他有关物业管理的职责如：物业的大修及共同设备或设施的更新大修；建造新的公用设施，如喷泉、娱乐室等；电力增容；业主委员会的经费筹集方式、来源和标准；业主委员会成员是否获取报酬、酬金标准、来源；大型活动的开展等等。这一列举加兜底条款的规定，在于业主生活复杂多变和持续发展，很难完全预料可能出现的业主自治管理的新问题，很难将业主会议的职权列举周全。这样规定便于业主大会处理新出现的重大问题，便于业主大会对这些新问题职权行使上提供法规和管理规约依据。

5. 业主大会的召开

业主大会会议召开采取两种方式，一是采用集体讨论的形式，二是采用书面征求意见的形式。通常情况下，业主大会的召开采取的是集体讨论的方式，这种方式能够充分展示各方的意见。但是，对于一些问题，业主之间并没有争议，可以通过征求意见的方式，能够节约时间和成本。

业主大会的召开必须满足最低人数或投票权的限定，从而尽量体现大多数人的利益，以保障所做出决议的科学性、合理性。一般业主大会应当有物业管理区域内持有1/2以上投票权的业主参加。

业主大会的决定对物业管理区域内的全体业主具有约束力。业主大会虽然并非经过全体业主的一致同意，甚至还会遭到个别业主的反对，但是只要业主大会的决定符合法律法规的规定，并遵循了业主公约的议事规则，这样的决定就对全体业主具有约束力。

业主大会分定期会议和临时会议两种形式。定期会议称为例会，指应当按照业主大会会议议事规则的规定定期召开。经业主大会选举产生业主委员会后，由业主委员会负责召集业主大会，一般每年召开一次或几次。除了定期会议之外，在一定条件下可以召开临时会议。《物业管理条例》第十三条第二款规定："业主大会定期会议应当按照业主大会会议议事规则的规定召开。经 20％以上的业主提议，业主委员会应当组织召开业主大会临时会议。"当然临时会议的召开并不限定在这一种情形，根据法律的一般规定，以下两种情形下可以召开临时会议：第一是发生重大事故有及时处理的必要，经业主委员会请求时；第二是其他业主公约规定的情况。

召开业主大会，应当于会议召开 15 日以前通知全体业主，这样有助于业主做好准备工作。而住宅小区的业主大会会议，应当于同时告之相关的居民委员会。居民委员会是居民自我管理、自我教育、自我服务的基层群众性自治组织，同时具有准政府机构的性质。另外，业主大会会议记录是业主大会会议情况的书面记载，在记录中，应当标明会议的时间、场所、议事的内容和结果等。会议记录应当有业主委员会委员的签名。会议记录应当妥善地加以保管。

四、业主小组

业主小组是在一个物业管理区域内，当入住率达到一定比例，业主人数达到一定数量时，每幢住宅楼宇的业主民主选举本幢楼宇的若干业主代表组成的分工自治小组。根据一些城市的经验和做法，一般是按照 500～1000 平方米建筑面积产生一名小组成员，小组成员的产生过程要让所在楼宇的业主和物业使用人能够参与和了解，使业主小组真正具有群众基础。

业主小组的主要职责是：第一，听取本幢楼宇的业主、物业使用人对业主委员会工作和物业管理服务的意见和建议，向业主委员会或物业管理企业反映；第二，执行业主委员会做出的决定；第三，提出公共部位和公共设施设备的维修、更新建议；第四，协助业主委员会、居民委员会做好本幢楼宇业主和居民的一般民事纠纷协调工作等。

业主小组只是住宅区业主团体内部的基层组织，不具有独立承担民事责任的能力，也没有以业主小组名义与业主团体外第三人和行政机关发生民事或行政法律关系的权利。

第三节 业 主 委 员 会

业主委员会是维护业主权利的主要机构。在物业管理市场上，物业管理公司是供应方，业主委员会是物业管理市场的需求方。搞好物业管理，要求供求双方相互制约，相互配合，实行业主委员会自治管理与物业管理公司专业管理相结合。

一、业主委员会概述

业主委员会，又称业主管理委员会、业委会，是经业主大会选举产生并经房地产行政主管部门登记，在物业管理活动中代表和维护全体业主合法权益的组织。业主委员会是一个物业管理区域中长期存在的代表业主行使业主自治管理权的机构，是业主自我管理、自我教育、自我服务，实行业主集体事务民主制度，办理本辖区涉及物业管理的公共事务和公益事业的社会性自治组织。业主委员会由业主大会选举组成，统一领导自治权限范围的物业管理各项工作，但必须对业主大会会议负责并报告工作，不享有自治管理规范订立权。因此，业主委员会必须服从业主大会会议，受业主大会会议隶属，处于从属于业主大会会议的法律地位。

业主委员会有以下特点：

（1）业主委员会应由业主大会选举产生。业主委员会是业主大会的常设机构和执行机构，其行为应向业主大会负责。因此，业主委员会也应由业主大会来选举产生，反映绝大多数业主的意愿。

（2）业主委员会活动范围应该是进行业主自治管理，也就是说，业主委员会成立的目的是使业主对物业的自治管理权能有一个常设的机构来行事，使得各业主意见能够得到统一，并贯彻于具体物业管理事项中。业主委员会不是一个以经营为目的的实体，不能进行除签订物业管理合同以外的经营活动。同时业主委员会也不应从事与物业管理无关的非经营性活动。

（3）业主委员会应代表和维护全体业主的合法权益。业主委员会作为业主大会的常设机构、执行机构，应该向业主大会负责，即应向全体业主负责。业主委员会应代表和维护的是全体业主的权益，不能只顾及大业主的利益，被大业主所把持和控制。同样，业主委员会也不应被为数众多的小业主所操纵，联合抵制、排挤大业主。而且，业主委员会维护的应是业主的合法权益，其所有的行为、决策都应在法律、法规规定的范围内。对于业主委员会而言，其代表的虽是业主的权益，但法律、法规的强制性、禁止性规定完全有高于业主意志的法律效力和意义。

（4）业主委员会应经房地产行政管理部门登记。对业主委员会进行登记和专门的行政管理是物业区域中业主自治管理制度化的典型表现。业主委员会并不是业主自行组建的闲散组织，它有自己的法律地位和法律意义。

二、业主委员会的性质

业主委员会的性质，其实就是业主委员会的地位作用。业主委员会的法律性质如何，涉及了其行为后果的归属以及法律责任的承担问题，对业主委员会法律性质的不同回答，将直接导致不同法律关系的产生和不同的法律效果，在实践中有着非常重要的意义。根据各地不同做法，对于业主委员会的法律性质，主要有两种不同的意见：

（1）社团法人

此种意见认为，业主委员会是社会团体法人，完全独立于各个业主，享有拟制的人格，能够独立行使民事权利，承担民事责任，也就是说，业主委员会能有自己完全独立的意志，其行为和决策的后果由自己承担，而不能归于各个业主。例如在 1994 年 6 月《深圳经济特区住宅区物业管理条例》颁行前，《深圳经济特区住宅区物业管理条例》曾规定业主委员会为社团法人，有法人资格。

（2）其他组织

此种观点还分为两派，一派认为业主委员会享有独立的诉讼主体资格，例如《上海市居住区物业管理条例》规定，对违反业主公约、住宅使用公约的，业主委员会或者相关的业主、使用人可以向人民法院提起民事诉讼。《深圳经济特区住宅区物业管理条例》规定，对违反业主公约造成他人安全或利益受到侵害的，业主委员会或者相关的业主、非业主使用人可以向人民法院提出民事诉讼；另一派认为业主委员会是没有诉讼主体资格的一般组织，它既不从事经营活动，业主也不向业主委员会交纳款项维持业主委员会的运作，因而业主委员会没有自己的独立财产，不享有《民事诉讼法》中"其他组织"所享有的独立诉讼主体资格。《民事诉讼法》所指的"其他组织"是指合法成立、有一定的组织机构和财产，但又不具备法人资格的组织，其中包括了经民政部门核准登记领取社会团体登记证的社会团体、法人的分支机构等。

在我国2003年公布的《物业管理条例》中对于业主委员会的法律性质没有给予明确规定。但是通过法律解释，尤其是通过对业主委员会职责的分析，可以判断业主委员会的法律性质应当属于没有诉讼主体资格的非法人组织。因为业主委员会虽然在选举之日起30天内到房地产行政部门备案，但是这种备案并不意味着业主委员会的主体资格的确定。涉及纠纷诉讼事务时，应由全体业主授权于业主委员会，由其作为全体业主代表参加民事诉讼活动。也就是说，在民事诉讼中，诉讼权利本身并不归于业主委员会，其必须得到业主的明确授权，作为被委托人参加到民事诉讼中，行使诉讼的权利，其诉讼活动的结果也直接归于全体业主。业主委员会是经过当地房地产主管部门的登记，并接受其指导、监督和管理的组织，是一个常设的进行物业自治管理的业主自治机构。

三、业主委员会的职责与限制

业主委员会的职责表现在，第一，业主委员会要代表全体业主和使用人行使权利，依据《业主委员会章程》和《业主公约》来协调和处理业主、使用人之间的内部关系。第二，业主委员会要代表全体业主签订物业服务合同，并监督物业管理公司的运作。第三，业主委员会要代表全体业主处理与房屋行政管理部门、居民委员会、派出所、各类专业服务公司、各类专业管理部门的关系。我国《物业管理条例》第十五条对此规定："业主委员会是业主大会的执行机构，履行下列职责：（一）召集业主大会会议，报告物业管理的实施情况；（二）代表业主与业主大会选聘的物业管理企业签订物业服务合同；（三）及时了解业主、物业使用人的意见和建议，监督和协助物业管理企业履行物业服务合同；（四）监督业主公约的实施；（五）业主大会赋予的其他职责。"其中，业主大会赋予的其他职责如负责物业共有部分的收益、专用基金及其他自治公益活动经费和办公经费的收支、保管和使用；代表全体业主负责订立、变更或者解除物业管理委托服务合同和其他为增进业主利益所缔结的合同，组织和督促全体业主积极履行合同义务和行使合同权利等。

业主委员会行使职责的同时也受到一定的限制。

我国《物业管理条例》第十九条规定："业主大会、业主委员会应当依法履行职责，不得作出与物业管理无关的决定，不得从事与物业管理无关的活动。业主大会、业主委员会作出的决定违反法律、法规的，物业所在地的区、县人民政府房地产行政主管部门，应当责令限期改正或者撤销其决定，并通告全体业主。"

业主委员会是业主大会的执行机构，它具有召集业主大会会议、签订物业管理合同、及时了解业主的意见和建议、监督和协助物业管理企业履行物业服务合同、监督业主公约的实施等职责，它本身的这些职责正是围绕着物业管理展开的，其目的都是为了让广大业主切实享受物业服务。因此，业主委员会以及业主大会作为维护业主在物业管理活动中合法权益的机构，其职责也被限定于此，不应该超越此边界作出其他决定或者从事其他活动。

对于业主委员会和业主大会作出的违反法律和法规的决定，因为违法而归于无效。条例赋予物业所在地的区、县人民政府房地产行政主管部门特殊的权力，即主管部门应当责令其限期改正或者撤销其决定，并通告全体业主。

四、业主委员会的运行

（一）业主委员会的产生和构成

业主委员会应选举产生。业主委员会还不是一个独立的法人，其行为后果直接归于全体业主，责任也由全体业主共同承担，因而业主委员会的组成人员应该反映全体业主绝大部分人的意愿，即应由全体业主进行民主选举，推选出自己信任的业主担任业主委员会委员。业主的利益既有全体业主的共同利益，也有部分业主的局部利益。业主委员会作为业主利益的代表者，其委员应当具有代表性。

业主委员会委员的名额一般为11～17人，经业主大会决定可以适当增减，但最低一般不得少于5人。业主委员会委员应由热心于公益事业、责任心强、有一定的组织能力和必要的工作时间的人士担任。作为业主自治管理物业区域的机构，其组成人员应该是业主。物业管理区域中的承租人、其他实际使用物业的人员，有关行政机构或者组织的人员都不能成为业主委员会的委员，不能代替业主行使物业自治管理权；业主委员会设主任1名，副主任1～2名。业主委员会主任、副主任由业主委员会在其委员中选举产生，业主委员会也可以聘请居民委员会、派出所等有关单位的人员担任业主委员会委员。业主委员会每届任期3年，业主委员会委员可以连选连任。业主委员会委员为兼职，业主委员会主任可以是兼职的也可以是专职的。业主委员会可聘请专职执行秘书1～2名，负责处理业主委员会日常事务。

（二）业主委员会的登记时间和效力

业主委员会应当自选举产生之日起30日内向物业所在地的区、县人民政府房地产行政主管部门备案。业主委员会作为业主团体的组织机构，是基于业主团体的意思自行设立的，登记不影响业主委员会的成立，登记仅仅是为了行业管理的需要所履行的备案手续。另外登记不是业主委员会的成立条件，业主委员会进行登记是为了接受房地产行政主管部门的监督、指导和管理。

（三）业主委员会的会议

业主委员会作为物业管理区域内最高权力机构，为审议有关问题，进行决策，有必要举行各种会议。业主委员会会议一般可分为例会和特别会议两种。

例会是一种常规会议，一般有两种形式：一种是业主委员会内部例会，一般半年举行一次，由业主委员会主任负责召集，议题包括半年来的工作总结，未来半年的工作计划以及其他一些比较固定的题目。另一种是业主委员会与物业管理公司的例会，正常情况下每月开一次例会，一般是对照合同，检查管理服务计划的执行情况和执行质量，沟通信息，交流对一些问题的看法，协商解决有关问题。

特别会议属于非常规会议，不定期召开。当发生了如下情况时，业主委员会一般要召开特别会议，研究解决问题的方案：一是大多数委员认为有必要召开特别会议；二是主任、副主任两人以上认为有必要并呈书面议题。特别会议的议题，一般都是突发的、临时产生的，而且不及时解决将会影响下一步工作的问题。

委员会会议进行某一议题的表决时，每一个委员会都有一票表决权。委员因故不能出席会议或自己不便表决时，可以书面委托他人代为行使表决权。

表决结束后，其结果中同意票超过总数半数以上时，表决视为通过。若表决中出现赞成票和反对票相同的情况时，可由主任决定。

（四）业主委员会委员的停任和罢免

由于出现某些事由，致使业主委员会委员不能或不再适合继续担任委员职务时，可以停任或罢免其任职资格。程序上，业主委员会委员资格的终止，应由业主大会或业主代表大会确认。一般而言，业主委员会委员停职或被罢免的原因事由包括以下几个方面：

(1) 因精神或身体上的疾病而至丧失行为能力的；

(2) 无故连续 3 次以上缺席业主委员会会议的；

(3) 以书面形式向业主委员会提出辞呈的；

(4) 被司法部门认定为实施了犯罪行为的；

(5) 严重违反物业管理法规、业主规约，或拒不履行物业管理相关义务的；

(6) 被所在小区的物业管理企业雇佣的；

(7) 已不再是业主的；

(8) 业主代表大会决议撤销其职务的；

(9) 其他原因。

五、业主委员会章程

业主委员会章程在实践中又称为管理委员会章程，是业主大会制定的有关业主委员会组织及活动的准则。业主委员会章程明确了业主委员会的宗旨、地位、成立、运作、职责、人物、权利、义务等问题。业主委员会章程与业主公约一同构成物业管理立法中全体业主的自治规则，它们是两份独立的文件，实践中常将两者合二为一，并与物业管理合同部分融为一体，统称为物业管理公约，由开发商、业主、物业管理企业三方签署订立。

业主委员会章程具有自治性与法定性两大特征。物业管理立法一般规定业主委员会的地位、设立方式、运作程序、职权、义务等法定事项；但业主大会得依法自行再作补充或详尽规定。业主委员会章程的订立是要式行为，一般须向物业管理行政主管部门登记备案。

六、业主自治管理相关主体同业主委员会的法律关系

在物业管理实务中，与业主自治管理直接相关的主体主要有以下三方：

（一）物业管理行政主管部门

物业管理行政主管部门对业主自治活动和物业管理活动承担法定的行政指导和监督职责。其行政指导限于业务指导，性质上不具有强制性，只是推荐性、建议性或劝告性的指导；其行政监督限于执法监督，是对违反物业管理法规的行为实施监督，查处违规行为。因此，物业管理行政主管部门与业主委员会之间的关系是行政管理法律关系性质，是行政主体与行政相对人之间的督导与被督导的关系。业主委员会是群众性自治组织而不是基层政府组织，它与物业管理行政主管部门之间并不存在组织上的上下级行政隶属关系，只存在依法接受业务上的行政指导和法律上的行政监督关系。

（二）物业管理企业

物业管理企业是受业主自治团体委托，以有偿服务方式实施统一的、专业化物业管理的营业性经济组织。根据物业管理规范性文件的规定，物业管理企业必须是公司型企业，我国《公司法》明确赋予了公司法人地位。物业管理公司与业主委员会之间的关系是法律地位平等的民事主体之间的依法订立和履行物业委托管理服务合同的关系，双方没有行政

隶属关系，都无权向对方下命令和强迫对方作出违背自己真实意愿的行为。物业管理公司虽然应当按照合同约定忠实尽力地为业主们提供优质管理服务，但绝不是业主的"奴仆"，也非传统一般民事委托代管关系中的"管家"。因此，业主、业主委员会与物业管理企业之间不是"主仆"关系，而是法律人格平等、民事地位平等、权利义务对等、服务易价对等的关系，应当相互尊重、平等相待、相互协作、团结一致。

（三）居民委员会

居民委员会是居民自我管理、自我教育、自我服务的基层群众性自治组织。具体而言，依据《城市居民委员会组织法》的规定，居民委员会的主要任务包括：(1)宣传宪法、法律、法规和国家政策，维护居民的合法权益，教育居民履行依法应尽的义务，爱护共同财产，开展多种方式的社会主义精神文明建设活动；(2)办理本居民地区居民的公共事务和公益事业；(3)调解居民纠纷；(4)协助维护社会治安；(5)协助人民政府或它的派出机关做好与居民利益有关的公共卫生、计划生育、优抚救济以及青少年教育工作。

从这些规定中可以看出，事实上居民委员会的主要职责在于完成相关的政府工作事项。因而居民委员会主要是居民自我组织起来对于公共事务进行管理的组织。居民委员会的合法性来源于作为政治权利拥有者的居民的选举，所以说居民委员会是居民行使民主政治权利的产物。

至于业主大会、业主委员会，是出于物业的使用、维护与管理的目的组成的。在公寓化住宅中，一栋建筑物中居住着多户住户，每个住户只占有使用该建筑物中的一个有限空间，但是除了每一个住户所占有的该有限空间之外，建筑物整体也需要开展维护与管理工作。同理，在同一住宅区域内不同建筑物所共享的公共设施也需要开展管理与维护工作。在法律上，每一个住户除了对自己居住的特定空间享有所有权之外，还对建筑物的整体以及公共设施拥有一定的权利。

总之，居民委员会和业主委员会都属于直接依特别法组建的群众性自治组织，二者之间不存在行政隶属关系，法律地位平等。但二者成立的基础和中心任务截然不同，居民委员会是以法律授予的社会事务自治权为基础成立的，承担的中心任务是政治性任务，即协助政府做好社会政治稳定、民政、计划生育等工作和调解一般民事纠纷，业主委员会是以受法律保护的物业财产团体自治权为基础成立的，承担的中心任务是经济性任务，即促进物业保值增值和创造业主安居乐业的物质条件。

关于业主委员会、业主大会与居民委员会之间的职责协调问题，我国《物业管理条例》第二十条是这样规定的："业主大会、业主委员会应当配合公安机关，与居民委员会相互协作，共同做好维护物业管理区域内的社会治安等相关工作。在物业管理区域内，业主大会、业主委员会应当积极配合相关居民委员会依法履行自治管理职责，支持居民委员会开展工作，并接受其指导和监督。住宅小区的业主大会、业主委员会作出的决定，应当告知相关的居民委员会，并认真听取居民委员会的建议。"首先，就公共事务管理例如物业管理区域的社会治安工作来说，正如公民应当配合有关机关一样，业主大会、业主委员会自然应当与负责公共管理的相关行政机关和协助行政机关的居民委员会配合与协作。另外，业主大会、业主委员会应当配合居民委员会依法履行自治管理的职责。同时，由于住宅小区的业主往往兼具业主和居民双重身份，为了促进沟通，加深业主大会、业主委员会与居民委员会彼此的了解，要求住宅小区的业主大会、业主委员会作出的决定应当告知居民委员会，并听取其建议。

第四节　业　主　公　约

一、业主公约概述

业主公约，又称"规约"、"住户规约"、"管理规约"、"区分所有规约"及"管理组织规约"，指业主为增进共同利益，确保良好生活环境而共同订立的，有关使用与管理建筑物、基地及附属设施、业主间权利义务关系的自治守则。我国《物业管理条例》并未对业主公约作定义性规定，只是规定其内容应包括业主间利害关系、业主共同事项、违反公约的责任等。业主公约采用的是书面形式，是全体业主应该遵守的物业管理规章制度。业主公约是依据私法自治原则衍生出来的规约自治原则而制定的，能够产生法律上的效力。对此，我国《物业管理条例》第十七条进行了规定："业主公约应当对有关物业的使用、维护、管理，业主的公共利益，业主应当履行的义务，违反公约应当承担的责任等事项依法做出约定。业主公约对全体业主具有约束力。"

业主公约的目的在于调整物业管理区域内各业主相互间关系，为业主创造愉悦舒适的生活环境。作为业主彼此间权利义务关系的基本规定，业主公约通过全体大会的决议制定。

业主公约具有如下特征：

（1）意思自治性。业主公约是业主约定彼此相互关系的民事协定，订立业主公约是业主间的共同行为。根据私法自治规则，只要不违反强制禁止规定，不背离公序良俗，不侵犯业主固有权益，公约可以自由设定业主享有的权利义务、规定物业的使用方法原则。业主公约由业主自己执行，无需国家强制力来保证实施。

（2）订立程序性。业主公约的订立应当在全体业主充分协商的基础上依照法律规定方式进行，当个别业主有不同意见难以全体一致同意时，应当以全体业主整体利益为重，个人服从全体，少数服从多数。业主公约需以书面形式订立，属于要式法律行为。除物业出售时各个业主分别与开发商签订物业管理公约外，业主公约的订立、变更均通过业主大会进行，并且作为特别决议事项，遵守更为严格的程序。业主公约是必备文件，没有订立业主公约的，政府主管部门有权予以纠正。业主公约订立后还需到政府主管部门备案。

（3）效力至上性。业主公约作为物业区域内全体业主最高自治规则，不但约束全体业主而且还约束待定的物业继受人（如承租人、使用人等）以及开发商和物业管理企业。业主大会、业主委员会的相关规定均不得违反业主公约，否则无效。

二、业主公约的性质

业主公约是全体业主的最高自治规则，是业主实现自治管理的重要协议，其在业主团体中的地位和作用相当于"国家之宪法"、"公司之章程"。业主公约与一般合同有所区别：一般合同的订立是双方意思表示对立统一相互结合的双方行为，业主公约的订立则是全体业主追求目的方向一致、意思表示平行融合的共同行为。业主公约的约束力及于全体业主，不仅仅物业区域内的每一个业主、使用人和管理人应遵守，而且业主大会及业主委员会所做的决议也不得与之抵触。在物业管理区域的整个自治性规则的体系中，业主公约处于至高地位，统率了其他所有自治规范，诸如业主委员会章程、各种具体的管理制度等自治规范均应当以业主公约为指南。

既然业主公约是业主实施自治自律管理的重要表现形式，那其制定的法律依据何在？一是根据我国《民法通则》第八十三条的规定，"不动产的相邻各方，应当按照有利生产、方便生活、团结互助、公平合理的精神，正确处理截水、排水、通行、通风、采光等方面的相邻关系"。二是在《城市异产毗连房屋管理规定》（建设部令第 94 号）第五条中规定，"所有人和使用人对房屋的使用和修缮，必须符合城市规划、房地产管理、消防和环境保护等部门的要求，并应当按照有利使用、共同协商、公平合理的原则，正确处理毗连关系"。业主公约正是依据上述法律法规的规定而制定的。

三、业主公约的内容

业主公约的内容由业主自由协商确定，其具体的内容因建筑物的规模、用途及其习惯、生活水平而有所不同，但一般包含以下四方面的内容：

1. 物业的基本情况简介

介绍物业的名称、区域范围、户数、共用场所及公共设施状况等。

2. 业主共同事务管理

规定共有部分与单独所有部分的划分；业主使用物业的方式及具体要求；业主大会召开的条件、方式、程序；物业区域内管理费用的承担分配等。

3. 业主权利义务设定

明确各业主基于物业所有权和小区成员的成员权参与物业管理的权利，包括表决权、参与制定规约权、选举和罢免管理机构人员的权利、请求权及监督权等。同时，列举物业区域内的行为规则，对业主相关权力行使或生活行为进行限制，当然也包括业主委员会的产生规则、业主委员会的权利义务、工作程序以及责任的承担。

4. 违反公约的责任

业主违反公约，须依法承担约定的违约责任。对业主违反公约的行为，相关业主、使用人、业主委员会或物业管理企业有权加以劝止，违约业主仍不予改正的，必要时业主大会通过业主委员会可以决议诉请人民法院强制违约业主出让其物业及迁离。

以深圳市为例，《深圳经济特区住宅区物业管理条例》规定，业主公约包括下列内容：（1）住宅区名称、地点、面积及户数；（2）公共场所及公用设施状况；（3）业主大会的召集程序及决定住宅区重大事项的方式；（4）业主使用住宅和住宅区内公共场所及公用设施的权益；（5）业主参与住宅区物业管理的权利；（6）业主对业主委员会及物业管理公司的监督权；（7）住宅区物业各项维修、养护和管理费用的缴纳；（8）业主在本住宅区内应遵守的行为准则；（9）违反公约的责任；（10）其他有关事项。

四、业主公约的制定和修改

业主公约是在全体业主的合意基础上形成的意思表示，其制定与修改须经全体业主参与。当然，业主公约不可能反映每一个业主个人的意愿，而是通过多数原则加以决策。业主参与业主公约的制定与修改，是业主成员权的具体实行方式之一。业主公约的设定主要有两种途径，第一是由业主大会决议而设定；第二是由建筑物的开发商预先设定，在售房时由各个买受人签字加入而成。

在我国，业主公约的成立与生效时间各地的规定不尽一致。《深圳经济特区住宅区物业管理条例》第三十五条规定："业主公约在住宅入住率达到 30％后，经已入住业主中持有过半数以上投票权的业主签订后生效。已生效的业主公约对本住宅区所有业主和非业主使用人具有约束力。"《上海市居住物业管理条例》第十五条规定："业主公约自业主大会或者业主代表大会审议通过之日生效。业主委员会应当自业主公约生效之日起 15 日内，将业主公约报所在地的区、县房地产管理部门备案。"我们认为，依据私法自治原则，业主公约的生效时间应为业主大会或业主代表大会通过的时间，对于特定继受人的约束力，不应以登记为要件，而应当产生当然的约束力。

业主公约属于业主大会的特殊决定，必须经物业管理区域内全体业主所持投票权 2/3 以上通过，方能有效。同时公约的修改也应该在业主大会或业主代表大会上以多数表决通过。但是，多数决定原则的计算基数有所不同，有的规定以全体业主过半数通过，如《上海市居住物业管理条例》、《浙江省住宅区物业管理办法》；有的则规定以出席会议的业主过半数通过，如《深圳经济特区住宅区物业管理条例》。

复 习 思 考 题

1. 业主的权利与义务各是什么？
2. 简述业主委员会的法律性质。
3. 简述业主自治管理相关主体与业主委员会的法律关系。
4. 业主公约的主要内容是什么？

第六章 物业管理服务合同

学习目的与要求

本章首先介绍了合同和合同法的基本理论和原则，为进一步学习物业管理合同（也称"物业管理服务合同"）奠定基础。在学习过程中，应当着重理解和掌握物业管理合同的概念、特征和必须遵循的基本原则。对于物业管理服务合同的订立程序、订立方式、合同基本条款、内容、合同履行与抗辩、违约责任等要熟记和掌握。其中对于一些重要概念，例如要约、承诺、合同履行的抗辩权等，要尤其关注和灵活运用。物业管理合同是物业管理法规中的核心内容之一，用途非常广泛，必须重视和掌握。

第一节 物业管理服务合同概述

一、合同和合同法概述

（一）合同概述

1. 合同的概念和法律特征

合同是指平等主体的自然人、法人、其他组织之间设立、变更、终止民事权利义务关系的协议（《合同法》第二条）。合同作为民事法律行为中的一种，与其他法律行为相比，具有以下特点：

（1）合同是两个或两个以上平等民事主体共同所为的民事法律行为。合同必须是基于平等主体当事人之间的合意方才可以成立，而不像单方法律行为，只需要一方的意思表示就可以成立，例如被代理人的追认行为。

（2）合同是设立、变更、消灭当事人之间的民事权利义务关系的协议。这一特点将合同与一般的商量行为区别开来，其内容必须是以设立、变更、消灭当事人之间的民事权利义务为宗旨。

（3）合同是当事人在平等自愿基础上真实意思表示一致的协议。主要包括三个层次的含义：1）当事人订立合同是完全基于自愿，没有任何强迫，而且双方地位平等；2）当事人内心须有发生法律上权利义务关系的明确意思；3）当事人的内心意思与外在表示出来的意思相一致。

（4）合同必须具有合法性、确定性、可履行性。《合同法》第八条第二款规定："依法成立的合同，受法律保护。"合同必须不违反法律的禁止性规定和社会公共利益，才会受到法律的保护。合同的确定性是指合同的当事人、标的、数量、质量、价款、履行期限、履行地点和方式等都要明确而不模糊，否则会导致合同因为不能履行而陷于无效或被解除。

2. 我国《合同法》规定的有名合同

根据我国《合同法》分则的规定，有名合同有以下几种类型：买卖合同，供用电、水、气、热力合同，赠与合同，借款合同，租赁合同，融资租赁合同，承揽合同，建设工程合同，运输合同，技术合同，保管合同，仓储合同，委托合同，行纪合同，居间合同。

根据民法理论，我们又可以对合同做如下分类：

（1）双务合同和单务合同。双务合同是指当事人双方都享有权利和承担义务的合同；单务合同是指一方只享受权利、而另一方只承担义务的合同。

（2）有偿合同和无偿合同。有偿合同是指当事人须付出一定代价方才可以取得利益的合同。无偿合同是指当事人一方只取得利益而不需付出任何代价的合同，例如无偿保管合同。

（3）诺成合同和实践合同。诺成合同是指不需要交付标的物，只需要当事人意思表示一致即可成立的合同，例如买卖合同。实践合同是指不但需要当事人意思表示一致，而且需要交付标的物方才成立的合同，例如保管合同。

（4）要式合同和不要式合同。要式合同是指合同的成立须采取特定形式的合同，它又可以分为法定要式合同和约定要式合同。不要式合同是指不需要特定形式和手续就可以成立的合同。

（5）主合同和从合同。主合同是指不需要其他合同为存在前提或条件，而可以独立成立的合同。从合同是指必须以他种合同存在为前提、自身不能独立存在的合同。一般来讲，主合同变更或消灭，从合同也随之变更或消灭。

（6）本合同和预约合同。当事人约定将来订立一定合同的合同是预约合同，为了履行预约合同而订立的合同是本合同。

（7）格式合同和非格式合同。格式合同是指合同的必要条款内容因一方当事人为了重复使用而预先拟定、且在订立合同时未与对方协商的合同。例如：铁路、公路、航空、水运等合同。非格式合同是指双方当事人可以对条款进行协商的合同。实践中绝大部分的合同属于非格式合同。

（8）为本人利益的合同和为第三人利益的合同。为本人利益的合同是指为了自己或者被代理人的利益而与他人订立的合同。为第三人利益的合同是指为了第三人的利益而与他人订立的合同，例如受益人为第三人的保险合同即为适例。

（9）有名合同、无名合同、混合合同。凡是法律赋予名称并作出特别规定的合同即为有名合同，例如我国《合同法》分则规定的15种合同。凡是法律没有赋予名称并作出特别规定的合同即为无名合同。内容包括两个以上独立的有名合同事项或有名合同与无名合同事项混杂在一个合同中的合同就是混合合同。

（二）合同法概述

1. 合同法的概念和调整范围

合同法是调整平等民事主体间利用合同进行财产流转而产生的社会关系的法律规范的总和。合同法在性质上属于民法范畴，是民法的重要组成部分。合同法的调整范围可以从以下两个方面理解：（1）合同法调整的是具有财产内容的社会关系，这表明合同法并不调整涉及人身关系的社会关系；（2）合同法调整的是以财产流转为特征的社会关系，这表明合同法所调整的财产关系仅仅是动态的财产关系。

总之，合同法是调整特定的平等民事主体之间基于合同而自愿建立的财产流转的社会关系的法律规范的总和。它以确认和保障合同平等民事主体正当地行使权利、履行义务，充分调动自然人、法人、其他组织积极参与市场经济，鼓励交易的积极性为目的。

2. 合同法的基本原则

（1）意思自治原则

意思自治原则，是指合同当事人在通过订立合同而取得权利、承受义务的过程中完全基于自己的意志自由，不受国家权力和任何其他人、其他组织的非法干预。这个原则的核心是充分尊重当事人在进行合同活动中对外表达的内心真实意思，即合同自由。意思自治的具体表现是：民事主体有依法缔结合同或不缔结合同的自由，不允许受到欺诈、胁迫等；当事人有选择合同相对人、合同内容、履行方式、纠纷解决方法等的自由。我国《合同法》第四条规定："当事人依法享有自愿订立合同的权利，任何单位和个人不得非法干预。"这就是法律对意思自治原则的生动体现。

（2）平等原则

平等原则，是指当事人合同地位平等，在合同权利义务分配上平等协商，合同主体平等地受法律保护。平等原则是现代法治观念在合同法上的体现，它不承认任何特权，而是通过法律赋予每一个民事主体平等地参与经济活动、民事活动的地位。我国《合同法》第三条规定："合同当事人的法律地位平等，一方不得将自己的意志强加给另一方。"这就是合同法对平等原则的具体体现。

（3）公平原则

公平原则，是指民事主体本着公正的观念从事合同活动，正当地行使权利和履行义务，在民事活动中兼顾他人利益和社会公共利益。这一条原则是道德原则的法律化，体现了一种正义的观念。它要求双方的权利义务要保持大体的平衡，反对恃强凌弱、以众暴寡。我国《合同法》第五条规定："当事人应当遵循公平原则确定各方的权利和义务。"这就是法律对公平原则的规定。

（4）诚实信用原则

诚实信用原则，是在市场经济活动中形成的道德规则，现代民法吸收了这一道德观念，要求人们在从事民事活动中讲求信用，诚实不欺，用善意的心理和方法来取得权利、履行义务，在不损害他人利益和社会利益的前提下追求自身利益的实现。一般认为，诚实信用原则涉及两种利益的平衡关系，第一是当事人之间利益的平衡，另外一种是当事人利益和社会利益之间的平衡。同时，诚实信用原则给法官提供了自由裁量权，意味着司法活动的创造性和能动性。

因为诚实信用原则具有超乎法律条文的抽象性，其中贯彻着公平正义和合理分配的道德精神，以及具有随着时间、空间的变化而变化的伸缩性和补充法律空白的功能，所以它又被称为"帝王条款"。我国《合同法》第六条规定："当事人行使权利、履行义务应当遵循诚实信用原则。"

（5）公序良俗原则

公序良俗是公共秩序和善良风俗的简称，公共秩序的含义至今还没有一个统一的解释，但是它不但包含传统的政治秩序，也包含现代意义上的经济秩序。善良风俗是以道德为核心的一个概念，在我国通称为"社会公德"，它主要指从事民事活动要遵守当今社会普遍具有的道德标准。我国《合同法》第七条规定："当事人订立、履行合同，应当遵守法律、行政法规，尊重社会公德，不得扰乱社会经济秩序，损害社会公共利益。"违反公序良俗的行为主要表现为五种：1)危害国家公共秩序；2)违反性道德的行为；3)非法射幸行为；4) 侵犯人格权的行为；5) 违反公平竞争的行为。

二、物业管理合同概述

（一）物业管理合同的含义

物业管理合同是物业管理企业与委托人签订的，物业管理企业接受委托提供物业管理服务，委托人支付管理费用的合同。它又被称为物业管理服务合同或物业管理委托合同。

物业管理合同是委托合同的一种。所谓委托，是指将事情或事务交给他人办理的意思。委托他人办理事务的人被称为委托人；而接受他人的委托，为他人的利益办理委托事务的人被称为受托人。我国《合同法》第三百九十六条规定："委托合同是委托人和受托人约定，由受托人处理委托人事务的合同。"物业管理合同属于委托合同，其合同的客体是劳务，因此该类合同主要涉及劳务服务方面的权利和义务。其中，委托人是全体业主（或者是代表全体业主的业主委员会），包括物业的所有权人和使用权人或者是开发建设企业；受托人是依法成立的物业公司。

根据《物业管理条例》的规定，物业管理合同可以分为两种：第一，由开发建设企业与物业公司订立的前期物业管理合同；第二，在物业出售给业主以后，由业主与物业公司订立的物业管理合同。

（二）物业管理合同的特征

1. 物业管理合同的当事人是特定的。在我国，物业管理的概念不同于一般的房屋管理概念，所以物业管理合同也与传统的民事代管合同有差别。物业管理的委托人目前有三种法定主体：(1) 新建房屋的开发商。它作为其开发建设完毕而尚未出售的物业的大业主，应当按照相关法规的规定负责物业开始销售到业主委员会成立前的物业管理工作。我国《物业管理条例》第二十一条规定："在业主、业主大会选聘物业管理企业之前，建设单位选聘物业管理企业的，应当签订书面的前期物业服务合同。"(2) 原房管部门。依照有关政策和法规规定，原来的房管部门择聘、委托物业管理企业负责售后物业在业主委员会成立前的物业管理工作。(3) 业主自治团体即业主委员会。关于物业管理的受托人，只可以是符合法定的资质条件，并经过登记注册合法经营的物业公司。我国《物业管理条例》第三十二条规定："从事物业管理活动的企业应当具有独立的法人资格。国家对从事物业管理活动的企业实行资质管理制度。具体办法由国务院建设行政主管部门制定。"建设部于 2004 年 3 月 17 日发布了《物业管理企业资质管理办法》，该部门规章于 2004 年 5 月 1 日施行。

2. 物业管理合同是以为特定业主及业主自治团体处理物业管理事务为内容的合同。物业管理合同的客体是物业管理服务行为，而其目的是为了很好地完成委托人的委托事务。所以，委托人应当承担处理事务的费用和风险，对于受托人在委托权限内所办理委托事务的后果要予以接受。

3. 物业管理合同的订立是以双方当事人的信任为前提的。委托合同成立的前提条件就是双方当事人彼此信任。只有在委托人充分了解和信任受托人的能力、水平的基础上才会将自己的事务交给受托人办理；而受托人也只有在信任委托人的基础上才会接受委托为其办理事务。根据我国《合同法》第四百一十条规定："委托人或者受托人可以随时解除委托合同。因解除合同给对方造成损失的，除不可归责于该当事人的事由以外，应当赔偿损失。"所以，物业管理合同的双方当事人可以因为彼此不再相互信任而随时解除合同。在现实中，这种情况经常发生于业主"炒"物业公司的情况中。所以，物业管理企业应当在注意提高自己服务工作质量的同时，一定要加强对物业管理合同中的合同解除条款的制定工作，严格解除合同的条件或限制解除权，以免自己随时被解除合同。最好的办法是在物业管理合同中明确约定合同的有效期限。

4. 物业管理合同是诺成合同。对于物业管理合同，只要双方当事人达成真实意思表示的一致，该合同即告成立，而不需要其他的手续（例如标的物的转移等）。

5. 物业管理合同是有偿合同。关于委托合同是否有偿，在我国《合同法》中并没有明确加以规定。但是，在物业管理合同关系中，受托人物业公司作为具有专业知识和技能的企业，以自己的管理服务为委托人管理好物业的方方面面，并以此取得相应的管理服务费，乃是维持企业运转、提高企业服务水平的基础。这是劳动社会化的必然表现，否则物业公司将难以为继。另外，因为作为物业管理合同当事人之一的物业公司必须是依法成立并注册登记的营利性企业，属于商主体的范围，而且其主要工作或工作的中心还是物业保值增值这一财产性或经济事务方面。所以从总体看，物业管理合同属于商事合同，当然具有有偿性。

6. 物业管理合同是双务合同。在物业管理合同关系中，委托人有享受物业公司服务的权利，但是必须要支付相应的物业管理费用；受托人即物业公司必须按照合同要求完成对物业的管理和服务，但与此同时也享有得到报酬的权利。

7. 物业管理合同是要式合同。我国《合同法》并没有要求委托合同必须采取某种形式。但是，鉴于物业管理事务具有综合性和复杂性，采用书面形式能够很好地明确双方的权利义务内容，减少纠纷的发生，所以签订物业管理合同应当采用书面形式，而且报行政主管部门备案。我国新颁布的《物业管理条例》第三十五条规定："业主委员会应当与业主大会选聘的物业管理企业订立书面的物业服务合同。"该条例第二十一条规定："在业主、业主大会选聘物业管理企业之前，建设单位选聘物业管理企业的，应当签订书面的前期物业服务合同。"建设部和国家工商行政管理总局于1997年8月发布了《物业管理委托合同示范文本》，建设部又于1999年10月发布了《前期物业管理服务协议示范文本》，这些都是给当事人签订物业管理合同提供范本。各地方政府也纷纷依照这两个范本，分别制定自己辖区的合同范本。例如，天津市就分别制定了《天津市前期物业管理服务合同》（JF—2002—018）《天津市物业管理服务合同》（JF—2003—008）。

（三）物业管理合同和业主公约的区别

1. 两者签订的主体不同。物业管理合同是两个主体——物业公司、业主；业主公约则是多个主体——业主、开发商、业主委员会、非业主使用人，他们为了分清彼此的权利义务而签订公约。

2. 内容不同。物业管理合同的主要内容是明确委托人（主要是业主）和受托人（物业公司）之间的权利义务关系；业主公约的主要内容则是规定业主自我约束的方面，它对业主不可以进行的活动作出了规定。

第二节　物业管理合同的订立

一、物业管理合同订立程序

物业管理合同的订立程序，是指当事人为了订立物业管理合同而进行的反复协商、以求达成双方真实意思表示一致的过程，主要包括要约和承诺两个过程。我国《合同法》第十三条规定："当事人订立合同，采取要约、承诺方式。"

（一）要约

1. 要约的概念

根据我国《合同法》第十四条规定，所谓要约，是指希望和他人订立合同的意思表示。在商业贸易中称要约为发盘。要约属于意思表示而非民事法律行为，适用法律关于意思表示的规定。所以，单有要约并不能发生当事人所希望的法律后果，即订立合同。例如，某小区的业主向某物业公司发出要约，这并不意味着物业管理合同的成立，还必须有物业公司的承诺才行。合格的物业公司、特定业主（开发建设单位、公有房屋出售单位）、业主委员会等都可以提出要约。

要约不同于要约邀请。所谓要约邀请，也称为要约引诱，是指希望他人向自己发出要约的意思表示。其目的在于使他人向自己发出要约，而并非订立合同。日常生活中寄送的价目表、招股说明书、商品广告、拍卖公告等（《合同法》第十五条），就属于要约邀请。物业管理合同的订立按照法规要求，一般应当采取招标方式。其中，招标行为就是要约邀请。

2. 要约的构成要件

根据我国《合同法》第十四条规定，要约必须符合下列两个条件：第一，内容具体明确；第二，表明经受要约人承诺，要约人即受该意思表示约束。联系民法理论和实际订立合同的具体要求，要约必须具备以下条件：

（1）要约必须由特定的当事人作出。所谓特定的当事人，并不是仅仅局限于某个具体确定的自然人，而是指凡能为外界所客观确定的人都可以视为特定的人。例如，我们平常经常见到的自动售货机，就可以视为其可以发出要约。在物业管理合同订立过程中，开发商或业主委员会就是特定的当事人，它们都可以发出要约。

（2）要约必须向相对人作出。相对人一般为特定的人，一般来讲，要约人只能在特定的时间和场合下与特定的相对人订立具有特定内容的合同。但是，对于向不特定的人作出而又无障碍要约所达到的目的时，要约也可以成立。例如，商店内的商品价格表所面对的是一定范围内的不特定人，但是这并不能妨碍其要约的性质。

（3）要约的内容必须具体明确。要约的内容必须包含着未来合同的主要条款，以便受要约人考虑是否承诺。在物业管理合同订立过程中，要约的主要内容应当包含物业的名称、管理范围、服务行为的质量、价款、合同的生效时间、有效期限等因素。

（4）要约人有受该要约约束的意思表示。要约一旦作出，要约人非因法律的规定而不能予以随意撤销，否则因此而给受要约人造成损失的，应当予以赔偿。

3. 要约的形式

要约的形式主要有口头形式和书面形式两种。究竟采取什么形式，一般要以想成立的合同性质来确定。如果要订立的是要式合同，则要约应当采用书面形式；如果订立的是不要式合同，则要约可以采用口头形式。前面已经说到，物业管理合同所涉及的利益和事务十分复杂，采用书面形式可以明确双方权利义务关系，减少纠纷的发生，所以要约也应当采用书面形式。另外，我国现行法规规定，一般情况下，前期物业管理合同的订立应当采用招标的方式，而普通的物业管理合同的订立在现实中也多通过招标方式进行，招标这一要约行为则必须采用书面方式，所以，从这个角度讲，物业管理合同的要约也应采用书面形式。

4. 要约的生效时间

我国《合同法》第十六条规定："要约到达受要约人时生效。采用数据电文形式订立合同，收件人指定特定系统接收数据电文的，该数据电文进入特定系统的时间，视为到达时间；未指定特定系统的，该数据电文进入收件人的任何系统的首次时间，视为到达时间。"

要约可以被撤回和被撤销。根据《合同法》第十七条规定，要约在到达对方之前，要约人可以通过发出通知予以撤回，但是这个通知必须先于要约或与要约同时到达对方。另外，根据《合同法》第十八条规定，要约可以撤销，但是撤销要约的通知必须先于受要约人发出承诺。

依照《合同法》第十九条，有三种要约不可撤销：要约人确定了承诺期限的；要约人以其他方式明示该要约不可撤销的；受要约人有理由认为要约是不可撤销的，并已经为履行合同做了准备工作的。

5. 要约的失效

根据我国《合同法》第二十条，下面四种情况下要约失效：(1)拒绝要约的通知到达要约人；(2)要约人依法撤销要约；(3)承诺期限届满，受要约人未作出承诺；(4)受要约人对要约的内容作出实质性变更。这里的实质性变更是指受要约人对要约中的标的、数量、质量、价款、履行期限、履行地方、履行方式、违约责任、争议解决方法等作出的变更，一旦作出这样的变更，就意味着受要约人发出了一个新的要约。例如，某小区业主委员会向某物业公司发出要约，其中的物业管理费是每年 30 万元，但是物业公司在回信中提出将管理费提高到 50 万，这样就是对原来要约的实质性变更，原要约归于失效。

(二) 承诺

1. 承诺的概念

所谓承诺，是指受要约人同意要约的意思表示。在商业贸易中又被称为接盘。与要约一样，承诺的性质也是意思表示而非民事法律行为，其适用法律关于意思表示的规定。

2. 承诺的构成要件

(1) 承诺必须由受要约人发出。因为要约是由要约人发给特定的受要约人的，所以只有受要约人享有承诺的地位，其他任何第三人即使知道要约内容，并对此要约作出完全同意的意思表示，通常也不能构成承诺。

(2) 承诺必须向要约人作出。非向要约人作出的同意要约的意思表示不能构成承诺。另外，向要约人授权的代理人作出完全同意要约的意思表示，仍然视为向要约人作出承诺。

(3) 承诺的内容应当和要约完全一致。原则上讲，承诺应当是对要约无条件的同意，否则就被认为是一项新要约。根据我国《合同法》第三十条的规定，受要约人对要约的内容作出实质性变更的，为新要约。所谓对要约内容作出实质性变更，是指对有关合同标的、数量、质量、价款或者报酬、履行期限、履行地点和方式、违约责任和解决争议方法等的变更。另外，根据我国《合同法》第三十一条的规定，对要约内容作出非实质性的添加、限制或其他更改的，除非要约人及时作出反对，或者要约明确规定不得做任何修改之外，该承诺仍然有效，而不将其视为一项新的要约。

（4）承诺必须在承诺期限内作出。如果要约中明确规定了承诺期限，则受要约人必须在承诺期限内作出并到达要约人，否则无效。如果要约没有明确规定承诺期限，根据我国《合同法》第二十三条规定，对于要约以对话方式（即口头形式）作出的，应当即时作出承诺，但是当事人另有约定的除外；对于要约以非对话形式（即书面形式）作出的，承诺应当在合理期限内到达。对于受要约人超过承诺期限发出承诺的，除要约人及时通知受要约人该承诺有效的以外，为新要约。另外，根据我国《合同法》第二十九条规定，受要约人在承诺期限内发出承诺，按照通常情形能够及时到达要约人，但是因其他原因承诺到达要约人时超过承诺期限的，除要约人及时通知受要约人因承诺超过期限不接受该承诺的以外，该承诺有效。

（5）承诺的方式必须符合要约的规定。如果要约中明确规定了承诺方式，则承诺必须遵照，否则不生效力。如果要约中没有明确承诺方式的，承诺方式应当与要约方式一致，或者以其他合理方式作出。除有法律特别规定，或者根据交易性质、商业惯例和要约中规定承诺不需要通知的以外，承诺应当以向要约人发出承诺通知的方式作出，沉默和不作为本身不能构成承诺。

3. 承诺的效力

承诺一旦生效，则意味着合同的成立。根据我国《合同法》第二十六条的规定，承诺通知到达要约人时生效。承诺不需要通知的，根据交易习惯或者要约的要求作出承诺的行为时生效。

4. 承诺的撤回

承诺可以撤回，根据我国《合同法》第二十七条，撤回承诺的通知应当在承诺通知到达要约人之前或者与承诺通知同时到达要约人。承诺一旦被撤回，则合同不成立。

二、物业管理合同订立方式

物业管理合同目前有两种订立方式：第一，协商方式；第二，招标方式。根据《物业管理条例》第二十四条的规定，前期物业管理合同除特殊情况外，应当采用招标方式订立。对于业主与物业公司订立的物业管理合同，法规则没有规定具体的订立方式，它既可以采取协商方式，也可以采取招标方式。

（一）协商方式

所谓协商方式，就是指准备委托方（业主方）或欲求受托方（物业公司）向对方发出要约并经过对方承诺，依法以书面方式订立正式的物业管理合同。在协商过程中，仍然要遵循要约、承诺的程序。并且根据诚实信用原则，都要履行先合同义务，即彼此之间的协助、保密、通知、保护等义务，如果因为没有尽到先合同义务而造成对方损失的，要承担缔约过失责任。所谓缔约过失责任，是指在合同订立过程中，一方由于有过错、违背诚实信用原则，造成对方信赖利益的损失，而必须承担的责任。我国《合同法》第四十二条规定："当事人在订立合同过程中有下列情形之一，给对方造成损失的，应当承担损害赔偿责任：（一）假借订立合同，恶意进行磋商；（二）故意隐瞒与订立合同有关的重要事实或者提供虚假情况；（三）有其他违背诚实信用原则的行为。"我国《合同法》第四十三条规定："当事人在订立合同过程中知悉的商业秘密，无论合同是否成立，不得泄露或者不正当地使用。泄露或者不正当使用该商业秘密给对方造成损失的，应当承担损害赔偿责任。"例如，某小区对外招聘物业公司，甲公司意欲与之订立物业管理合同而积极与该小区业主委员会进行商谈。甲公司的竞争对手乙公司为了不让甲公司得到这份利润丰厚的业务而假意与该小区的业主委员会进行接洽。在商谈过程中，乙公司不顾自己的实际经济和技术能力，大幅度的削减物业管理合同的价款，致使甲公司无法与之竞争而自动退出。但是，就在该小区业主委员会要和乙公司签订物业管理合同的时候，乙公司借口退出。而此时该小区已经无法再找到其他满意的物业公司，使得小区物业长期得不到管理和维护，业主利益受到损失。在这里，乙公司的行为就属于违反诚实信用原则，应当承担缔约过失责任。

（二）招标方式

招标方式可以分为两种：第一，公开招标。即招标人以招标公告的方式邀请不特定的物业管理企业投标。依法必须进行招标项目的招标公告，应当通过国家指定的报刊、信息网络或者其他媒体发布。第二，邀请招标。即招标人以投标邀请书的方式邀请特定的物业管理企业投标。采用邀请招标方式的，应当向三个以上具备承担招标项目的能力、资信良好的特定法人或其他组织发出投标邀请书。

可以列入招标范围的物业管理项目分为以下几种：新开发建成的物业；开发商对原物业公司不满意的物业；业主对原物业公司不满意的物业；因房管单位改制推出的物业；因政府需要的物业。

招标应当遵循以下程序和形式：

1. 成立招标领导机构（业主方临时设置）并主动请行政监督部门实施监督。

2. 聘请专家顾问或者选择委托招标代理机构。

3. 确定招标方式（公开招标或邀请招标）

4. 拟定招标文件，包括招标书、有关说明、物业情况图纸等，对项目的技术要求、对投标人资格审查的标准、投标报价的要求、评标标准等实质性要求都要体现在招标文件中。

5. 以招标公告或投标邀请书形式发布信息。招标公告应当载明招标人的名称和地段，招标项目的性质、数量、实施地点、时间以及获取招标文件的办法等。一般讲，自招标文件开始发出之日至投标人提交投标文件截止之日止，最短不少于 20 天。

6. 审查是否有作修改招标文件的必要。招标人对已经发出的招标文件进行必要的澄清或者修改的，应当在招标文件要求提交投标文件截止时间至少 5 日前，以书面形式通知所有招标文件收受人。

7. 接受报名和确定入围单位并考察其业绩。

8. 组织潜在投标人踏勘项目现场。

9. 投标人应当按照招标文件的要求编制投标文件。投标文件又称为标书，其内容和机构大体如下：（1）总体管理思路；（2）管理方式，包括机构设置、工作流程、管理控制；（3）管理人员的配备，分为管理人员和作业人员；（4）人员培训；（5）物资准备计划；（6）经费收支测算和提供服务报酬的报价；（7）各项规章制度，包括公共秩序制度、管理运作制度、内部岗位责任制等；（8）社区文化，预定场地、人员、计划、效果等；（9）管理档案资料的建立和管理；（10）管理指标的承诺；（11）服务项目，分为有偿服务项目和无偿服务项目；（12）管理方原承受的有关奖惩报应。

10. 招标人接受投标书。招标人接到投标文件后，应当妥善保存而不得开启。投标人少于 3 个的，应当按照《招标投标法》重新招标。迟到的投标书，招标人应当拒绝接收。

11. 开标。开标应当公开进行，邀请所有投标人参加。整个过程应当记录并存档备案。

12. 招标人组建评标委员会评标。评标应当秘密进行。评标委员会的组成成员应当符合《招标投标法》的规定。

13. 定标。即确定中标人。如果评标委员会否决所有投标，招标人应当重新招标。

14. 发出中标通知书。中标通知书发出之后，招标人改变中标结果的，或者中标人放弃中标项目的，应当依法承担法律责任。

15. 订立书面的物业管理合同。招标人和中标人应当自中标通知书发出之日起 30 日内订立书面合同。

16. 依法呈交书面报告。依法必须进行招标的项目，招标人应当自确定中标人之日起 15 日内向有关行政主管部门提交招标投标情况的书面报告。

招标方式的最大优点是可以通过公开、公平、公正的竞争程序选择管理企业，避免一些不正当的交易活动。而且可以通过招标找到资质、水平都比较适合的物业公司。

第三节 物业管理合同的内容与效力

一、物业管理合同的条款

根据我国《合同法》第十二条规定："合同一般包括以下条款：(一)当事人的名称或者姓名和住所；(二)标的；(三)数量；(四)质量；(五)价款或者报酬；(六)履行期限、地点和方式；(七)违约责任；(八)解决争议的方法。"当事人还可以按照各类合同的示范文本订立合同。《合同法》的上述规定，可以作为物业管理合同条款订立的指导。《物业管理条例》第三十五条第二款规定："物业服务合同应当对物业管理事项、服务质量、服务费用、双方的权利义务、专项维修资金的管理与使用、物业管理用房、合同期限、违约责任等内容进行约定。"

物业管理合同一般由三部分组成，即合同的首部、主文和结尾。

(一) 合同首部

合同首部通常由以下部分构成：

1. 合同名称和编号。

2. 订立合同的日期：日期也可以放在合同文本的结尾加以规定。

3. 订约地点。

4. 合同当事人：委托人(甲方)和被委托人(乙方)的名称和住所。

5. 订约理由：根据建设部和国家工商行政管理总局发布的物业管理合同范本，订约理由通常是："根据有关法律、法规，在自愿、平等、协商一致的基础上，甲方将××物业委托于乙方实行物业管理，订立本合同。"

合同的首部不是合同的正文，其内容也没有涉及具体的权利义务，但是在实践中仍然有重要的实践意义。合同的名称和编号可以确定"此合同非彼合同"；合同订立的日期可以确定合同成立和生效的日期；合同订立的地点，可以成为适用不同法规的依据，例如一个北京人在天津购买商品房，在天津订立了物业管理合同，那么关于合同的有关事项就要适用天津的地方性法规；合同的当事人名称可以确定在纠纷中的原被告身份，当事人住所可以成为确定管辖的依据，等等。

（二）合同主文

合同主文又称为合同的正文，是关于物业具体情况、双方权利义务、违约责任等问题的具体规定，具有内容详细而全面、操作性强的特点。

根据建设部颁布的物业管理合同示范文本和实际中的合同订立情况，物业管理合同主文应当包含以下条款：

1．物业基本情况

物业具体情况主要有以下内容：物业的名称和类型；物业坐落的位置（×市×区×路×号）；物业的东西南北四至；物业的占地面积和建筑面积。

2．委托管理事项

（1）对房屋建筑共用部位（包括楼盖、屋顶、外墙面、承重结构、楼梯间、走廊通道、门厅等）、共用设施设备（包括共用的上下水管道、落水管、烟囱、共用照明、天线、中央空调、暖气干线、供暖锅炉房、高压水泵房、楼内消防设施设备、电梯等）、市政公用设施和附属建筑物、构筑物（包括道路、室外上下水道、化粪池、沟渠、池、井、自行车棚、停车场等）等进行维护和保养。

（2）对公共生态环境的管理，包括对公用绿地、花木、建筑小品等的养护和管理；对公共环境卫生（公共场所、房屋共用部位的清洁卫生，垃圾的收集、清运等）的维护。

（3）维持公共秩序（包括安全监控、巡视、门岗值勤等）和对交通与车辆停放秩序的管理。

（4）代为物业经营和财务管理的事务，包括将管辖区内属于全体业主共有的商业网点用房、文化体育娱乐场所、停车场地依业主委员会授权代为出租经营，代为向业主和物业使用人收取物业管理服务费等费用、代管业主委员会具体财务工作等。

（5）组织开展社区文化娱乐活动。

（6）对于业主和物业使用人房屋的自用部位、自用设施及设备的维修、养护，在当事人提出委托时应接受委托并收取合理费用。

（7）其他委托事项。

3．委托管理期限

合同通常明确规定委托管理物业的起始和结束时间。

4．双方的权利义务

（1）甲方即委托方的权利义务规定

甲方的主要权利有以下几类：

① 代表权：代表和维护物业产权人和使用权人的合法权益。

② 公约制定权：制定业主公约并监督业主和物业使用人遵守公约。

③ 审定权：审定受托人拟定的物业管理制度；审定受托人提出的物业管理服务年度计划、财务预算及决算。

④ 监督权：检查监督受托人管理工作的实施及制度的执行情况，包含对物业管理服务质量检查和对财务的监督检查。

⑤ 指示权：作出委托事务范围内的建议性、指导性、任务性和批评性的指示。

⑥ 其他权利：主要是有权协调、处理本合同生效前发生的管理遗留问题等。

对于甲方是房地产开发企业的，甲方还享有在业主委员会成立之前负责制定业主公约并将其作为房屋租售合同附件，要求业主和物业使用人遵守的权利。

甲方的主要义务如下：

① 协助义务：协助受托方接管委托的物业；负责收集、整理物业管理所需要的全部图纸、档案、资料，并在一定期限内向受托方移交；协助受托方做好物业管理工作和宣传教育、文化活动等。

② 在约定期限内向受托人提供管理用房（有偿或者无偿由双方约定）；在约定期限内向受托人提供有偿的经营性商业用房。

③ 按照业主公约约束业主和物业使用人的违约行为。

④ 当业主和业主使用人不按规定交纳物业管理费时，负责催交或以其他方式偿付。

⑤ 如果甲方是房地产开发企业，则其委托乙方管理的房屋、设施、设备应达到国家验收标准要求，否则负责返修或者委托乙方返修，支付全部费用等。

（2）乙方即受托方的权利和义务

对乙方来说，它的权利和义务结合得比较紧密，在行使委托管理物业权利的同时也就是在履行委托合同的义务，只有通过履行义务才会行使权利。乙方的权利义务主要如下：

① 根据有关法律法规和合同约定，制定物业管理制度。

② 按照合同约定，收取物业管理费用的权利。

③ 对业主和物业使用人违反法规、规章的行为，提请有关部门处理。

④ 转委托的限制：可选聘专营公司承担本物业的专项管理业务，但不得将本物业的管理责任转让给第三方。

⑤ 负责编制房屋、附属建筑物、构筑物、设施、设备、绿化等的年度维修养护计划和大、中修方案，经双方议定后由乙方组织实施。

⑥ 告知义务：受托人应不迟延地向委托人报告受托人办事的进展情况，答复委托人的询问，或者就重大事项提出书面报告；向业主和物业使用人告知物业使用的有关规定；在约定期限内，向全体业主和物业使用人公布管理费用收支账目。

⑦ 负责编制物业管理年度计划、资金使用计划及决算报告。

⑧ 不越权义务：受托人必须在代理权限内忠实地为委托人利益办理委托事务，对于超越委托权限的行为，委托人如果不予以追认的，一切后果由受托人承担。例如，对本物业的公用设施不得擅自占用和改变使用功能，如需在本物业内改、扩建或完善配套项目，须与甲方协商经甲方同意后报有关部门批准方可实施。

⑨ 财产和相关资料的保管和移交义务：在合同存续期间内，受托方必须妥善经营和保管物业财产和相关资料。在合同终止时，受托方必须向委托方移交全部经营性商业用房、管理用房及物业管理的全部档案资料。

⑩ 接受业主和行政主管部门的指导监督。

此外，这里必须说明的是，由于物业管理合同属于委托合同，所以，凡是一般适用于委托合同的权利和义务，也都适用于物业管理合同。具体的权利义务条款内容，应当由双方在平等自愿的基础上，本着诚实信用和公平的原则，根据本物业和本地区的实际情况予以订立。各种合同范本只是一个重要的参考，不必一味机械地遵从。在订立过程中，一定要考虑周全、详细规定，以避免因为合同约定不清楚而发生各种纠纷。

5. 管理服务的质量及标准约定

如何确定物业管理服务的质量及其标准，是衡量物业公司是否能够很好履行合同义务的重要标尺。我们可以从以下几个方面对此作出约定：房屋外观；设备运行；房屋及设施、设备的维修和养护；公共环境；绿化；交通秩序和车辆停放秩序；保安；物业的急修和小修；业主和物业使用人对委托方工作的满意率等。

根据我国《合同法》第六十二条规定，如果当事人在质量条款上约定不明确或没有补充协议的，应当按照国家标准、行业标准履行；没有国家标准、行业标准的，按照通常标准或者符合合同目的的特定标准履行。

6. 物业管理服务费用

（1）物业管理服务费

由当事人双方协商决定物业管理服务费的给付方式、支付时间和地点。关于给付方式，双方可以约定在委托事项办理完毕之时，由委托方一次性给付；或者先由受托方自负费用，然后由委托方一次性给付；同时，也可以变一次性给付为分期给付。在给付物业管理费时，还要约定清楚是现金给付还是票据给付，以免发生纠纷。另外，对于支付的时间和地点也要约定清楚。

关于物业管理费的计算方法，通常的做法是按照房屋的建筑面积每月每平方米多少钱向业主或物业使用人收取。如果因为管理期限较长，还可以按照双方约定的标准进行调整。如果发生物业管理服务费用逾期不交的，则还应当由该行为人交纳一定的滞纳金。对于一些专项服务（例如组织社区文化体育娱乐活动）的报酬，则须另行约定。对于特约服务项目，其属于物业公司的自营业务范围，因享受该种服务而发生的费用报酬由当事人自己约定，不在物业管理合同规定的范围以内。

（2）车位使用费

该费用按照露天车位、车库等不同的车位进行收费，标准由双方约定。

（3）房屋的共用部位、共用设施、设备、公共场地的维护费

（4）其他费用

包括业主或物业使用人自用部位的维修、保养费用等等。

这里需要特别说明的有两个问题：第一，物业管理费用分为两种，一种是政府指导价，对于执行政府指导的收费项目，双方约定的价格可以在规定的限度内上下浮动；一种是当事人自行协商达成的价格，当事人双方可以根据市场情况进行约定。第二，根据我国《合同法》第六十三条规定："执行政府定价或者政府指导价的，在合同约定的交付期限内政府价格调整时，按照交付时的价格计算。逾期交付标的物的，遇价格上涨时，按照原价格执行；价格下降时，按照新价格执行。逾期提取标的物或者逾期付款的，遇价格上涨时，按照新价格执行；价格下降时，按照原价格执行。"所以，对于执行政府指导价的管理服务项目的价格，可能会发生非基于当事人意志的变化，具体如何确定价格，应当遵照合同法的上述规定。

7. 违约责任

对于并非因为合同约定的免责事由和法定的免责事由而出现的违反合同约定的行为，违约方应当承担违约责任，给对方造成损失的，还要进行赔偿。对于违约责任的承担方式，分为以下几种：实际履行、赔偿损失等。另外，对于双方在合同中既约定了违约金又

约定了定金的，根据我国《合同法》第一百一十六条，对方可以选择适用违约金或者定金条款。在支付了违约金或者定金之后，如果仍然不能补偿对方损失的，还应当进行赔偿。当事人也可以约定赔偿的基本原则、提出赔偿要求的期限、提出赔偿请求的通知方法、应当提供的证明文件及相关单据等。

8. 变更、解除或终止合同的约定

除了法定事由以外，当事人可以自由约定合同变更、解除和终止的情形以及由此造成损失的赔偿条款。

9. 约定的其他事项

（1）保密条款：

在双方订立和执行合同过程中，彼此不可避免地会了解到对方的一些资料和信息，在未征得对方允许的前提下，不能将这些资料和信息告之第三人或公之于众，或者用于本物业管理合同之外的用途。在合同终止时，如果一方要求，则另一方应当及时将这些资料返还对方。

（2）争议解决条款：

双方可以约定，如果发生争议，可以先采取平等协商、调解等方式进行解决。如果争议仍然无法解决，则可以进行仲裁或者诉讼。对于仲裁，双方必须在合同中明确约定仲裁条款或者事后达成仲裁协议，否则不能仲裁。必须约定清楚由哪个仲裁委员会依据什么仲裁程序进行仲裁，以及仲裁费用的承担。仲裁属于一裁终局，合法的仲裁裁决对双方都有法律约束力。如果双方没有达成仲裁协议或仲裁条款，或者虽然有仲裁协议和条款，但是没有约定明确的仲裁机构，则不能仲裁，只能向法院起诉。

（3）对转委托的限制：

物业管理合同的义务一般来说是要物业公司亲自完成的，但是其也可以委托专业公司对某些事务进行处理。对于这些事务，在合同中应当加以明确规定，或者规定应当事先通知业主委员会并经过协商同意后方可以实行。

（4）合同生效期限的约定，等等。

（三）合同的结尾

合同的结尾，又称为合同的结尾文句，目的是和合同的首部相呼应，并以签名或盖章来表示当事人订立合同的真实意思。合同的的结尾一般有以下内容：

1. 订立合同的日期：它也可以在合同的首部中规定。如果首部中已经载明的，可以在这里仅仅说明"于合同首部所载的日期订立"。

2. 合同生效的日期。

3. 合同当事人的签名和盖章：签名时一般应当注明签名人的法律地位。

4. 合同的份数：注明合同的正本、副本的份数及当事人各持几份。

二、物业管理合同的履行

所谓物业管理合同的履行，是指当事人双方依据物业管理合同的条款，相互以实际行为完成各自承担的义务和实现各自享有的权利。合同是当事人双方基于自己的真实意思而依法订立的具有法律约束力的合意，在不违反法律禁止性规定的前提下，合同就是双方之间的法律，必须予以切实履行，否则就要承担相应的责任。我国《民法通则》第八十八条规定："合同的当事人应当按照合同的约定，全部履行自己的义务。"《合同法》第六十条也明确规定："当事人应当按照约定全面履行自己的义务。"合同顺利地履行完毕，就意味着双方合同关系的终结。

（一）物业管理合同履行的原则

1. 全面履行原则

合同当事人必须按照合同约定全面地履行自己负担的各种义务，不能不履行和不适当履行。所谓不履行，是指在当事人有能力履行合同义务，而且该合同并未陷入履行不能的境地或者不存在暂时的履行困难的情况下，合同义务人仍然不履行合同义务的行为。不适当履行是指合同义务人虽然有履行义务的行为，但是不符合合同要求。主要表现为：(1)履行标的的质量不符合合同标准。例如物业公司应当按合同约定负责小区内的绿化工作，但是由于工作不力，导致草坪的青草全部枯死。(2)履行标的的数量不充足或超过合同要求的数量。例如，物业公司依照合同要求为房屋的共用部位更换照明设备50个，但是它只更换了30个。或者是虽然需要更换50个，但是物业公司却更换了80个，超过了实际需要，这也属于数量的不合格。(3)履行时间和地点不恰当。例如，根据物业管理合同，业主和物业使用人负担的物业管理服务费应当在本月底在A地向物业公司交纳。但是一直拖到下个月月底才交纳，而且是在B地交纳。这就属于履行时间和地点不恰当。(4)履行方式的不适当。例如，合同约定物业管理服务费的支付采用票据方式，但是业主一方偏偏采用现金方式支付。(5)法定的附随义务没有履行。例如，我国《合同法》第六十条要求当事人遵循诚实信用原则承担通知、协助、保密等义务，如果当事人没有尽到这些法定附随义务的话，也属于履行不完全。

对于不履行合同义务而造成对方损失的，违约人应当承担违约责任，并予以赔偿。对于因为不完全履行而造成对方损失的(理论上称为加害履行)，也要承担违约责任并赔偿。

2. 实际履行原则

该原则要求合同当事人应当按照合同约定的标的履行义务，不能用其他标的代替，也不能用交付违约金或赔偿金的形式代为履行。我国《合同法》第一百一十条规定："当事人一方不履行非金钱债务或者履行非金钱债务不符合约定的，对方可以要求履行，但有下列情形之一的除外：(一)法律上或者事实上不能履行；(二)债务的标的不适于强制履行或者履行费用过高；(三)债权人在合理期限内未要求履行。"由此可见，我国《合同法》实行的是相对的实际履行原则，即只对于非金钱债务的履行在法律规定的除外情形之外坚持实际履行。物业管理合同的履行，绝大部分属于非金钱债务的履行，例如小区的绿化、保安、维修等，所以难以以其他方式履行，仍然要坚持实际履行，否则凡事都可以用其他标的代替，也就失去了订立物业管理合同的意义。

3. 协助履行原则

对于物业管理合同的履行，合同的双方当事人一定要为彼此履行合同义务提供方便和必要的协助，这样会加快合同履行的效率、提高合同履行的效果。《合同法》第六十条第二款也规定了当事人在合同履行过程中有协助的义务。

4. 经济履行原则

该原则要求当事人在履行物业管理合同时，一定不要浪费人力、物力、财力和时间，对于在履行义务过程中出现的损失要采取积极措施防止损失扩大，争取以较高的效率完满地完成合同义务。

（二）物业管理合同履行的规则

随着现代法治观念的进化，合同履行的概念也在发生着变化。传统上认为，具体合同义务的执行就是合同的履行。但是，合同的履行是一个过程，它不但包含了具体合同义务的执行，也包含有执行合同义务的准备和合同义务执行完毕后的善后工作，这三个方面共同构成了现代意义上的合同履行，而以具体合同义务的执行作为其核心内容，物业管理合同的履行也不例外。

物业管理合同履行的规则是在原则基础上的细化。根据我国《合同法》和其他有关物业合同的法规的规定，这些规则主要有以下几类：

1. 法定义务规则

法定义务是指即使在当事人没有约定的情况下，他们仍然要承担的义务，以保证合同的顺利履行。

（1）通知义务

在物业管理合同履行过程中，会发生很多当事人在订立合同时所无法预料的情况，当这种情况发生时，一方当事人就应当及时通知另外一方，以便作出适当的处理和协商。例如，当物业公司要依照合同安装某电气设备而需要暂时断电的时候，就要将断电的时间和期限告知业主，以便业主作好准备防止家用电器损坏。如果由于没有尽到通知义务而造成对方损失的，物业公司就要承担赔偿责任了。我国《合同法》第六十条第二款、第六十九、七十、一百一十八条等都有类似的规定。

（2）协力义务

协力义务包括协助义务和方便义务两个方面。对于物业管理合同的履行，当事人双方都有协助对方履行并提供方便的法定义务，否则会无端增加当事人的负担，并为某些当事人不履行合同义务提供借口。

（3）减损义务

在由于主、客观原因造成一方损失时，未损失一方和遭受损失的一方应当采取必要的措施防止损失的扩大。我国《合同法》第一百一十八条规定："当事人一方因不可抗力不能履行合同的，应当及时通知对方，以减轻可能给对方造成的损失，并在合理期限内提供证明。"《合同法》第一百一十九条规定："当事人一方违约后，对方应当采取适当措施防止损失的扩大；没有采取适当措施致使损失扩大的，不得就扩大的损失提出赔偿要求。当事人因防止损失扩大而支出的合理费用，由违约方承担。"

（4）保密义务

2. 正确履行规则

该规则是全面履行合同原则的具体体现，主要反映在对合同履行要素的要求上，包括以下几点：

（1）履行主体正确

一般来讲，合同义务只有由合同当事人亲自完成才算是履行主体的正确，这在理论上也被称为亲自履行规则。但是，对于一些经过双方同意的事项可以由第三人来完成，前提是第三人也同意承担此项义务。例如，某物业公司为了提高小区内建筑小品的质量和品位，在征得业主方同意的前提下，专门聘请专业公司进行设计和制作。

（2）履行标的正确

此项规则即为实际履行原则的具体化，我国《合同法》第一百一十条对此有明确规定。

（3）履行的时间、地点和方式正确

3. 对合同条款约定不明事项的履行

该规则的适用必须是以合同有效为前提，对于合同无效或不成立来说，不适用该规则。

在实践中，经常会出现质量、价款、报酬、履行的时间、地点、方式、期限和履行费用等条款的不明确或者空白。对此，我国《合同法》规定了两个步骤以弥补该缺陷。第一，根据《合同法》第六十一条，当事人可以协议补充，不能达成补充协议的，按照合同有关条款或者交易习惯确定。第二，对于依照《合同法》第六十一条仍然不能确定的，则按照《合同法》第六十二条进行确定。

4. 价格变动的履行

这里所谓的价格变动的履行，是指执行政府定价或者政府指导价的合同，在合同约定的履行期限内遇到政府调整价格的情况下，按照何种价格履行的问题。在物业管理合同中，有很多事项都是有政府明确定价或指导价格的，所以明确这个问题是至关重要的。我国《合同法》第六十三条明确规定了这个问题。

5. 情势变更

所谓情势变更，是指在合同生效之后、履行尚未完成之前，由于发生了当事人双方在订立合同时不可能预见和防止的情况变化，导致合同的履行将会产生严重不公平的后果，则当事人可以要求变更或者解除合同。我国法律并没有明确规定该规则，原因是无法明确合理地判断情势变更和商业风险的差别。但是，依据诚实信用原则，该规则仍然可以有效实施。例如，在物业公司履行物业管理合同过程中，突然出现事先无法预料和防止的严重的通货膨胀，原来约定的物业管理服务费已经远远不能维持物业公司的正常运转。那么，物业公司就可以请求法院根据诚实信用原则适用情势变更规则，解除或者变更原合同。

（三）物业管理合同履行过程中的抗辩权

在实践中，我们经常会看到由于对物业管理合同的履行存在纠纷，业主一方拒绝交纳物业管理费，而物业公司拒绝提供一部分物业管理服务的现象。这就牵扯到合同履行过程中的抗辩权问题。我国《合同法》第六十六、六十七、六十八条规定了三种重要的抗辩权，分别是同时履行抗辩权、先履行抗辩权和不安抗辩权。

1. 同时履行抗辩权

同时履行抗辩权是指在双务合同中，一方当事人在对方当事人没有履行合同义务或履行不符合约定的前提下可以拒绝履行本方的义务。我国《合同法》第六十六条规定："当事人互负债务，没有先后履行顺序的，应当同时履行。一方在对方履行之前有权拒绝其履行要求。一方在对方履行债务不符合约定时，有权拒绝其相应的履行要求。"

2. 先履行抗辩权

《合同法》第六十七条规定，当事人互负债务，有先后履行顺序，先履行一方未履行的，后履行一方有权拒绝其履行要求。先履行一方履行债务不符合约定的，后履行一方有权拒绝其相应的履行要求。

3. 不安抗辩权

《合同法》第六十八条规定："应当先履行债务的当事人，有确切证据证明对方有下列情形之一的，可以中止履行：（一）经营状况严重恶化；（二）转移财产、抽逃资金，以逃避债务；（三）丧失商业信誉；（四）有丧失或者可能丧失履行债务能力的其他情形。当事人没有确切证据中止履行的，应当承担违约责任。"根据《合同法》第六十九条，对于一方想行使不安抗辩权时，应当及时通知对方。对方提供适当担保时，应当恢复履行。中止履行后，对方在合理期限内未恢复履行能力并且未提供适当担保的，中止履行的一方可以解除合同。

在行使合同履行抗辩权的时候，一定要注意其行使的前提是在同一个法律关系中，即在物业管理法律关系中产生的抗辩权不能对抗房屋买卖法律关系中的当事人；同样，在房屋买卖法律关系中的抗辩权不能对抗物业管理法律关系中的当事人。例如，某业主购买了某小区的一间商品房，在交付时发现有一些质量问题，虽然口头提出异议，但是仍然领取了房屋钥匙入住。入住以后，因为不满意房屋质量，便以不缴纳物业管理服务费为手段进行抗辩。这种抗辩权的行使是不妥当的。

第四节　物业管理合同的违约、变更和终止

一、物业管理合同的违约

（一）违约行为表现方式

所谓物业管理合同的违约，是指合同的当事人没有按照合同的约定履行自己的义务，而应当承担法律责任的行为。物业管理合同的违约主要有以下几种情形：

1. 预期违约

是指在合同履行期限到来之前，当事人一方明确表示或者以自己的行为表明不履行合同义务的行为。这是英美法系中特有的概念和制度，我国《合同法》也将其借鉴过来加以规定，以便更好地保护当事人的合法权益。我国《合同法》第一百零八条规定："当事人一方明确表示或者以自己的行为表明不履行合同义务的，对方可以在履行期限满之前要求其承担违约责任。"例如，某物业公司应当按照合同义务在冬天到来之前为小区内的树木做好防寒工作，但是时间将近立冬，物业公司也没有做任何人力和物力的准备，这时候业主就可以要求物业公司承担预期违约的责任。

2. 履行不能

履行不能，在这里是指合同的义务人由于自己的原因，事实上已经不可能实际履行债务。对于义务人不能履行合同债务的，债权人可以解除合同，并追究义务人（债务人）的违约责任。

3. 履行迟延

履行迟延，是指合同义务人在合同履行期届满而没有履行合同义务。它可以包括债务人的履行迟延和债权人的履行迟延两种情况。对于债务人来说，是指合同履行期限届满，而债务人没有履行债务。例如，物业公司按照合同的约定应当在春节以前为小区装饰过年的用具，并且加收了相关的费用，但是直到正月十五才陆续做相关的工作。这就属于债务人的履行迟延。对于债权人来说，它通常表现为债权人对债务人的履行应当接受而无正当理由拒不接受。债务人对此不承担任何履行迟延的责任。而且，如果债权人迟延履行而造

成债务人损害的，债权人应当附损害赔偿责任。例如，按照合同约定，业主委员会收齐了某项费用在约定的期限内交给物业公司，但是物业公司因为自己内部的财务混乱而以种种借口百般拒收，这就属于债权人的履行迟延。

4. 履行瑕疵

履行瑕疵，是指债务人履行的标的不符合合同约定的质量标准。它可以分为违约瑕疵和损害瑕疵。违约瑕疵，是指债务人履行的标的在质量上不符合约定标准，但是尚未造成他人人身或财产损失。对于违约瑕疵的处理方法，我国《合同法》第一百一十一条规定："质量不符合约定的，应当按照当事人的约定承担违约责任。对违约责任没有约定或者约定不明确，依照本法第六十一条仍不能确定的，受损害方根据标的的性质以及损失的大小，可以合理选择要求对方承担修理、更换、重作、退货、减少价款或者报酬等违约责任。"损害瑕疵，是指债务人因为履行存在缺陷而给债权人造成人身或财产损失，它又被称为加害履行。根据我国《合同法》第一百一十二条规定，义务人对这种情况应当承担损害赔偿责任。

5. 不适当履行

这里的不适当履行是指除上述的瑕疵履行外的、合同债务人未按照约定的标的、数量、履行方式和地点而履行合同义务的行为。主要包括部分履行、履行方式不适当、履行地点不适当、其他违反附随义务的行为。广义的不适当履行，包括了上述的履行迟延、履行瑕疵等情形。我们这里用的显然是狭义的概念。

（二）违约责任的承担

我国《合同法》第一百零七条规定："当事人一方不履行合同义务或者履行合同义务不符合约定的，应当承担继续履行、采取补救措施或者赔偿损失等违约责任。"另外根据《合同法》第一百一十四、一百一十六条，违约责任的承担方式有以下几种：

1. 继续履行

继续履行是指由法院或者仲裁机构作出实际履行的判决或裁决，强迫合同债务人在指定期限内履行合同义务。它有以下构成要件：（1）须有合同债权人的请求；（2）债务履行仍有可能；（3）有继续履行的必要；（4）法院或仲裁机关认为适用继续履行。根据《合同法》第一百一十条规定，当事人一方不履行非金钱债务或履行非金钱债务不符合约定的，对方可以要求履行，但有下列情况之一的除外：法律或事实上不能履行；债务的标的不适于强制履行或者履行费用过高；债权人在合理期限内未要求履行。

2. 采取补救措施

我国《合同法》第一百一十一条的规定也适用于瑕疵履行的情况。

3. 赔偿损失

根据我国《合同法》第一百一十三、一百一十四条的规定，赔偿的范围限于因违约造成的损失，包括合同履行后可以获得的利益，但不得超过违反合同一方订立合同时预见到或者应当预见到的因违反合同可能造成的损失。另外，违约金条款被适用以后，违约方便不再承担赔偿责任；同样，当违约方承担了赔偿责任之后，便不再支付违约金了。所以，两者不可以兼得。但是，约定的违约金低于造成的损失的，当事人可以请求人民法院或者仲裁机关予以增加；约定的违约金过分高于造成的损失的，当事人可以请求人民法院或者仲裁机构予以适当减少。对于合同一方没有尽到减损义务的，扩大的损失不能获得赔偿。

4. 违约金和定金

物业管理合同的当事人可以约定违约金和定金条款，但是这两者不可以同时适用。在选择适用了违约金后，就不能再要求定金；同样，在履行了定金条款以后，也不能再要求违约金。

根据我国《合同法》第一百一十七条的规定，因为不可抗力导致合同履行不能的，根据不可抗力的影响，部分或者全部免除责任，但是法律另有规定的除外。所以，不可抗力是法定的免责事由。所谓不可抗力，是指不能预见、不能避免、不能克服的客观情况。例如，在物业管理合同有效期间内，发生了战争、自然灾害等情况，导致合同无法继续履行，则合同双方均可以以不可抗力免责。

二、物业管理合同的变更

物业管理合同的变更是指有效成立的物业管理合同尚未履行或者未履行完毕之前，基于一定法律事实的出现而导致合同的主体、内容等发生改变。它包括物业管理合同的主体变更、内容变更两个方面。

（一）主体变更

主体变更，是指不改变合同的内容而改变合同主体的情况。它又可以分为合同债权的转让、债务的承担、债权债务的概括承受等三种情况。

债权的转让是指不改变合同内容，债权人通过与第三人订立合同的方式将合同债权移转给第三人。债权人转让权利的，应当通知债务人。未经通知，该转让对债务人不发生效力。根据《合同法》第七十九条规定："债权人可以将合同的权利全部或者部分转让给第三人，但有下列情形之一的除外：（一）根据合同性质不得转让；（二）按照当事人约定不得转让；（三）依照法律规定不得转让。"由于物业管理合同属于委托合同，其建立的重要基础是当事人之间的信任，带有较强的人身性，所以物业管理合同不太可能出现债权转让的情况。它可以归属于《合同法》第七十九条除外情形中第二项的范围。

债务的承担是指在不改变合同内容的前提下，合同债务人将合同债务全部或者部分移转给第三人，但是必须征得合同债权人的同意。我国《合同法》第八十四条规定："债务人将合同的义务全部或者部分转移给第三人的，应当经债权人同意。"

债权债务的概括承受，是指合同的一方当事人将自己的权利义务概括地移转给第三人。《合同法》第八十八条规定："当事人一方经对方同意，可以将自己在合同中的权利和义务一并转让给第三人。"

总之，由于物业管理合同属于委托合同的一种，带有强烈的人身性质，所以关于合同主体的变更是很少出现的。物业管理合同的变更更多的是合同内容的变更。

（二）内容变更

物业管理合同内容的变更，是指在不改变合同当事人的前提下，对合同内容所作出的变更。主要包括履行标的物的数量、质量、履行的期限、地点、方式等内容的变化。导致合同内容变更的客观事实主要是当事人双方协商一致。《合同法》第七十七条第一款规定："当事人协商一致，可以变更合同。法律、行政法规规定变更合同应当办理批准、登记等手续的，依照其规定。"《合同法》第七十八条规定："当事人对合同变更的内容约定不明确的，推定为未变更。"例如，天津市某小区的物业公司在与业主委员会订立的物业管理合同中约定，物业管理服务费按照每平方米1元的标准收取，保证提供达到一级标准的服务质量。但是在执行过程中，由于物业公司的能力所限，无法达到一级标准，故业主委员会与物业公司进行协商，将收费标准下降为 0.75 元每月每平方米，标准改为二级 。这就属于物业管理合同内容的变更。

此外，物业管理合同还可以依据法院或者仲裁机关的裁决来变更。主要有：①因为情势变更，当事人一方可以提出延期履行或者部分履行的变更要求，但是他不享有单方变更合同的权利；②因为合同符合《合同法》第五十四条规定的情形，可以请求法院或者仲裁机关的裁决来变更；等等。

三、物业管理合同的终止

物业管理合同的终止，是指由于一定的法律事实的发生，使得合同所设定的权利义务在客观上归于消灭。我国《合同法》第九十一条规定："有下列情形之一的，合同的权利义务终止：（一）债务已经按照约定履行；（二）合同解除；（三）债务相互抵销；（四）债务人依法将标的物提存；（五）债务人免除债务；（六）债权债务同归于一人；（七）法律规定或者当事人约定终止的其他情形。"

（一）合同的解除

物业管理合同的解除，是指在物业管理合同有效成立之后、尚未履行完毕之前，当事人通过协议或者一方行使解除权或者依据法定事由等方式，使得合同关系提前消灭。它可以分为协议解除、行使解除权的解除两种方式。

1. 协议解除

我国《合同法》第九十三条规定："当事人协商一致，可以解除合同。"协议解除的实质是当事人双方通过一个新的合同来代替原来的合同，而新合同的内容就是使原来的物业管理合同关系归于消灭。

2. 行使解除权的解除

关于解除权，分为约定的解除权和法定的解除权两种。

（1）约定解除权

当事人双方可以约定在一定事由发生后，由双方或者其中一方享有解除权。我国《合同法》第九十三条第二款规定："当事人可以约定一方解除合同的条件。解除合同的条件成立时，解除权人可以解除合同。"所以，当事人可以在不违反法律禁止性规定的前提下，自由地约定解除权发生的原因、行使方式、存续期间等事项。只有在当事人没有约定或者约定不明的情况下才适用法律规定。

（2）法定解除权

根据我国《合同法》第九十四条的规定，有下列情形之一的，当事人可以解除合同，即享有法律规定的解除权：①因不可抗力致使不能实现合同目的；②在履行期限届满以前，当事人一方明确表示或者以自己的行为表明不履行主要债务；③当事人一方迟延履行主要债务，经催告后在合理期限内仍未履行；④当事人一方迟延履行债务或者有其他违约行为致使不能实现合同目的；⑤法律规定的其他情形。

当事人行使合同的解除权是有时间限制的。《合同法》第九十五条规定："法律规定或者当事人约定解除权行使期限，期限届满当事人不行使的，该权利消灭。法律没有规定或者当事人没有约定解除权行使期限，经对方催告后在合理期限内不行使的，该权利消灭。"

合同解除应当通知对方，如果对方有异议，可以请求人民法院或者仲裁机构确认解除合同的效力。法律、行政法规规定解除合同应当办理批准、登记等手续的，依照其规定。

此外，由于物业管理合同在本质上是委托合同，所以我国《合同法》规定的委托合同的当事人享有随时的解除权也适用于物业管理合同。但是，由此而给对方造成的损失要负责赔偿。

（二）债务相互抵销

根据《合同法》第九十九条的规定，当事人互负债务，该债务的标的物种类、品质相同的，任何一方可以将自己的债务与对方的债务抵销，但是依照法律规定或者按照合同性质不得抵销的除外。当事人主张抵销的，应当通知对方。通知自到达对方时生效。抵销不得附条件或者附期限。

根据《合同法》第一百条规定，当事人互负债务，标的物种类、品质不相同的，经双方协商一致，也可以抵销。

（三）债务人依法将标的物提存

我国《合同法》一百零一至一百零四条系统规定了提存，从而使提存也成为一种使得合同终止的事由。所谓提存，是指债务人将无法清偿的标的物交给提存机关保存，由此消灭合同关系的行为。在我国，法定的提存机关是公证机关。债务人只有在下列情形下方可提存：①债务人无正当理由拒绝受领；②债权人下落不明；③债权人死亡未确定继承人或者丧失民事行为能力未确定监护人；④法律规定的其他情形。对于标的物不适于提存或者提存费用过高的，债务人依法可以拍卖或者变卖标的物，提存所得价款。标的物提存以后，其毁损、灭失的风险由债权人承担。在提存期间，标的物的孳息归债权人所有，提存费用也由债权人负担。

（四）债务人免除债务

免除是债权人以消灭债权为目的而抛弃债权的单方法律行为，一旦作出便不得撤回。《合同法》第一百零五条规定："债权人免除债务人部分或者全部债务的，合同的权利义务部分或者全部终止。"

（五）债权债务同归于一人

我国《合同法》第一百零六条规定："债权和债务同归于一人的，合同的权利义务终止，但涉及第三人利益的除外。"

第五节　物业管理合同履行过程中的相关问题

一、物业管理服务收费

国家计委、建设部 1996 年 2 月印发的《城市住宅小区物业管理服务收费暂行办法》（以下简称《办法》），是目前规范物业管理服务收费的主要标准。

根据《办法》第二条规定，物业管理服务收费是物业管理公司接受物业产权人、使用人委托对城市住宅小区内的房屋建筑及其设备、公用设施、绿化、卫生、交通、治安和环境容貌项目开展日常维护、修缮、整治服务及提供其他与居民生活相关的服务所收取的费用。

根据我国《价格法》规定，物业管理服务是一种服务收费，即属于服务价格。依照《价格法》第六条规定，服务价格除重要的公益性服务适用政府指导价或政府定价以外，一般的服务价格都实行市场调节价。物业管理服务收费根据提供服务的性质、特点等不同情况，分别实行定价、政府指导价和经营者定价。其中，为物业产权人或使用人提供的公共卫生、公用设施的维修保养和保安、绿化等具有公共性的服务以及代收代缴水电费、燃气费、有线电视费、电话费等公众代办性质的服务收费，实行政府定价或者政府指导价，具体标准和管理办法由省、直辖市、自治区物价部门根据当地经济发展水平和物业管理市场发育程度确定。根据《办法》第八条规定，住宅小区的公共性服务收费费用构成包括以下部分：①管理、服务人员的工资和按规定提取的福利费；②公共设施、设备日常运行、维修及保养费；③绿化管理费；④清洁卫生费；⑤保安费；⑥办公费；⑦物业管理单位固定资产折旧费；⑧法定税费。凡属物业产权人、使用人个别需要提供的特约服务，除政府物价部门有统一收费标准外，收费由经营者自行决定。但是，物业公司在确定物业管理服务收费标准的时候，应当遵循合理、公开以及与物业产权人、使用人的承受能力相适应的原则。

实行政府定价和政府指导价的物业管理服务收费标准，由物业管理单位根据实际提供的服务项目和各项费用开支情况，向物价部门申报，由物价部门征求物业管理行政主管部门意见后，以独立小区为单位核定。实行政府指导价的，物业公司可以根据实际情况在政府指导价格规定的范围内确定具体的标准。凡是实行经营者自己定价的项目，应当由物业管理单位与小区的管理委员会(或者称为业主委员会)或者产权人代表、使用人代表协商议定，并应当将收费项目和收费标准向当地物价部门备案。

根据《办法》第三条规定，各级政府的物价部门是物业管理服务收费的主管机关。它应当会同物业管理行政主管部门加强对物业管理服务收费的监督和指导。物价部门在核定收费标准时，应充分听取物业管理者和业主管理委员会或产权人、使用人的意见，既要有利于物业管理服务的价值补偿，也要考虑产权人、使用人的经济承受力，以物业管理管理服务所发生的费用为基础，结合物业管理者的服务内容、服务质量、服务深度核定。这个标准也不是一成不变的，应当根据物业管理费用的变化适时进行调整。

如果物业产权人或者使用人对物业公司的收费有异议，认为收费标准过高、收费项目过多或提供的服务质价不符，应当向小区物业管理委员会反映，由物业管理委员会与物业公司协商解决。如果收费标准是经过物价部门核定的，产权人或使用人可以提请物价部门重新核定，物价部门应充分考虑所有人或使用人的意见，以物业管理服务所发生的费用为基础，结合物业管理单位的内容、质量、深度重新核定。物业公司认为收费标准过低的，不得擅自提高收费标准，应提请物价部门根据物业管理费用的变化调整收费标准，或者与小区管理委员会协商，达成一致意见后才能提高收费标准。物业产权人、使用人不按合同规定交纳物业管理服务费的，物业公司可以要求限期交纳并按规定交纳滞纳金；逾期仍不交纳的，物业公司可以向法院起诉，申请法院强制执行。

在现实中经常出现由于开发商的不当行为而给业主造成许多权利损害的情况，而业主往往以拒绝缴纳物业管理服务费等方式将账算在物业公司头上。从法律关系的角度来看，这并不妥当。因为房屋买卖法律关系和物业管理法律关系是两个不同的法律关系，业主不能将在房屋买卖法律关系中的抗辩权用在物业管理法律关系中。但是，又由于很多的开发商和物业管理公司存在着密切的联系，例如物业公司是开发企业的全资子公司，甚至是一个内部的部门，开发企业是物业公司的股东等，所以我们也不能简单地对这个问题加以回避。我们认为，根据物业管理公司与开发商的不同关系有如下的处理方式：

（1）如果物业公司确实是开发商的一个部门或者有其他的资产纽带关系，那么，业主可以拒绝缴纳物业管理费，这实际上可以理解为一种债务的抵消。

在物业管理法律关系中，业主应当向物业管理公司给付物业管理费，业主是债务人，物业管理公司是债权人；而在房屋买卖关系中，由于前期的质量问题或其他问题，开发商应当向业主给付赔偿或者补偿等，此时业主是债权人，开发商是债务人。虽然两者法律关系不同，但是由于物业管理机构是开发商的一部分或者有其他资产纽带关系，业主可以提出将债务抵消的要求。

（2）如果物业公司与开发商确实是单纯的两个民事主体，则它们之间是独立的，彼此不应当为对方承担民事责任。业主不能要求物业公司为开发商前期的建设质量等问题承担责任，因此不能提出以物业管理费抵消前述遗留问题产生的损失，应当按照合同约定向物业公司给付服务业管理费。

二、物业管理专用基金

物业管理专用基金主要是指住宅共用部位共用设施设备专项维修基金。建设部、财政部在 1998 年联合制定颁发了《住宅共用部位共用设施设备专项维修基金管理办法》（以下简称《管理办法》），以部门规章的形式规定了专项维修基金的来源、权属、用途、移交管理、补充续筹、监督管理、法律责任等重要制度。2003 年 9 月 1 日实施的《物业管理条例》又对专项维修资金制度进行了规定，其五十四条规定："住宅物业、住宅小区内的非住宅物业或者与单幢住宅楼结构相连的非住宅物业的业主，应当按照国家有关规定交纳专项维修资金。专项维修资金属业主所有，专项用于物业保修期满后物业共用部位、共用设施设备的维修和更新、改造，不得挪作他用。专项维修资金收取、使用、管理的办法由国务院建设行政主管部门会同国务院财政部门制定。"所不同的是，将"基金"改称为"资金"，所以在这里，我们统称为专项维修资金。此外，1998 年 3 月 12 日的《物业管理企业财务管理规定》也对专项维修资金作出了一系列的规定。

（一）专项维修资金的来源

1. 商品住房

根据《管理办法》第五条规定，商品住房在销售时，购房者与售房单位应当签订有关维修基金缴交约定。购房者应当按购房款 2%～3% 的比例向售房单位缴交维修基金。售房单位代为收取的维修基金属全体业主共同所有，不计入住宅销售收入。

2. 公有住房售后的维修基金来源

根据《管理办法》第六条，其来源分为两个部分：

（1）售房单位按照一定比例从售房款中提取，原则上多层住宅不低于售房款的 20%，高层住宅不低于售房款的 30%。该部分基金属售房单位所有。

（2）购房者按购房款 2% 的比例向售房单位缴交维修基金。售房单位代为收取的维修基金属全体业主共同所有，不计入住宅销售收入。

公有住房收购维修管理与使用的具体办法，由市、县财政部门和房地产行政主管部门共同制定，经当地人民政府批准后实施。

此外，根据《物业管理条例》第五十五条规定，利用物业共用部位、共用设施设备进行经营的，应当在征得相关业主、业主大会、物业管理企业的同意后，按照规定办理有关手续。业主所得收益应当主要用于补充专项维修资金，也可以按照业主大会的决定使用。《管理办法》第八条规定："维修基金自存入维修基金专户之日起按规定计息。维修基金利息净收益转作维修基金滚存使用和管理。"《管理办法》第十一条规定："维修基金不敷使用时，经当地房地产行政主管部门或业主委员会研究决定，按业主占有的住宅建筑面积比例向业主续筹。具体办法由市、县人民政府制定。"

（二）专项维修资金的所有权

《物业管理条例》第五十四条明确规定，专项维修资金属业主所有。《管理办法》第五条规定："购房者按购房款 2％的比例向售房单位缴交维修基金。售房单位代为收取的维修基金属全体业主共同所有，不计入住宅销售收入。"《管理办法》第六条规定的公有住房维修基金的所有权归属似乎与《物业管理条例》有所不同。《管理办法》第六条第二项规定，购房者按购房款 2％的比例向售房单位缴交维修基金。售房单位代为收取的维修基金属全体业主共同所有，不计入住宅销售收入。但是，《管理办法》第六条第一项却又规定："售房单位按照一定比例从售房款中提取，原则上多层住宅不低于售房款的 20％，高层住宅不低于售房款的 30％。该部分基金属售房单位所有。"我们认为，应当以《物业管理条例》的规定为准，即专项维修资金的所有权属于全体业主。

（三）专项维修资金的用途

《物业管理条例》第五十四条第二款规定，专项用于物业保修期满后物业共用部位、共用设施设备的维修和更新、改造，不得挪作他用。《管理办法》第四条第二款规定："维修基金的使用执行《物业管理企业财务管理规定》（财政部财基字［1998］7 号），专项用于住宅共用部位、公用设施设备保修期满后的大修、更新、改造。"《物业管理企业财务管理规定》第三条对维修基金作出了具体的分类和规定："房屋共用部位维修基金是指专项用于房屋共用部位大修理的资金。房屋的共用部位，是指承重结构部位（包括楼盖、屋顶、梁、柱、内外墙体和基础等）、外墙面、楼梯间、走廊通道、门厅、楼内存车库等。公用设施设备维修基金是指专项用于共用设施和共用设备大修理的资金。公用设施设备是指共用的上下水管道、公用水箱、加压水泵、电梯、公用天线、供电干线、共用照明、暖气干线、消防设施、住宅区的道路、路灯、沟渠、池、井、室外停车场、游泳池、各类球场等。"此外，《物业管理条例》第三条也有类似规定。

（四）专项维修资金的管理

《管理办法》第七条规定，专项维修资金应当在银行专户存储，专款专用。为了保证专项维修资金的安全性，专项维修资金闲置时，除可以用于购买国债或者用于法律、法规规定的其他范围外，严禁挪作他用。挪用责任人应当承担违法违纪责任。《管理办法》第九条规定，在业主办理房屋权属证书时，商品住房销售单位应当将代收的维修基金移交给当地房地产行政主管部门代管。《管理办法》第十条规定，业主委员会成立后，经业主委员会同意，房地产行政主管部门将专项维修资金移交给物业管理企业代管。物业管理企业代管的专项维修资金，应当定期接受业主委员会的检查与监督。《管理办法》第十一条规定，业主委员会成立前，专项维修资金的使用由售房单位或者售房单位委托的管理单位提出使用计划，经当地房地产行政主管部门审核后划拨。业主委员会成立后，专项维修资金的使用由物业管理企业提出年度使用计划，经业主委员会审定后实施。专项维修资金不敷使用时，经当地房地产行政主管部门或者业主委员会研究决定，按照业主占有的住宅建筑面积比例向业主续筹。具体办法由市、县人民政府制定。《管理办法》第十二条规定，物业管理企业发生变换时，代管的专项维修资金账目经业主委员会审核无误后，应当办理账户转移手续。账户转移手续应当自双方签字盖章之日起十日内送当地房地产行政主管部门和业主委员会备案。可以说《管理办法》已经较为详细地制定出了专项维修资金的管理制度。此外，《管理办法》第十五条还规定了对专项维修资金管理的监督制度："市、县财政部门和房地产行政管理部门应当指定维修基金使用计划报批管理制度、财务预决算管理制度、审计监督制度以及业主的查询和对账制度等。"

（五）专项维修基金专用制度

《物业管理条例》第五十四条第二款规定："专项维修资金属业主所有，专项用于物业保修期满后物业共用部位、共用设施设备的维修和更新、改造，不得挪作他用。"《管理办法》第七条规定，专项维修资金应当在银行专户存储、专款专用。作为房屋的"养老金"，其能否被专款专用并被有效监督，是关系到房屋寿命和业主利益的重大事项，所以相关的部门规章对违法挪用的行为做出了严厉的惩处规定。《管理办法》第十八条规定："维修资金代管单位违反本办法规定，挪用维修资金或者造成维修资金损失的，由当地财政部门和房地产行政主管部门按照规定进行处理。情节严重的，应当追究直接责任人员和领导人员的行政责任；构成犯罪的，应当依法追究刑事责任。"

（六）专项维修资金的随房过户和物业灭失退还业主制度

《管理办法》第十三条规定："业主转让房屋所有权时，结余维修基金不予退还，随房屋所有权同时过户。"《管理办法》第十四条规定："因房屋拆迁或者其他原因造成住房灭失的，维修基金代管单位应当将维修基金账面余额按业主个人缴交比例退还给业主。"

复习思考题

1. 物业管理合同的性质是什么？有什么主要特征？
2. 物业管理合同的主要条款有哪些？
3. 物业管理合同履行的原则有哪些？
4. 物业管理合同履行过程中的抗辩权的概念、种类和主要内容是什么？
5. 物业管理合同违约的方式有哪些？违约责任的承担方式有哪些？
6. 物业管理基金的来源、所有权、用途分别是什么？

第七章 物业管理的规范化

物业管理与人们的生产、生活密切相关，为了规范物业管理各方主体的权利义务，国家颁布了一系列法规、规章来规范物业管理行业的发展，保护物业管理活动当事人各方的合法权益。如：颁布了《物业管理条例》及相关的《前期物业管理招标投标管理暂行办法》、《业主大会规程》、《物业服务收费管理办法》等一系列规章。

第一节 居住区物业管理规范化

一、居住区

居住区的物业管理量大面广，影响和涉及千家万户的居住和生活质量，其重要性不言而喻，所以首先要了解居住区的特点。

居住区的特点：

1. 区域的独立性，管理的统一化。居住区往往被城市干道或自然区域所分割，在小区内，各建筑和设施结合较为紧密，布局紧凑，具有整体性和系统性，其整体外观所呈现出独立性和完整性必须要实施统一管理。

2. 使用功能的多样性，规划建设集中化。随着城市建设的发展和人民生活水平的提高，加之住宅产权的多元化，使小区构成大社会中的"小社会"，使得社会活动、经济活动和生活方式多样化，呈现出松散型的人际关系。住宅区的结构也发生了变化，住宅区由分散的、功能单一的传统方式向集中化、综合化和现代化发展。如，目前新建住宅小区大多建有商业、服务业、文化教育、卫生、办公等设施，住宅建筑及其配套建筑和设施组成一个完整的、功能齐全的多功能区，并且居住区的各类建筑和居住环境互相协调有机结合，实行统一规划、设计，集中开发建设，从而可以满足人们居住、生活、休息、娱乐、购物、教育、就医等方面的需要。

3. 小区的产权多元性，管理复杂化。由于住宅建设投资渠道多，以及住宅商品化的推行，我国已改变原有单一的国家住宅建设投资渠道，逐步形成了多元化的投资来源，且伴随着住宅商品化的逐步实现，使小区内房屋产权结构发生了一系的变化。与其相适应，住宅的整体性要求统一管理，产权的多样化形成分散管理，这种统一管理与分散管理产生的矛盾导致了各项管理工作的复杂化。

4. 居住密集性小区的社会化，一般的居住小区占地几公顷至十几公顷甚至几十公顷，建筑面积数万甚至几十万平方米，居住人口数千甚至上万人。

二、居住区物业管理的内容

1. 房屋共用部位的维护与管理；

2. 房屋公用设施设备及其运行的维护与管理；

3. 环境卫生、绿化管理服务；

4. 小区内交通、消防和公共秩序等协助事项的服务；

5. 物业管理装饰装修服务；

6. 房屋共用部位、公用设施设备专项维修基金的代管服务；

7. 物业档案资料的管理服务；

8. 代收代缴收费服务；

9. 专项服务；

10. 特约服务等。

三、居住区物业管理的原则

物业管理是住房商品化、社会化的产物，与人民群众生活水平的提高密切相关。随着城镇住房制度改革的逐步推进，个人拥有住房的比重越来越高，住房成为大多数居民家庭的最主要财产以及财富积累的主要形式，居民对住房财产的使用、维护、保值提出了较强的服务需求，同时也产生了协调房屋所有权人公共空间、公共设施设备等共同利益的需要。随着人民生活水平和住房条件不断改善，居民对居住环境、社区秩序的要求越来越高，与居住相关的各种消费需求越来越多，居民要求新形式的消费服务。物业管理涉及社会服务业的多个领域，包括了房屋及相关设施设备维修养护、环境保洁、绿化养护、保安、家政等众多服务内容，与人民生活、工作息息相关。加强居住区物业管理对于维护社区的稳定起着非常重要的作用。为了加强居住区的物业管理，规范物业管理活动中各方主体的行为，维护业主和物业管理企业的合法权益，使物业管理发挥良好的社会效益和经济效益，改善居民的生活和工作环境，国务院于 2003 年 5 月 28 日颁布了《物业管理条例》，并于同年 9 月 1 日开始实施。

《物业管理条例》从尊重和维护业主的财产权利，建立业主民主协商、自我管理、平衡利益的机制，妥善处理政府和市场的关系，与相关的法律法规共同规范物业管理活动等方面做出了规定。因此，居住区物业管理各方面的规范都必须依据《物业管理条例》。

（一）前期物业管理

前期物业管理，是指在业主大会选聘物业管理企业之前，由建设单位选聘物业管理企业实施的物业管理。

物业管理涉及物业管理区域内全体业主的共同利益，物业管理企业无法和单个业主逐一签订物业管理服务合同，只能在被业主大会选聘之后，与业主委员会签订统一的物业服务合同。也就是说，通常情况下，物业管理法律关系是建立在业主和物业管理企业之间的。但在我国的实践中，物业"滚动开发"的情况比较多，业主的入住是一个逐渐的过程，物业从开始交付给业主，到业主成立业主大会之间，往往还有一段过程。但在这个过程中，不能说就不需要物业管理了。实际上，不但这个过程中需要物业管理企业提供物业管理服务，甚至在物业的建设阶段往往就需要物业管理的前期介入了。这个阶段的物业管理就是前期物业管理。前期物业管理与通常情况下的物业管理是物业管理的两个不同阶段。前期物业管理法律关系不是根据业主和物业管理企业签订的物业服务合同，而是根据建设单位与物业管理企业签订的前期物业服务合同形成的。另外，前期物业管理常常包括通常情况下的物业管理不具有的一些内容，如管理遗留扫尾工程、空置房出租或看管等物业管理事项。可以看出前期物业管理具有一定的特殊性。现实生活中，物业管理的纠纷很大程度上集中于前期物业管理阶段，如建设单位遗留的房屋质量问题、小区配套建设不齐全等问题。导致物业管理企业在承接物业项目后不能正确地处理前期建设和后期维修、养护的关系，加大了物业管理的难度。因此，为了规范前期物业管理活动，《物业管理条例》对前期物业管理进行了明确的规定，该办法明确了建设单位的责任，打破了"谁开发，谁管理"的旧有模式，增加前期物业管理的透明度，如对前期物业管理服务合同签订的要求、住宅前期物业管理招投标制度的强行推行的基本思想。同时，建设部于2003年6月颁布了《前期物业管理招标投标管理暂行办法》，使物业管理引入招投标机制，前期物业管理企业的选择做到公开、公平、公正，使物业管理市场健康发展。《前期物业管理招标投标管理暂行办法》，对物业管理的招标、投标、开标、评标和中标等方面做出了明确的规定。

《物业管理条例》第二十一条规定："在业主、业主大会选聘物业管理企业之前，建设单位选聘物业管理企业的，应当签订书面的前期物业服务合同。"通常情况下，业主、业主大会选聘物业管理企业开展工作，物业服务合同在业主大会和物业管理企业之间签订。但一般情况下，在物业建成之后、业主大会成立之前，就需要进行物业管理活动。由于业主大会尚未成立，不可能由业主委员会代表业主与业主大会选聘的物业管理企业签订物业服务合同。这种情况下只能由建设单位选聘物业管理企业对物业实施管理服务，物业服务合同在建设单位和物业管理企业之间签订。这时的物业服务合同称为前期物业服务合同。前期物业服务合同具有过渡性和要式合同的特点，它是物业从建设到管理顺利衔接的关键环节。

《物业管理条例》第二十二条规定："建设单位应当在销售物业之前，制定业主临时公约，对物业的使用、维护、管理，业主的共同利益，业主应当履行的义务，违反公约应当承担的责任等事项依法作出约定。"所谓业主临时公约，是指建设单位依照国家有关物业管理的法律、法规和政策规定，依照建设部《前期物业管理服务协议（示范文本）》的基本内容，结合准备销售物业的实际情况，制定最初的业主公约文本。它是在业主大会制定业主公约之前就存在了，所以称为业主临时公约。物业买受人在购买房屋时，应当了解和承诺遵守业主临时公约。建设单位制定的业主公约不同于全体业主通过规定程序制定的业主公约，它并不一定能完全体现全体业主的意志，所以这个业主公约只是临时存在的，具有过渡性质。在业主成立业主大会后，业主通过业主大会表达自己的意志，决定制定新的业主公约，或者修改业主临时公约，也可以保持临时公约，但此时的业主临时公约经业主大会审议通过后已经转化为正式的业主公约了。

建设单位制定的业主临时公约应对物业的使用、维护、管理，业主的共同利益，业主应当履行的义务，违反公约应当承担的责任等事项依法作出约定。这些规定既保护了建设单位的合法权益，同时也保护了物业买受人的合法权益，有效地避免和减少了纠纷。

（二）档案资料的管理

《物业管理条例》中规定：物业管理企业在办理物业承接验收手续时，建设单位应当向物业管理企业移交相关物业资料。物业资料是物业管理企业对物业实施管理的重要基础。一方面，物业管理企业承接物业，对物业公用部位、公用设施设备进行查验时，只有接受了相关物业资料才能掌握有关物业的基本情况并进行现场查验。另一方面，随着科技的发展，物业中的科技含量越来越高，物业的管理和维护越来越需要专业人员的专业化操作才能进行。这些都建立在对物业相关图纸、资料充分掌握的基础之上，只有掌握了这些资料，物业管理企业才能在业主报修或者有突发事件需要处理的时候，在最短时间内找到问题的症结，制定实施方案予以解决。因此物业承接验收时，建设单位向物业管理企业移交物业资料的工作非常重要。物业管理企业要妥善保管这些资料，当物业服务合同终止时，向业主委员会或新的物业管理企业移交物业资料。

物业管理企业管理的档案资料包括：

1. 竣工总平面图，单体建筑、结构、设备竣工图，配套设施、地下管网工程竣工图等竣工验收资料；

2. 设施设备的安装、使用和维护保养等技术资料；

3. 物业质量保修文件和物业使用说明书；

4. 物业管理所需要的其他资料；

5. 物业接管验收的基础资料；

6. 物业管理区域内房屋及设施、设备保修记录资料；

7. 物业管理区域内共用部位、公用设施设备维护、保养、大修、中修、小修记录资料；

8. 维修资金的缴纳、续筹、使用、结余情况记录资料；

9. 物业服务费的预算、决算记录资料；

10. 业主投诉、解决、回访记录资料；

11. 物业管理区域内业主的基本资料等。

（三）装修的管理

《物业管理条例》第五十三条规定："业主需要装饰装修房屋的，应当事先告知物业管理企业。物业管理企业应当将房屋装饰装修中的禁止行为和注意事项告知业主。"所谓住宅室内装饰装修，是指住宅竣工验收合格后，业主或者住宅使用人对住宅室内装饰装修的建筑活动。

随着我国经济的持续快速发展和住房制度改革的不断深入，人民生活水平不断提高，居民个人拥有房屋的比例越来越高，相应的房屋装修活动日益普遍，规模不断扩大。我国的房屋，尤其是住宅，多数属于群体式类型。在住宅小区中，住宅单体间存在共用部位，如主体结构承重部位，包括内外承重墙体、柱、梁、楼板等；单栋楼或者小区内有公用设施设备，如电梯、水、暖、照明、燃气、消防等。不当的房屋装饰装修活动会导致共用部位、公用设施设备的损坏，不仅影响到装修房屋的结构安全和装修人自身的生命财产安全，还会影响到相邻房屋的结构安全和其他居民的生命财产安全，甚至影响到整栋楼、整个小区的正常生活秩序。因此，为了维护公共安全和公共利益，对房屋装饰装修行为要予以规范。

目前，关于装饰装修的法律、法规和政策规定主要有《建筑法》、《建筑工程质量管理条例》、《建筑装饰装修管理规定》和《住宅室内装饰装修管理办法》。其中《建筑装饰装修管理规定》和《住宅室内装饰装修管理办法》对装饰装修做出了具体规定。近年来，国家又颁布了室内装饰装修环境质量的技术规范。

1. 业主需要装饰装修房屋的，应当事先告知物业管理企业，并办理有关手续。

《住宅室内装饰装修管理办法》规定的报建手续如下：

（1）装修人在住宅室内装饰装修工程开工前，应当向物业管理企业或者房屋管理机构申报登记。

（2）装修人从事住宅室内装饰装修活动，未经批准，不得有下列行为：

① 搭建建筑物、构筑物；

② 改变住宅外立面，在非承重外墙上开门、窗；

③ 拆改供暖管道和设施；

④ 拆改燃气管道和设施。

其中第①、②项行为，应当经城市规划行政主管部门批准；第③项行为，应当经供暖管理单位批准；第④项行为，应当经燃气管理单位批准。

（3）住宅室内装饰装修超过设计标准或者规范增加楼面荷载的，应当经原设计单位或者具有相应资质等级的设计单位提出设计方案。

2. 物业管理企业应当将房屋装饰装修中的禁止行为和注意事项告知业主。

这是物业管理企业的一项法定义务。因为装饰装修不仅关系到工程质量和业主的利益，而且还关系到工程的安全和整个物业管理区域的公共利益，对装饰装修的管理是物业管理企业进行物业管理的重要内容。所以，《物业管理条例》中规定，物业管理企业应当将房屋装饰装修的禁止行为和注意事项告知业主，使业主更好地了解和遵守国家的有关规定，特别是关于装饰装修的禁止行为必须告知业主。根据有关规定，装饰装修禁止的行为主要有：

（1）未经原设计单位或者具有相应资质的设计单位提出设计方案，变动建筑主体和承重结构；

（2）将没有防水要求的房间或者阳台改为卫生间、厨房间；

（3）扩大承重墙上原有的门窗尺寸，随意在承重墙上穿洞，拆除连接阳台的砖、混凝土墙体；

（4）损坏房屋原有节能设施，降低节能效果；

（5）随意增加楼地面荷载，在室内砌墙或者超负荷吊顶、安装大型灯具及吊扇；

（6）任意刨凿顶板，不经穿管直接埋设电线或者改线；

（7）破坏或者拆改厨房、厕所的地面防水层以及水、暖、电、煤气等配套设施；

（8）违规堆放、使用、清运易燃装饰材料，装饰装修所形成的各种废弃物，不按照指定的位置、方式和时间进行堆放和清运；

（9）从楼上向地面或者下水道抛弃因装饰装修而产生的废弃物及其他用品；

（10）晚间居民正常的睡眠时间进行有噪声的房屋装修施工；

（11）车辆、行人通行的户外施工，不安装警示标志；

（12）其他影响相邻居民正常生活、影响建筑结构和安全、违反装饰装修法律、法规规定的行为。

这样做的目的，一是可以帮助业主更好地装饰装修房屋，二是可以起到预防的作用，避免出现违法装修扰民的情况。

（四）维修资金的管理

专项维修资金，是指由法律规定由业主交纳的，专项用于住宅共用部位、公用设施设备保修期满后维修和更新、改造的资金。房屋修缮是物业管理的主要环节之一。随着居民个人拥有住宅的比例越来越高，住房的维修管理责任相应由国家或单位承担转移到由居民个人来承担。由于我国的住宅绝大多数属于群体式类型，且多以住宅小区的方式开发建设，住宅单体间存在共用部位，如主体结构承重部位，包括内外承重墙体、柱、梁、楼板等；单栋楼或者小区内有公用设施设备，如电梯、水、暖、照明、煤气、消防等。这些共用部位、公用设施设备是否完好、运行是否正常，关系到相邻住宅，甚至整栋楼、整个小区住宅的正常使用和安全，关系到全体业主和社会公共利益。因此由所有业主预先缴纳一定费用，建立住房专项维修资金，专门用于共用部位、公用设施设备的维修、改造、更新。

1998 年 12 月，建设部、财政部联合制定颁发了《住宅共用部位公用设施设备专项维修资金管理办法》建立了专项维修资金监督制度、专项维修资金来源和权属明晰制度、专项维修资金用途法定制度、专项维修资金移交管理制度和动用程序、专项维修资金的补充续筹制度、随房过户和物业灭失退还业主制度、行政监督制度和法律责任追究制度。

1. 专项维修资金的交纳

《住宅共用部位共用设施设备专项维修基金管理办法》第二条和第四条规定，在直辖市、市、建制镇和未设镇建制的工矿区范围内，新建商品住房和公有住房出售后都应当建立住宅共用部位、公用设施设备专项维修资金。

2. 专项维修资金的来源

（1）商品住房。商品住房在销售时，购房者与预售房单位应当签订有关维修资金缴交约定。购房者应当按照购房款 2%～3% 的比例向售房单位缴交专项维修资金。售房单位代为收取的专项维修资金属全体业主共同所有，不计入住宅销售收入。

（2）公有住房售后的专项维修资金来源于两部分：

第一、售房单位按照一定比例从售房款中提取，原则上多层住宅不低于售房款的 20%，高层住宅不低于售房款的 30%。该部分资金属售房单位所有。

第二、购房者按照购房款 2% 的比例向售房单位缴交专项维修资金。售房单位代为收取的专项维修资金属全体业主共同所有，不计入住宅销售收入。

公有住房售后专项维修资金管理与使用的具体办法，由市、县财政部门和房地产行政主管部门共同制定，经当地人民政府批准后实施。专项维修资金不敷使用时，经当地房地产行政主管部门或者业主委员会研究决定，按照业主占有的房屋建筑面积比例向业主续筹。

按照建设部、财政部的规定，北京、上海、天津、大连、南京、福州等地制定了维修资金的实施办法。

3. 专项维修资金的所有权

专项维修资金的所有权属于业主。尽管目前按照各地的规定，一般是由房地产开发建设单位和业主共同负担专项维修资金，但实质上还是业主在购买房屋时承担了相应的专项维修资金，其体现的正是物业的价格。另外，从专项维修资金的用途上也可以得出其所有权归业主所有的结论，因为专项维修资金是专项用于物业共用部位、共用设施设备的维修和更新、改造，而物业共用部位、共用设施设备的所有权属于业主，专项维修资金的所有权自然应当属于业主。实践中，专项维修资金由于往往不直接掌握在业主手中，侵犯业主专项维修资金所有权的纠纷时常出现。因此，《住宅共用部位共用设施设备专项维修基金管理办法》第六条第二款规定，售房单位代为收取的专项维修资金属全体业主共同所有，不计入住宅销售收入；第十三条规定，业主转让房屋所有权时，结余专项维修资金不予退还，随房屋所有权同时过户；第十四条规定，因房屋拆迁或者其他原因造成住房灭失的，专项维修资金代管单位应当将专项维修资金账面余额按照业主个人缴交比例退还给业主。

4. 专项维修资金的使用和管理

（1）专项维修资金的用途

《住宅共用部位共用设施设备专项维修基金管理办法》第四条规定，专项维修资金的使用执行《物业管理企业财务管理规定》，专项用于住宅共用部位、共用设施设备保修期满后的大修、更新、改造。

（2）专项维修资金的管理

《住宅共用部位共用设施设备专项维修基金管理办法》第七条规定，专项维修资金应当在银行专户存储，专款专用。为了保证专项维修资金的安全性，专项维修资金闲置时，除可以用于购买国债、国库券或者法律、法规规定的其他范围外，严禁挪作他用。挪用责任人应当承担违法违纪责任。第十条规定，业主委员会成立后，经业主委员会同意，房地产行政主管部门将专项维修资金移交给物业管理企业代管。物业管理企业代管的专项维修资金，应当定期接受业主委员会的检查与监督。第十一条规定，业主委员会成立之前，专项维修资金的使用由售房单位委托的管理单位提出使用计划，经当地房地产行政主管部门审核后划拨。业主委员会成立后，专项维修资金的使用由物业管理企业提出年度使用计划，经业主委员会审定后实施。专项维修资金不敷使用时，经当地房地产行政主管部门或者业主委员会研究决定，按照业主占有的住宅建筑面积比例向业主续筹，具体办法由市、县人民政府制定。第十二条规定，物业管理企业发生变换时，代管的专项维修资金账户账目经业主委员会审核无误后，应当办理账户转移手续。账户转移手续应当自双方签字盖章之日起十日内送当地房地产行政主管部门和业主委员会备案。

（3）专项维修资金不得挪用

《住宅共用部位共用设施设备专项维修基金管理办法》第十八条规定，专项维修资金代管单位违反本办法规定，挪用专项维修资金或者造成专项维修资金损失的，由当地财政部门和房地产行政主管部门按照规定进行处理。情节严重的，应当追究责任人员和领导人员的行政责任；构成犯罪的，应当依法追究刑事责任。

有关专项维修资金的纠纷，主要是专项维修资金权属纠纷、挪用纠纷和续筹纠纷，应当依上述专项维修资金管理办法的有关规定向纠纷当事人作出说明和作为纠纷处理依据。商品住房在销售时，购房者与售房单位应当签订有关专项维修资金缴交协议条款。购房者应当按照购房款一定的比例向售房单位缴交专项维修资金，这部分售房单位代收的资金属于全体业主共同所有，不计入住宅销售收入，并在业主办理房屋权属证书时，由售房单位移交给当地房地产行政主管部门代管。业主委员会成立后，经业主委员会同意，房地产行政主管部门将专项维修资金移交给物业管理企业代管。

在实践中，各地制定的维修基金实施细则，维修基金一般由当地房地产行政主管部门成立的维修资金中心统一管理。

第二节　物业管理综合服务管理规范

《物业管理条例》规定，物业管理企业应向业主及物业使用人提供管理和服务。这里的服务包括环境、公共秩序的维护等方面。

一、环境的管理与服务

环境的管理与服务包括环境卫生和绿化两个方面。

环境卫生的管理与服务是指为保持物业管理区域内公共部位和公共场地的整洁进行的管理服务。具体的包括：

（1）物业管理区域内公共通道：走廊、安全通道、栏杆、楼梯、电梯、公共部位的门、窗、车道、人行道、水域等；

（2）物业管理区域内的公共设施：网球场、游泳池、中央控制室、文化娱乐场所、垃圾箱、水箱等；

（3）物业管理区域内的公共照明设施：路灯、庭院灯、吸顶灯、建筑物外墙等。

环境卫生的管理与服务应遵守国家有关环境管理的法律、法规，如：《中华人民共和国环境保护法》、《中华人民共和国噪声污染防治法》、《中华人民共和国水法》等。同时，物业管理企业还应根据所管物业具体情况制定相应的管理办法及工作计划，根据管理办法和工作计划进行保洁并实施督促和检查。另外，环境卫生管理工作除了由专人负责管理和服务外，还应该有公众参与，共同维护。所以在做好环境卫生工作的同时，应进行宣传教育，倡导公共卫生的集体参与与维护。保洁管理的公众参与与共同维护可以通过业主公约的方法进行约束和规范。

保洁工作的内容、工作规范及管理规定等内容在《物业环境管理与服务》一书中详尽论述，可参见该书的有关内容。

二、公共秩序的维护

物业管理改善了居住环境，提高了物业管理区域内业主的生活质量，有利于物业的保值增值。但是，物业管理不是万能的，不会也不可能包治百病。实践中，在实施了物业管理的区域内，业主的人身和财产受到损害的情况也时有发生。例如，在实行封闭式管理的住宅小区，某业主存放在车库中的车辆被盗；小偷进入业主家中盗物甚至伤人、杀人等。就某一特定事件而言，出现某一结果的原因往往是多方面的。在界定各方责任时，不能简单的认为：既然实施了物业管理，物业管理企业就应当保障业主的财产和人身安全；对业主在物业管理区域内受到的人身和财产损害，物业管理企业就应当承担完全的法律责任（主要是民事赔偿责任）。按照《物业管理条例》第三十六条第二款规定，物业管理企业就业主受到的人身和财产损害承担责任有一个前提条件，就是物业管理企业未能履行物业服务合同的约定，即物业管理企业存在违约行为。"未能履行"包括不履行和不完全履行两种情形。例如，某物业服务合同中约定，在物业保安方面，物业管理企业派四名保安 24 小时巡逻，如果物业管理企业不派保安巡逻，是谓根本不履行合同的约定；如果物业管理企业派两名保安 24 小时巡逻或者派四名保安 18 小时巡逻，都为不完全履行合同约定。根据《合同法》的规定，物业管理企业根本不履行合同义务和不完全履行合同义务的，均应承担违约责任。

按照《物业管理条例》第三十六条第二款规定，物业管理企业未能履行物业服务合同中的约定，导致业主人身、财产受到损害的，"依法"承担的是"相应"的法律责任，所谓"依法"，主要是指依照《民法通则》、《合同法》、《刑法》以及《治安管理处罚条例》等法律法规的规定。这些法律法规对承担民事（违约或者侵权）责任、刑事责任、行政责任的条件、方式等有明确规定。所谓"相应"有两层含义：一是，根据不同的情况，承担不同类型的责任。例如，构成违约和侵权的，承担违约和侵权责任；违反行政管理秩序的，承担行政责任；构成犯罪的，承担刑事责任。二是，根据物业服务合同的不同约定，承担不同的责任。违约责任是物业服务合同的主要内容之一。物业管理企业不履行物业服务合同义务的，应当按照合同约定承担责任。

物业管理企业在物业管理活动中的权利、义务和责任，除了《物业管理条例》和其他法律、法规的明确规定外，还包括物业服务合同的约定。如果物业管理企业完全遵守了法律、法规的规定和物业服务合同的约定，即使业主人身、财产在物业管理区域内受到损害，物业管理企业也不一定因此承担法律责任。

《物业管理条例》第四十六条规定："物业管理区域内违反有关治安、环保、物业装饰装修和使用等方面法律、法规规定的行为，物业管理企业应当制止，并及时向有关行政管理部门报告。"这是物业管理企业对违法行为的职责和报告义务的规定。

物业管理区域是一个相对封闭的区域。作为物业区域内的管理服务人，物业管理企业可能会遇到一些违反有关治安、环保、物业装修和使用等方面法律、法规规定的行为，对这些行为物业管理企业应当予以制止。《物业管理条例》为物业管理企业设定了一项义务，并没有赋予物业管理企业行政执法权。因为物业管理企业接受的是全体业主的委托，维护的是全体业主的利益，在物业管理区域内发生这些违法违规行为，侵害的正是全体业主的利益，作为管理服务人，物业管理企业应当有义务予以制止。也就是说，这里的制止更多的是一种义务而不是权利。同时，物业管理企业的制止义务是有限度的。因为违法违规行为的具体表现多样化，对一些违法违规行为，例如入室盗窃行为，物业管理企业可能能够制止；对一些违法违规行为，例如擅自改变房屋用途行为，物业管理企业可能无法制止，因为没有相应手段。这时，物业管理企业所应当做的是及时向有关主管部门报告。

《物业管理条例》中规定的违法违规行为主要包括：

1. 治安违法行为

治安违法行为是指违反《中华人民共和国刑法》的犯罪行为和违反《中华人民共和国治安管理处罚条例》的行为。犯罪是《中华人民共和国刑法》规定的应当受到刑罚惩罚的严重危害社会的行为。

《中华人民共和国刑法》规定的犯罪行为有：

(1) 危害国家安全的行为；

(2) 危害公共安全的行为；

(3) 危害社会主义市场经济的行为；

(4) 危害公民人身权利、民主权利的行为；

(5) 危害财产权利的行为；

(6) 危害社会管理秩序的行为；

(7) 危害国防利益的行为；

（8）危害国家机关行政秩序、司法秩序的行为；

（9）危害国家公务活动廉洁性的行为；

（10）危害军事利益的行为。

扰乱社会秩序、妨害公共安全、侵犯公民人身利益、侵害公共财产，依照《中华人民共和国刑法》的规定构成犯罪但尚不构成刑事处罚的，应当给予治安管理处罚，依照《中华人民共和国治安管理处罚条例》的规定处罚。

2. 环境保护方面的违法行为

如违反规定乱扔垃圾、乱倒污水等破坏环境卫生的行为，物业管理企业应当予以制止，情节严重的，报有关行政管理部门处理。对于防止污染方面，主要是对违反国家有关法律法规进行固体、水体、大气和噪声污染的行为进行制止和检举，并配合有关部门进行处理。

3. 物业装饰装修和使用方面的违法行为

包括违反《建筑法》、《建筑工程质量管理条例》、《建筑装饰装修管理规定》、《住宅室内装饰装修管理规定》以及地方有关规定的行为。

例如，违反《建筑装饰装修管理规定》的行为主要包括：

（1）拆改主体结构和明显加大荷载，没有按规定办理有关手续的；

（2）建设单位未按照工程质量安全监督管理的有关规定到工程所在地的质量监督部门办理建筑装饰装修工程质量安全监督手续的；

（3）建筑装饰装修设计、施工和材料使用，不遵守建筑装饰装修房屋规范的；

（4）未采取必要措施，控制施工现场的各种粉尘、废气、固体废弃物以及噪声、振动对环境的污染，严重影响人们正常生活和人身财产安全的。

违反《住宅室内装饰装修管理规定》的行为，在本章第一节中已经论述，可以参见这部分内容。

复 习 思 考 题

1. 简述居住区物业管理的原则。

2. 简述维修基金的管理规定。

3. 简述物业管理综合服务的管理规范。

4. 简述前期物业管理的法律规定。

第八章　物业管理法律责任

学习目的与要求

　　法律责任是对权利的保障和救济，所以现行法制中的物业管理法律责任的概念、构成和基本种类是要求重点学习和理解的部分。熟练掌握和区分各类法律责任，牢记法律责任承担方式，对于法律责任的归责原则和归责类型的了解有助于掌握和运用法律责任制度。

第一节　物业管理法律责任的概述

一、物业管理法律责任的概念

　　法律责任，是指由特定法律事实所引起的对损害予以赔偿、补偿或者接受惩罚的特殊义务，即由于违反第一性义务而引起的第二性义务。其本质在于，法律责任是法律对行为人行为所作出的否定性评价，是自由意志支配下的行为所引起的合乎逻辑的不利法律后果，是社会为了维护自身的生存条件而强制性地分配个某些社会成员的一种负担。❶ 具体到物业管理法律责任，是指物业管理法律关系主体不履行法定义务、物业管理合同的约定义务或者出现其他法律事实而应当依法承担的具有强制性和否定性的法律负担。

二、物业管理法律责任的特征

（一）法定性

　　物业管理法律责任的设定和承担必须有法律的明确规定，任何人或组织都无权自行决定物业管理法律责任的种类、内容和性质等。例如，某物业公司认为与其订立物业管理合同的某小区业主侵害了自己的民事权利，则该公司只能根据《民法通则》第六章的有关规定请求法院予以保护，而不能自行创设民事责任要求对方承担。这是因为法律责任不同于法律义务，它强调的是国家对相关行为的一种否定性评价，除了法律可以作出这种否定性评价以外，任何其他主体都不得作出。

（二）法定性责任和约定性责任相结合

　　虽然法律责任的种类、内容和性质是由法律直接规定的，但是这并不妨碍当事人根据合同来自主约定承担责任的方式和种类，只不过这种约定必须符合法律的规定。所以，从法律责任在物业管理法律关系当事人之间产生的角度讲，其可以属于约定性责任。物业管理服务合同中约定的违约责任就是典型的例子。此外，当事人还可能会因为法律的直接规定而承担法律责任，这就是法定性责任，例如侵权责任和行政责任。

（三）技术规范确定的责任所占比重大

---

　　❶ 张文显主编．《法理学》．高等教育出版社、北京大学出版社 1999 年 10 月第 1 版，第 122～123 页。

物业管理服务活动中，大量工作涉及物业的维护与修缮、市政设施和附属机电设备的保养维护、房屋状况的鉴定、人民居住环境和工作学习环境的维护和改良、白蚁防治等大量的技术性环节，国家也已经制定了大量有关于物业管理活动的技术性规定，业主在与物业公司订立物业管理合同的时候也会提出许多技术性的要求和标准，所以在确定是否承担相应法律责任的时候，技术性规定就发挥了重要的作用，大量法律责任的承担源于对技术性规范的违反。

（四）法律责任呈现复合性和复杂性

规范物业管理服务的相关法规所确定的法律责任种类繁多，包括民事责任、行政责任和刑事责任等。许多违反物业管理法规或者物业管理合同的行为，需要行为人对一种违法行为同时承担多种性质的责任，这就是物业管理法律责任呈现出复合性和复杂性的特点。例如，物业公司违反《物业管理条例》擅自挪用专项维修资金的，根据《物业管理条例》第六十三条的规定，要承担行政责任和刑事责任。而该行为如果违反了双方订立的物业管理服务合同，造成业主经济损失的，物业公司还要同时承担违约责任、赔偿责任的民事责任。

三、物业管理法律责任的意义

物业管理法律责任的目的在于，在物业管理活动中，保障法律法规上的权利、义务、权力、自由得以生效，在它们受到阻碍、侵害时，通过适当的救济，使对侵害发生的责任人承担责任，消除侵害并尽量减少未来发生侵害的可能性。这种目的是通过物业管理法律责任具有的三种功能实现的：惩罚、救济、预防。

惩罚就是对违反物业管理法规的行为人采取的涵盖财产、资格、人身自由等方面的惩处措施，以此来维护物业管理活动中的正常秩序。例如《物业管理条例》中大量规定的罚款、吊销营业执照、停业整顿等行政处罚措施。救济就是通过法律法规认可的程序和手段来恢复被侵害者的权利、弥补因受侵害而蒙受的损失。其具体的表现形式为停止侵害、排除妨害、恢复原状、赔偿损失、消除影响等。预防就是通过对违反物业管理法规的行为以及违反物业管理服务合同行为的惩处，来达到使行为人不再为相同的行为，同时也对其他人进行教育，防止类似情况的发生。

建立物业管理法律责任制度，可以有效地保证物业管理活动中当事人合理合法地行使权利、履行义务，恪守法律法规维护的正常物业管理活动秩序，实现法律责任设立的目的，发挥其惩罚、救济和预防的功能，最终达到维护整个物业管理活动的正常健康运行。这种法律责任更多时候是出于引而不发的状态，起到威慑效果。可以说，没有具有国家强制力的物业管理法律责任制度的设立，就无法保证正常物业管理秩序的延续和当事人权利的行使。所以，几乎所有的物业管理法规都设有专章或专节对此进行规定。

四、物业管理法律责任的分类

一般来讲，我们从法律责任的性质入手，可以将法律责任分为违宪责任、民事责任、行政责任、刑事责任等四类。在物业管理法律责任当中，没有涉及违宪责任，只表现为剩余的三种责任种类。

（一）民事责任

所谓民事责任，是指民事主体因为违反了民事法律法规所规定的义务或者违反合同的约定，而依照民事法律所应当负担的法律后果。物业管理活动中的民事责任具有以下特点：第一，主要是财产责任；第二，是一种救济责任；第三，责任的内容可以以当事人的自由意志而在法律规定的范围内自行约定；第四，其具有相对性，仅可以适用于当事人之间，不可以随意施加于第三人。它又可以进一步分为违约责任和侵权责任两种。

根据我国《民法通则》第一百三十四条的规定，承担民事责任的方式主要有以下几种：①停止侵害，即当事人对于正在进行的不法侵害行为，可以自行要求其停止，也可以请求法院裁决令其停止；②排除妨碍，即权利人的权利因为遭到他人干扰而无法正常行使时，权利人可以自行请求或者请求法院裁判对方排除其设置的障碍；③消除危险；④返还财产；⑤恢复原状；⑥修理、重作、更换；⑦赔偿损失；⑧支付违约金；⑨消除影响、恢复名誉；⑩赔礼道歉。这些承担民事责任的方式，既可以单独适用，也可以合并适用。

（二）行政责任

所谓行政责任，是指在物业管理服务活动中，当事人因为违反物业管理行政法律法规的规定，而应当依法承担的法律责任。根据承担行政责任的主体不同，它可以进一步分为两种：第一，自然人、法人或者其他组织因为违反物业管理行政法律法规的规定，而应当承担的行政责任；第二，具有物业管理监督职权的行政主体因为违反物业管理行政法规，不履行或者不正当履行行政职权，而应当依法承担的行政责任。

承担行政责任的具体形式，根据我国《行政处罚法》、《行政监察法》等有关法律的规定，可以有以下几种形式：①行政处罚。根据《行政处罚法》第八条，行政处罚的种类如下：警告；罚款；没收违法所得、没收非法财物；责令停产停业；暂扣或者吊销许可证、暂扣或者吊销执照；行政拘留；法律、行政法规规定的其他行政处罚。②行政处分。国家机关、企事业单位对其工作人员违反行政法律法规或者政纪的行为所实施的制裁。根据《行政监察法》的规定，行政处分主要有警告、记过、记大过、降级、撤职、开除等。

（三）刑事责任

所谓刑事责任，是指依照刑事法律的规定，针对犯罪行为及其他影响社会危害程度的案件事实，犯罪人应当承担而国家司法机关也强制犯罪人接受的刑法上的否定评价（即刑事责难），它是犯罪人应当承担而国家司法机关也应当强制犯罪人接受的刑罚制裁（主要是刑法处罚）的标准。❶ 刑事责任是法律责任当中最为严厉的一种，其针对的对象是具有严重社会危害性、刑事违法性和应受刑法处罚性的行为，其表现形式主要是刑罚。根据我国《刑法》规定，刑罚可以分为主刑和附加刑。主刑有以下种类：管制、拘役、有期徒刑、无期徒刑、死刑。附加刑有：罚金、没收财产、剥夺政治权利、驱逐出境（只适用于外国人）。附加刑可以单独适用，也可以和主刑同时适用。

在物业管理活动当中，法律也对某些行为规定了相应的刑事责任。例如，《物业管理条例》第六十八条规定："业主以业主大会或者业主委员会的名义，从事违反法律、法规的活动，构成犯罪的，依法追究刑事责任"，第六十九条规定："违反本条例的规定，国务院建设行政主管部门、县级以上地方人民政府房地产行政主管部门或者其他有关行政管理部门的工作人员利用职务上的便利，收受他人财物或者其他好处，不依法履行监督管理职责，或者发现违法行为不予查处，构成犯罪的，依法追究刑事责任；尚不构成犯罪的，依法给予行政处分。"具体构成什么罪名以及应当承担什么刑事责任，则应当依照《刑法》

---

❶ 赵秉志主编．《新刑法教程》．中国人民大学出版社 1997 年 9 月第 1 版，第 90 页。

由司法机关确定。

第二节　物业管理法律责任的规则、原则和构成要件

一、物业管理法律责任的归责原则和构成概念

法律责任学中所讲的归责是将法律事实与归责条件结合起来而依一定的归责原则认定有关当事人是否应该以及承担何种法律责任的判断过程。归责原则是指基于一定的归责事由而确定法律责任是否成立的法律原则，它反映了社会物质生活条件和社会对承担法律责任核心原因的基本价值观念的历史发展状况。在古代法中生硬的是结果责任原则，它以损害结果为其惟一的归责事由；近代以来，受个人自治、意思自由的社会价值观影响，盛行过错责任原则，使人承担责任的不是行为或者行为的结果，而是过错；20世纪形成的现代法，基于科技突飞猛进和社会的急剧变迁，使社会中危险因素激增，为合理分配风险，现代法在某些法律事实引起的法律责任确定方面规定了无过错责任，这是对古代法结果责任的扬弃，是一个"正—反—合"的辨证运动过程的成果。

归责原则的基础性作用主要有三：①决定法律责任的构成要件。例如，如果合同法采取过错责任原则，违约责任的构成要件应包括违约行为和违约方的过错。违约方只有能证明自己违约无过错的，才不构成违约责任；若是采取无过错责任原则，违约责任的构成要件仅违约行为一项，违约方没有必要证明自己是否有过错。②决定违法赔偿的范围。③决定法律责任的承担方式。例如，在结果责任原则下，赔偿损失是违约责任的主要方式；在过错责任原则下，违约金是违约责任的主要形式。

现代法律确立的归责原则主要有三项：

1. 过错责任原则。该归责原则将主观过错作为判断法律责任是否成立的核心原因，也就是行为人的违法行为产生损害结果，但若其不存在主观过错，就不承担法律责任。

2. 无过错责任原则，又称严格责任原则、结果责任原则。该原则主张只要行为人在客观上作出特定侵权行为或者违约行为并造成损害结果，不论其主观有无过错，即使无法证明其有主管过错，仍应当依法承担民事法律责任。

3. 公平责任原则，又称衡平责任原则。当事人对发生的损害都没有过错，也都没有做出违法行为，但受害人要求有关当事人分担民事责任的，法院可以根据当事人各方的经济状况等实际情况，按照公平合理原则让包括受害人在内的当事人分担补偿民事责任。

物业管理法律责任的构成是指据以确定物业管理法律责任的法定要素所组成的归责条件。物业管理法律责任的构成主要回答物业管理过程中各种法律责任的认定问题，回答物业管理法律责任的归责条件。所谓归责条件是指为确定法律责任的有无、种类及其大小而诱发的判别要素组成的依据。物业管理法律责任的类型不同，其具体的构成要件也不同。物业管理法律责任构成是责任认定和归责的关键，因而也是物业管理法律责任问题中最重要、最核心的问题。物业管理中违法行为种类繁多，涉及不同的法律责任，而对诸如民事责任、行政责任、刑事责任等不同种类的物业管理法律责任，其具体的构成要件也会因不同的法律规定而不同。

二、物业管理法律责任的一般构成要件

在一般条件下，法律责任是由违法行为的发生而引起的，因此，违法本身的构成条件

自然成为法律责任构成的基础和前提。也就是说，物业管理中的各种行为本身的违法性和行为后果在一定程度上的社会危害性应当成为物业管理法律责任构成的必备条件。如果某项行为虽然也会带来一定程度的危害（如保安人员执行职务的行为），但它不具有违法性，而是属于有关物业管理的法律、法规所准许的合法行为，则不能构成物业管理法律责任。同样如果某种违法行为只造成了十分轻微的后果而不需要依法追究责任，则不构成相应的物业管理法律责任。这一点在物业管理刑事法律责任中的表现最为突出。物业管理中行为的违法性主要表现在物业管理主管部门的工作人员、物业管理公司、物业所有人或者物业使用人在进行管理、服务、使用物业的活动中，不遵守国家关于物业的有关法律规范，如损坏公共设施、噪声扰民等。物业管理中行为的危害性主要是指违法行为人的行为对国家、集体、个人等的合法权益造成了损害，具备了法律规定的危害后果。

行为的违法性和一定程度的社会危害性是构成物业管理法律责任的两个必要条件，但并不是全部充分条件。一般还包括以下几个因素：

1. 违法行为与损害结果之间的因果关系

在把物业管理法律责任归责于某一违法行为时，必须搞清楚违法行为与特定的损害之间的因果关系。由于行为与结果之间的联系多种多样，有必然联系，也有偶然联系；有直接联系，也有间接联系；有一果多因，也有一因多果。如某栋楼宇电路突然短路，造成许多业主电器被烧毁，这就要查清楚是由于业主违章用电造成的还是电缆铺设中遗留下来的问题，或是由于雷击造成的。如果某项损害结果不是因某人的行为所引起的，则该行为人就不对该项损害结果负责。这一点在物业管理刑事责任的认定中要求得十分严格，在其他种类的归责中也必须十分得明确。

2. 行为人主观方面的过错

物业管理中违法行为的归责，大多数是采取所谓的"过错责任"原则。按照这一原则，行为人主观上没有过错，一般就不构成物业管理中的各种法律责任。这里所谓的过错是指在行为人事实违法行为时的主观心理状态，包括故意和过失两种情况。把过错区分为故意和过失，在处理物业管理中刑事法律责任时具有十分重要的意义。

3. 行为人的责任能力

行为人的责任能力是指在物业管理中违法行为人承担法律责任的资格和条件。行为人有无责任能力，主要是指他能否通过自己的意志或者意识来理解法律的要求，辨认自己行为的目的、性质和后果，并能够最终支配、控制自己的行为。如果违法行为人由于年龄或者某些精神疾病等条件的限制，不能理解、辨认和控制自己的行为以及后果时，则表明他不能通过自己的行为来行使自己的权利和履行相应的义务，因此他就不具有或不完全具有责任能力。在这种情况下，违法行为人对其所实施的违法行为就不负或者不完全负责。如儿童在小区内违法燃放烟花、爆竹，不慎引起火灾，由于其尚未达到失火罪所要求的刑事责任年龄，因此不能要求其承担刑事责任。另一方面，无论什么人只要损害了他方的合法权益，一律应依法承担相应的法律责任，这是法律面前人人平等原则的要求。无民事行为能力和限制民事行为能力的自然人通常不具有或者不完全具有责任能力，因而其对自己所实施的违法行为就依法不负责任或不负完全责任，但其行为引发的民事损害赔偿责任依法转由其法定监护人承担。

值得一提的是，在一般情况下各种法律责任的构成应当是以上条件同时具备、缺一不可的。但是由于物业管理过程中涉及各种复杂的专业技术领域，需要处理的物业管理法律关系涉及范围广泛，因此，在一些特殊情况下，并不一定要求以上条件同时具备，有关行为人也要承担责任。

三、物业管理法律责任的归责类型

前面讲过，现代法律确立了三种归责原则，相应地形成了三种归责类型：

1. 过错责任类型。凡是因实施了违法行为而致人损害者，如果不能证明自己主观上没有过错，就被推定为有过错并承担相应的法律责任。过错的性质和程度，反映了行为人对自己行为的认识水平。法律要求每一位具有行为能力的主体能够理性地预见自己行为的后果并对自己的行为后果负责。过错责任类型具备一般归责四要素。按过错责任归属何方主体的情况不同，可分出侵害人过错责任类型、受害人过错责任类型、受害人双方责任类型三种。如果受害人本人对受害事实也有过错，则可减轻侵害人的责任。

《物业管理条例》第六十六条："违反本条例的规定，有下列行为之一的，由县级以上地方人民政府房地产行政主管部门责令限期改正，给予警告，并按照本条第二款的规定处以罚款；所得收益，用于物业管理区域内物业共用部位、共用设施设备的维修、养护，剩余部分按照业主大会的决定使用：

（一）擅自改变物业管理区域内按照规划建设的公共建筑和共用设施用途的；

（二）擅自占用、挖掘物业管理区域内道路、场地，损害业主共同利益的；

（三）擅自利用物业共用部位、共用设施设备进行经营的。

个人有前款规定行为之一的，处 1000 元以上 1 万元以下的罚款；单位有前款规定行为之一的，处 5 万元以上 20 万元以下的罚款。"

上述规定就是典型的过错责任类型，业主、物业管理企业的擅自作为行为，行为人主观上有过错，行为违法，损害公共利益，且违法行为与损害结果之间存在因果关系，因而，应当依法给予处罚。

2. 无过错责任类型。只要行为人作出特定侵权行为或违约行为而造成损害结果，不论其主观有无过错，即使无过错也应当承担法律责任。这种责任类型适用于产品责任、某些特殊侵权责任和合同违约责任。我国《合同法》第一百零七条对违约责任的原则规定就是无过错责任原则。无过错责任的优点突出表现在涉及无过错责任的诉讼中，举证责任倒置和抗辩事由受严格限制，原告只需要向法庭证明自己受损害的事实存在和该损害与被告相关，或者只证明被告未履行合同义务的事实，不要求举证证明被告有过错，也不要求被告证明自己对于不履行义务或者作出侵权行为无过错，免去了证明过错有无的困难，被告只能举证证明原告未受损害、受害人是原告自己行为或者第三人的行为所导致的或者损害是不可抗力造成的，但不得单纯证明本人无过错而要求免除责任，从而增加了对受害人的保护，也方便裁决，节省诉讼成本。

对于合同关系而言，违约责任是由合同义务转化而来，本质上是处于当事人双方约定，不是法律强加的。法律确认合同约束力，在一方不履行时追究违约责任，不过是执行当事人的意愿和约定而已。不履行合同与违约责任直接联系，二者互为因果关系，违约责任采用无过错责任原则，有利于促使当事人严肃对待合同，有利于维护合同的严肃性，增强当事人的责任心和法律意识。由于物业管理中存在大量的服务合同关系，因而掌握无过错责任类型的法理知识，对物业管理关系各方面都是十分重要的。

3. 公平责任类型。凡是当事人对发生的损害都没有过错，也没有做出违法行为，但受害人要求有关当事人承担民事责任的，法院依据《民法通则》第一百三十二条规定，可以根据实际情况，按照公平合理原则由当事人分担民事责任。例如物业管理公司开展学雷锋活动，某职工到某业主家免费帮助擦窗户，在干活过程中失足摔倒跌断股骨，因医疗发生的费用，可以依法按公平责任类型处理，物业管理公司和作为受益人的业主应适当承担一部分医疗费用。但是公平责任不适用于精神损害赔偿场合。

第三节　物业管理法律责任的种类

在法理学上，法律责任有很多种分类，一般我们所讲的分类是根据违法者承担责任方式的不同，法律责任可分为民事责任、行政责任、经济责任、刑事责任和违宪责任。

一、物业管理民事法律责任

按照我国民法的规定，对应的物业管理民事法律责任就由物业管理违约责任、物业管理侵权责任组成。

（一）物业管理违约责任

1. 物业管理违约责任是指当事人违反物业管理合同的约定或业主公约的规定，不履行合同义务或者履行合同义务不符合约定条件而应承担的民事责任。这是物业管理活动中常见的法律责任。

2. 物业管理活动中通常主要的违约行为有：

（1）房地产开发商或前期物业管理单位未按政府有关规定及物业管理服务合同规定提供公用设施专用基金、物业管理用房、部分商业用房。

（2）物业管理公司未按物业管理服务合同的规定内容和义务提供物业管理服务工作。

（3）物业管理公司违反物业管理服务合同约定，擅自扩大收费范围，提高收费标准，超标准向业主、住户收取管理费。

（4）业主、住户违反物业管理服务合同和业主公约的规定义务，不缴纳管理费、住宅维修基金。例如《物业管理条例》第六十七条规定："违反物业服务合同约定，业主逾期不交纳物业服务费用的，业主委员会应当督促其限期交纳；逾期仍不交纳的，物业管理企业可以向人民法院起诉。"

（5）业主、住户、业主大会或业主委员会违反业主公约规定义务，擅自改变房屋用途或违章装修，或不服从物业管理公司的正当合理管理。

根据《合同法》第一百零七条"当事人一方不履行合同义务或者履行合同义务不符合约定的，应当承担继续履行、采取补救措施或者赔偿损失等违约责任"的规定，物业管理违约责任的承担方式主要是违约方承担继续履行物业管理服务合同、采取补救措施或者支付违约金和赔偿损失。

违约责任的归责原则为严格责任，不以过错为要件，当事人只要存在违反合同的事实就应当承担责任。如果要求免责，惟一途径是违约责任的当事人证明自己有免责事由，违约责任的免责事由是不可抗力或法律另有规定。

（二）物业管理侵权责任

物业管理侵权责任是指在物业管理活动中，行为人由于过错，侵害国家、集体的财产权以及自然人的财产权和人身权时依法应承担的法律责任，以及法律规定应对受害人承担民事责任的其他致害行为应承担的法律责任。

1. 侵权行为的概念和特征

侵权行为，指行为人侵害他人财产和其他合法利益，依法应承担民事责任的行为。不法侵害他人民事权利的行为范围比较广泛，并不都属于侵权行为，其中还包括犯罪行为、行政违法行为等。而只有依其侵害程度、构成要件及法律规定等应追究民事责任的行为，才是侵权行为。侵权行为的一般特征是：

（1）侵权行为是一种民事违法行为，依法产生民事责任后果

侵权行为是侵害他人合法权益的行为，作为民事违法行为，它既指在客观上违背了法律强制性规定或禁止性规定的行为，也包括虽在表面上有阻却违法事由，但因超越了法律许可的范围，仍不得免除责任的行为。侵权行为人实施侵权行为并不以产生民事法律后果为目的，不具有意思表示的要素，但行为人的行为侵害了他人的合法权益，造成了损害，故依法产生民事责任后果。

（2）侵权行为侵犯的是民事主体的法定权利

侵权行为和债务不履行行为都是违法行为，但它们的侵害对象是不同的。侵权行为侵害的是绝对权，即义务人不确定、权利人无须经义务人实施一定的行为即可实现的权利，如物权、人身权等。债务不履行行为侵害的是相对权，这种权利主要是因合同产生的债权。当然，随着法学的发展，一些国家的法律也开始将第三人对债权的侵害作为侵权行为对待，但这并不足以改变侵权行为对象上的特征。所以，侵权责任保护的是当事人在合同之债以外的合法权益，主要是物权和人身权等绝对权利。

（3）侵权行为是一种由侵害人单方实施的不法行为

侵权行为是行为人即侵害人基于自由意志而决定的行为，它既不同于单方或多方的民事法律行为，也不同于合法的事实行为。实施侵权行为的侵害人并不以发生某种民事法律后果为目的，但因行为为法律所禁止，能够引起侵害人和受害人之间产生民事权利义务关系，故侵权行为也是一种法律事实。除自己行为外，有他人行为介入或由自己意思决定而由他人直接实施完成的行为，均为侵权行为。侵权行为就其表现形式而言包括作为和不作为，前者行为人以积极的行为侵害他人的财产或人身；后者是行为人有行为的义务，却故意或过失地不履行义务而致人损害的行为。

侵权行为人对其不法行为造成他人财产或人身权利损害所应承担的法律责任，就是侵权的民事责任。

值得说明的是，从债的发生根据来看，侵权行为是债的一个组成部分，侵权行为既产生债的关系，也产生民事责任。一方面，当侵害他人的人身权和财产权的不法行为发生后，在侵害人和受害人之间即产生债的关系，受害人作为债权人有权请求作为债务人的侵害人赔偿损害，而侵害人作为债务人亦有义务赔偿因其不法行为而给受害人造成的损害。这种债的内容以损害赔偿为主，故而又被称为"侵权损害赔偿之债"。它和合同之债的主要区别在于：合同之债是因当事人的合意而产生的，权利义务均由当事人事先约定；而侵权行为之债并不存在由当事人事先规定的权利和义务，只是因侵权行为的发生，才在当事人之间发生了债的关系。另一方面，侵权行为在本质上违反了法律设定的不得侵犯他人权利的普遍义务，因此应受制裁。制裁意味着法律依据社会公认的行为及价值准则对某种行

为予以否定性评价，民事责任就是法律上规定的对不法行为的制裁。所以，损害赔偿或者侵权行为之债既是侵害人对受害人所负的债务，同时也是其对国家应负的法律责任。

2. 侵权行为的分类

侵权行为按照不同的标准可以作不同的分类。

(1) 一般侵权行为与特殊侵权行为。这是根据侵权行为的构成要件所作的分类。

一般侵权行为也称"普通侵权行为"，是指行为人基于过错直接致人损害，因而适用民法上的一般责任条款的行为。这是最常见的侵权行为，例如行为人故意毁坏小区内的公共设施，驾车违反交通规则撞伤行人等，都属此类。

特殊侵权行为也称"特种侵权行为"，是指行为人虽无过错，但他人的损害确系与行为人有关的行为、事件或特别原因所致，因而适用民法上的特别责任条款或民事特别法的规定应负民事责任的行为。例如，《民法通则》中规定的因特定主体(如国家机关及其工作人员)致人损害的行为、因特定活动(如高度危险作业)致人损害的行为、因特定物件(如产品)或物质(如环境污染)致人损害的行为等，都属于此类。

(2) 侵害财产权行为和侵害人身权行为。这是根据侵害对象的不同所作的分类。

侵害财产权行为，是指行为人侵害他人财产权，包括所有权、知识产权等行为。例如，非法占有或毁坏他人财产，剽窃、篡改他人作品等都属此类。

侵害人身权是指行为人不法侵害他人的生命健康权、姓名权、肖像权、名誉权与荣誉权等。例如，故意或过失伤人、诽谤他人或公开他人的隐私等，都是侵害人身权的行为。

(3) 单独侵权行为与共同侵权行为。这是根据致害人的人数所作的分类。

单独侵权行为，是指致害人仅为一人的侵权行为。

共同侵权行为，是指致害人为两人以上的侵权行为。主体的复合性、行为的共同性、结果的单一性，是共同侵权行为的特征。共同侵权行为的共同致害人对受害人负连带赔偿责任。

(4) 积极侵权行为和消极侵权行为。这是根据侵权行为的性质不同所作的分类。

积极侵权行为，是指行为人以一定的作为致人损害的行为。例如，非法占有他人财产，毁损他人财物，不法伤害他人身体等。

消极侵权行为，是指行为人以一定的不作为致人损害的行为。例如，物业小区值班保安擅离职守致使车辆被盗就属于这种情况。

以上是成文法系国家对侵权行为的分类。判例法系国家对侵权行为的分类，与此有很大不同。在判例法系国家，侵权行为被分为"对财产的侵害"、"对个人的侵害"以及"过失"三大类。在这三大类之外，还有许多独立的种类。

3. 一般侵权民事责任的构成要件

按照民法学的通说，构成一般民事责任应具备以下要件：

(1) 损害事实的客观存在

民事责任具有制裁和补偿的双重性质，由此决定民事责任的追究必须以损害的现实存在为前提。在民法上，损害是指因一定的行为或事件使民事主体的权利遭受某种不利的影响。权利主体只有在受到损害的情况下，才能够请求法律上的救济。因此，损害是构成民事责任的首要条件。

构成民事责任要件的损害事实，既包括财产损害，也包括非财产损害。换言之，损害事实并非仅指实际的财产损失，只要损害是造成他人人身或财产利益受损的结果，同时损害本身又具有可补救性和确定性，再综合其他要件，即可追究责任。因此，损害和损失并非同一概念，损失一般仅指损害的财产价值表现形式，而损害不仅仅指财产的损失，还包括人身权受侵害的后果。不法行为有可能并未给他人造成财产损失，但可能仍然会造成民事权利的损害，比如损害他人人格的行为尽管可能不发生直接的财产损失，却不能否认损害的客观存在。因此，判断损害事实，不仅要根据货币计量实际减损的财产数额，还应借助社会一般观念和公平观念，考虑环境、行为性质和主观状态、社会影响等多种因素决定。

在财产损失中，损失也分实际损失和可得利益损失。实际损失，指的是既得利益的丧失或现有财产的减损；可得利益损失是间接损失，即未来可得利益的减损，如利润损失、利息损失等。此种损失虽不是现实利益的损失，但损失的利益是可以得到的。因此，损失包括可得利益的损失，并不意味着对损失可以随意臆测。

（2）行为的违法性

行为的违法性，是承担一般民事责任的必要条件。除了法律有特别规定以外，行为人只应对自己的违法行为承担法律责任。

所谓行为的违法性，是指对法律禁止性或命令性规定的违反。违法行为有作为和不作为两种表现形式，法律对某些行为作出禁止性的规定，民事主体对此即负有不作为的义务，违反不作为义务的行为，就构成作为的违法行为。反之，在法律规定有为某种行为义务的情况下，如果负有义务的人不履行该项义务，则此种违反作为义务的行为，即构成不作为的违法行为。

在现实生活中，有些行为尽管从表面看已经侵犯了他人的权利，但由于存在法律规定的阻却其违法性的情况，即存在法律允许其作为或不作为的合法根据，因此不认其为违法行为。这些行为主要包括：

① 职务授权行为。依据法律规定的权限履行法律规定的义务或依法执行职务的行为，即使给他人造成损害，也不构成违法行为。构成职务授权行为须具备两个条件：第一，行为有法律上的授权且行为的实施符合该法律授权的目的；第二，行为不超出授权范围和执行职务的必要限度。

② 正当防卫行为。正当防卫是法律赋予的合法权利，即使对不法侵害人造成损害，法律也不认其为违法行为。当然，防卫必须是适度的，其强度不应超出制止不法侵害所必要的限度，否则，应当承担适当的民事责任。

③ 紧急避险。紧急避险的后果是侵害他人权利，但由于此项行为是为了保护更大利益而不得已牺牲较小利益，故法律不认其为违法行为。但是，紧急避险措施超过必要限度的，对于超过限度造成的损害，行为人应当承担民事责任。

除上述阻却违法事由外，还有其他一些法律事实也可被认为不具有违法性，如在法律规定的范围内行使自己权利而给他人造成损害的行为；因正当从事业务或经受害人许可而实施的不违反法律和社会公序良俗的行为，等等。

（3）违法行为和损害事实之间的因果关系

因果关系是客观现象之间一种内在的必然联系。如果某一现象的出现，是因另一现象的存在所必然引起的，则此二现象之间为有因果关系。作为构成民事责任要件的因果关系，指的是行为人的行为及其物件与损害事实之间所存在的前因后果必然联系。

违法行为与损害事实之间的因果关系是行为人承担民事责任的必备条件之一。因为一个人只能对自己行为所造成的损害后果负责。例如，即使监护人等依法应对他人行为或物件受损负责的人，也只有在确为他人行为或物件构成损害发生的原因时，才负相应的民事责任。因此，因果关系是归责的基础和前提。但是，行为与损害之间的因果关系，只是侵权民事责任发生的条件之一，而不是惟一或全部条件。即使行为和损害之间有因果关系，行为人最终是否承担责任，也还须综合其他相关因素予以考虑。

（4）行为人的过错

行为人的过错是行为人在实施违法行为时所具备的心理状态，是构成民事责任的主观要件。它表明了行为人对自己行为的后果所抱的主观态度，体现了行为人主观上的应受非难性和不可原宥性，是法律和道德对行为人行为的否定评价。

过错包括故意和过失两种基本形式。与刑法上区分故意和过失不同，民法上的故意和过失都是承担侵权民事责任的要件，而且过失的过错是民事过错的主要形式。

在一般情况下，过错形式是故意还是过失，对于确定民事责任没有多大意义。但是在某些情况下，行为人的过错程度又是确定民事责任的重要依据：这些特定的情况是：①共同过错，指两个或两个以上的行为人，基于共同的故意或过失而致他人损害。《民法通则》第一百三十条规定："二人以上共同侵权造成他人损害的，应当承担连带责任。"共同过错情形下，行为人应承担连带责任，但在共同侵权人内部，则应根据每个侵权行为人的过错程度按比例分担责任。②混合过错，是指对于损害的发生，加害人和受害人均有过错。《民法通则》第一百三十一条规定："受害人对于损害的发生也有过错的，可以减轻侵害人的民事责任。"在这种情况下，就应依当事人各方各自的过错程度来确定双方承担责任的大小。

4. 特殊侵权的民事责任

（1）国家机关及其工作人员职务侵权致人损害的民事责任

《民法通则》第一百二十一条规定："国家机关或者国家机关工作人员在执行职务中，侵犯公民、法人的合法权益造成损害的，应当承担民事责任。"职务侵权作为特殊的侵权行为，其成立须具备以下特别条件：第一，职务侵权行为的主体，必须是国家机关或国家机关工作人员，此处所谓国家机关，可以是各类国家机关，包括行政机关、审判机关、检察机关、军队等；第二，职务侵权行为必须是发生在执行职务之中。除上述两个特殊要件之外，构成职务侵权的民事责任还须有因果关系、损害事实等一般要件。

（2）产品质量不合格致人损害的民事责任

简称"产品责任"，指因产品存在缺陷造成人身伤害或财产损失而引起的民事责任。《民法通则》第一百二十二条规定："因产品质量不合格造成他人财产、人身损害的，产品制造者、销售者应当依法承担民事责任。运输者、仓储者对此负有责任的，产品制造者、销售者有权要求赔偿损失。"从立法上看，我国是把产品责任作为一种特殊的侵权责任加以规定的。

产品责任适用无过错责任原则。其构成要件有二：一是产品质量确属不合格；二是损害的发生与该产品具有因果关系。具备这两个要件，即构成产品责任。由于适用无过错责任原则，因而产品责任中的责任承担者，有的可能存在故意，如粗制滥造、任意抛售；有的可能是过失，如质量不合格却未检验出来；还有的根本就没有过失，如据现有技术水平无法预料等。但无论是哪一种情况，凡产品致人损害包括人身伤害和财产损害，只要其制造者、销售者不能证明自己所制造、销售的产品是合格的或者证明消费者、购买者故意违反使用规则，就应对造成的损害承担民事责任。

产品责任不仅适用无过错责任原则，而且其责任形式是连带责任，即受害人可以向产品制造者、销售者任何一方请求损失赔偿，但受害者一般不得直接向产品的运输者或仓储者要求赔偿。责任承担者中的一方赔偿受害人损失后，应当按各方的责任承担损失责任。

产品责任中的一个重要问题是认定产品质量不合格。产品质量是否合格，应该根据生产者登记注册的质量技术指标以及产品说明书上记载的各项标准来确定。

在实行无过错责任的情况下，被告不可能以自己没有过错而免除责任。但是，产品致人损害若是有效期限已过，或受害人的故意、重大过失、非正常使用或错误使用所致，被告可以申述理由，主张免除或减轻责任。

（3）高度危险作业致人损害的民事责任

高度危险作业是指在人类现有技术条件下，即使予以注意或谨慎经营仍有可能致人损害的危险性作业。该项责任是一种典型的无过错责任。对高度危险作业致人损害适用无过错责任，主要是为了加强对受害人的法律保护，同时也是为了促使从事高度危险作业的组织和个人提高责任心和改进技术安全措施。《民法通则》第一百二十三条规定："从事高空、高压、易燃、易爆、剧毒、放射性、高速运输工具等对周围环境有高度危险的作业造成他人损害的，应当承担民事责任；如果能够证明损害是由受害人故意造成的，不承担民事责任。"

（4）污染环境致人损害的民事责任

《民法通则》第一百二十四条规定："违反国家保护环境防止污染的规定，污染环境造成他人损害的，应当依法承担民事责任。"环境是一个很广泛的概念，包括大气、水、土地、矿藏、森林、草原、野生动物、野生植物、水生生物、名胜古迹、风景游览区、温泉、疗养区、自然保护区、生活居住区等。任何单位造成上述环境污染，给他人的人身和财产造成了损害，依法都要承担民事责任。污染环境致人损害的民事责任，也是一种无过错的责任。其构成要件包括：①必须有环境污染造成的损害事实；②污染环境的行为违反了国家保护环境防止污染的规定；③污染环境行为与损害事实之间有因果关系。具备上述条件者，污染环境的行为人应当负赔偿责任。

按现有民事特别法的规定，环境污染致人损害的民事责任有以下免责事由：①不可抗力。如《大气污染防治法》第三十七条规定，完全由于不可抗拒的自然灾害，并经及时采取合理措施仍然不能避免大气污染损失的，免予承担责任。②受害人的过错。③第三人的过错。

（5）地面施工致人损害的民事责任

《民法通则》第一百二十五条规定："在公共场所、道旁或者通道上挖坑、修缮安装地下设施等，没有设置明显标志和采取安全措施造成他人损害的，施工人应当承担民事责任。"

地面施工致人损害，是以施工人在作业过程中违反对他人安全的注意义务这一消极行为为原因的损害，其责任主体是在公共场所、道旁或者通道上从事挖坑、修缮、安装地下设施等作业的施工人。对于该项责任的确定，应采用过错推定。如果施工人能证明其已设置明显标志和采取安全措施，而且这些标志足以使任何人以通常的注意即可避免损害发生，则不必承担民事责任。

（6）建筑物致人损害的民事责任

《民法通则》第一百二十六条规定："建筑物或者其他设施以及建筑物上的搁置物、悬挂物发生倒塌、脱落、坠落造成他人损害的，它的所有人或者管理人应当承担民事责任，但能够证明自己没有过错的除外。"这是关于建筑物致人损害的民事责任的规定。此项责任容易与前项施工人责任相混淆，其主要区别在于：①地面施工致人损害，其责任主体为施工人；而建筑物致人损害是建筑物因设置或保管上的缺陷造成的损害，其责任主体为建筑物的所有人或管理人。②地面施工致人损害属于行为致损；而建筑物致人损害属于物件致损。

由《民法通则》的上述规定亦可判断，法律对于建筑物致人损害的民事责任的确立，适用的是过错推定的方法。被告可通过证明自己没有过错而获免责，其可得以主张的事由通常有不可抗力、受害人的过错、第三人的过错等。

（7）动物致人损害的民事责任

《民法通则》第一百二十七条规定："饲养的动物造成他人损害的，动物饲养人或者管理人应当承担民事责任；由于受害人的过错造成损害的，动物饲养人或者管理人不承担民事责任；由于第三人的过错造成损害的，第三人应当承担民事责任。"这是我国民法关于动物致人损害的民事责任的规定。

从《民法通则》的上述规定可以看出，我国民法所规定的动物致人损害的侵权责任是一种无过错责任。这主要是考虑到动物的饲养人或管理人是该动物的获益者，而他人通常难以了解别人所控制的动物的习性，难以防止或避免损害发生。因此，由动物的饲养人或管理人承担责任更具合理性，而且这样处理也有利于督促饲养人或管理人加强责任心。

主张成立动物致人损害的民事责任，其动物须为饲养的动物，且损害须为基于动物的本能行为所造成。如果是由于受害人的过错（如主动挑逗动物）而造成损害，动物饲养人或管理人将不承担责任。由于第三人的过错造成损害的，则第三人应当承担民事责任。

（8）被监护人致人损害的民事责任

《民法通则》第一百三十三条第一款规定："无民事行为能力人、限制民事行为能力人造成他人损害的，由监护人承担民事责任。监护人尽了监护责任的，可以适当减轻他的民事责任。"

构成此项民事责任须具备两个基本要件：①损害是由被监护人所造成的；②责任承担者与加害人之间有监护关系的存在。

监护人承担此项责任并不因其尽了监护职责而免责。但是，为了保障监护制度的推行，鼓励监护人恪尽职守，法律对监护人因被监护人致人损害而承担的责任规定了若干可以减轻的条件，《民法通则》第一百三十三条除规定监护人尽了监护责任的，可以适当减轻其民事责任外，还规定："有财产的无民事行为能力人、限制民事行为能力人造成他人损害的，从本人财产中支付赔偿费用。不足部分，由监护人适当赔偿，但单位担任监护人的除外。"

5. 免除民事责任的条件

免除民事责任的条件，简称"免责条件"，是指不履行合同或法律规定的义务而致人损害者依法可以不承担民事责任的事由。免责条件一般由法律规定，但在不违反国家法律和社会公序良俗的情况下，也可由当事人约定。根据现行法律和司法实践，免除民事责任的条件，除了前面已经谈到的职务授权行为、正当防卫及紧急避险外，还有以下一些：

（1）不可抗力

所谓不可抗力即人力所不可抗拒的力量，指不能预见、不能避免并不能克服的客观情况，如地震、台风、洪水、战争等。一般说来，客观情况要被确认为作为免责事由的不可抗力，须具备三个条件：①必须是独立于人的行为之外，并且不受当事人的意志所支配的现象；②必须成为损害发生的原因；③必须具有人力不可抗拒的性质。

《民法通则》第一百零七条规定："因不可抗力不能履行合同或者造成他人损害的，不承担民事责任，法律另有规定的除外。"

（2）受害人的过错

受害人的过错即受害人对于损害的发生亦有过错。具体包括两种情况：①受害人有过错而加害人无过错。在此情况下，只要加害人能证明自己已经尽到为防止损害发生所应尽的注意，即可不负民事责任。②受害人和加害人都有过错。此种情况实际为混合过错。处理上应根据双方过错程度的大小，确定其各自应负的民事责任。

（3）受害人的同意

受害人的同意是受害人事前明确做出的自愿承担某种损害结果的意思表示。一般说来，民事主体享有的权利不仅包含其个人利益，而且包含社会利益和公共秩序的因素。因此，对致损行为的同意并不当然构成免责条件。但在法律或道德所容许的极少数特殊场合，受害人的同意可以成为免除民事责任的条件。

（4）第三人的过错

第三人的过错是除原告和被告之外的第三人，对原告的损害的发生和扩大具有过错。其特征是：

第一、第三人不属于原、被告中的任何一方，在第三人过错的情况下，第三人或与被告共同引起损害的发生，或者单独造成损害。如第三人属于原告一方，则将构成混合过错。

第二、第三人和被告之间不存在共同的故意或过失。否则的话将构成共同侵权而对受害人负连带责任，从而失去作为免责事由的意义。

第三、第三人的过错是免除或减轻被告的民事责任的依据。如果被告没有过错而第三人有过错，或被告只有轻微过失而第三人有故意或重大过失，则就应由第三人单独或主要承担民事责任。

如果第三人的过错是损害发生的惟一原因，则只能由第三人承担民事责任。

（5）意外事件

意外事件，指非因当事人的故意或过失而偶然发生的不可预见的损害。作为免责事由的意外事件，应具备如下条件：

第一、必须是不可预见的；

第二、损害的发生须归因于行为人自身以外的原因；

第三、必须是偶然发生的事故，并不包括第三人的行为；

第四、意外事件作为免责事由，仅适用于过错责任。

（6）自助行为

自助行为指权利人为保护自己的权利，在情事紧迫而又不能及时请求国家机关予以救助的情况下，对他人的财产或人身施加的为法律或社会公德所认可的强制行为。例如，旅店在客人住宿后不付住宿费时扣留客人所携行李的行为。合法的自助行为应符合以下条件：

第一、必须是为保护和行使合法权利而实施；

第二、必须确属情事紧迫来不及请求国家机关的救助；

第三、所实施的强制措施确为保护权利所必须；

第四、必须为法律或社会公德所容许；

第五、不得超过必要限度；

第六、必须于事后及时提请有关当局处理。

我国现行民法尚未对自助行为做出明文规定。

6. 物业管理活动中的侵权行为

通常，物业管理活动中主要的侵权行为有：

（1）因房屋建筑质量不合格而产生的侵权行为。房屋建筑质量不合格造成墙壁毁损、房屋倒塌致使业主、住户被砸伤，家庭财产被损坏，房屋建筑者和销售者依法构成侵权行为，并应当依法承担赔偿责任。

（2）因物业维修施工造成他人损害的侵权行为。依据《中华人民共和国民法通则》第一百二十五条的规定，在共用场所、道旁或者通道上挖坑、修缮安装地下设施等，没有设置明显标志和采取安全措施造成他人损害的，属于物业管理公司承担维修施工的由物业管理公司直接负赔偿责任。承包给施工单位的由承包的施工单位直接承担赔偿损失的民事责任。

（3）物业建筑物以及其搁置物、悬挂物发生倒塌、脱落、坠落造成他人损害的侵权行为。依据《中华人民共和国民法通则》第一百二十六条的规定，建筑物或者其他设施以及建筑物上的搁置物、悬挂物发生倒塌、脱落、坠落造成他人损害的，适用过错推定的方法，即它的所有人或者管理人应当承担民事责任，但能证明自己没有过错的除外。所谓物业建筑物的所有人就是在物业管理活动中的业主，而管理人就是业主大会及业主委员会，而物业管理公司只是提供管理服务的人。举例来说：住宅区的围墙发生倒塌而伤害他人时，业主大会及业主委员会就应当对此依法承担赔偿损失的民事责任。业主大会及业主委员会只有在以下四种情况下可以免责：一是如果该围墙的倒塌是质量问题，就应该由承担围墙施工和建设的单位依法承担赔偿损失的民事责任；二是如果是第三人在围墙边挖沟，致使墙体倾斜倒塌，赔偿责任就应由挖沟的第三人依法承担；三是受害人自身的行为故意或过失使围墙倒塌造成损害，则由受害人自己依法承担责任；四是业主大会及业主委员会已经与物业管理公司就建筑物的维修保养签署了维修保养合同，并依据合同的规定，将建筑物维修保养所需的费用筹集好，交付给了物业管理公司，而物业管理公司违反了合同约定，没有及时维修保养，造成了建筑物致损。在这种情况下，就应该由物业管理公司依据合同的约定承担赔偿责任。如果业主大会及业主委员会没有与物业管理公司签署建筑物维修保养合同，或者没有筹集好所需的费用，那么业主大会及业主委员会就应该承担赔偿责任，当然，业主大会及业主委员会的赔偿责任要全体业主共同承担。

（4）因妨碍行为而产生的侵权行为。通常在物业管理活动中的妨碍行为是因为违反建筑物区分所有权法或相邻关系义务而引起的。具体表现为：阻挠相邻的其他建筑物区分所有权人利用其专有部分进行正当合理的修缮；堵塞或改变给、排水通道，妨碍相邻地方正常给、排水；堵塞或改变通道，造成他人通行困难；新建建筑物或附属设施影响他人采光和通风等。

（5）物业管理公司员工违法履行职务造成的侵权行为。这是指物业管理公司员工在履行其职务时，因超越权限或违反义务而给他人造成损害的行为。超越权限往往表现为滥用职权，违反义务则一般表现为玩忽职守。物业管理公司员工违法履行职务造成侵权的赔偿责任由当事人的物业管理公司承担，物业管理公司在承担责任后，有权向有关责任人追偿。

（三）物业管理民事责任的承担方式

物业管理民事责任的承担方式实际上就是我国民法所规定的民事责任承担方式。主要有：

1. 停止侵害。这是指停止正在进行的不法侵害行为。例如，正在进行的损害房屋，或正在进行建筑的违章建筑等行为，受害人或利益关系人有权依法要求停止侵害。

2. 排除妨碍。这是指将妨碍他人权利行使的障碍除去。例如，由妨碍者承担清理堵塞的公用通道、消防通道的责任。

3. 消除危险。这是指行为人的行为有造成他人损害或再次造成他人损害的危险时，行为人应将危险的源头除去。例如，搭建违章建筑或危险房屋可能危及邻居或他人的损害发生，利益关系人有权要求消除危险。

4. 返还财产。这是指一方当事人将无权占有的他人财产返还对方当事人。例如，擅自超标准收取业主、住户的水电费，应将超出的部分返还给业主、住户。

5. 修复、更换或恢复原状。这是指将损坏、移动的财产修复、更换或恢复原来的状态。例如，受害人或利益关系人有权请求违章装修者将擅自拆除的梁、柱、墙等房屋结构恢复原状；行为人装修造成相邻业主、住户的财产损失，受害人有权请求行为人将损失的财产修复；房屋施工或维修质量不合格，受害人或利益关系人有权请求施工者维修、更换或重作等。

6. 赔偿损失。这是指行为人用支付一定的金钱或其他财物，赔偿因不法行为给他人造成的损害。例如赔偿受伤者医疗费、误工费等。

7. 消除影响，恢复名誉，赔礼道歉。这些都是指对侵害人身权的行为适用的精神上补救的责任形式。例如，行为人造谣诽谤他人，使其名誉受损，受害人有权请求行为人承担消除影响、恢复名誉、赔礼道歉的民事责任。

二、物业管理行政法律责任

物业管理行政法律责任是指在物业管理活动中，行为人违反物业管理行政法律和法规而必须依法承担的法律责任。这里的行为人可以是业主、住户、业主大会及业主委员会或物业管理公司的员工，也可以是物业管理行政管理机关的工作人员、自然人、法人或其他社会组织。

（一）物业管理活动中的违法行为

追究物业管理行政法律责任的事实依据是物业管理活动中产生的行政责任的违法行为。通常这种违法行为主要有以下四种：

（1）非法经营行为

这是指不具备物业管理的能力和资格，而从事物业管理经营活动的行为。非法经营行为不仅冲击和侵犯了物业管理市场竞争秩序，而且也侵犯了工商行政管理秩序，侵犯了业主、住户、业主大会及业主委员会以及物业管理公司的合法权益。非法经营行为具体体现在无证经营和超范围经营。无证经营包括没有营业执照或没有物业管理资质证书两种情况，对于无证经营的，依据《中华人民共和国公司法》等有关法律、法规的规定，工商管理部门和物业管理主管部门应依法给予取缔，没收全部非法所得，并处以罚款处理。超范围经营最常见的有两种情况：一种是超越物业管理资质证书所规定的资质条件，低资质的物业管理公司从事了高资质物业管理公司的物业管理活动；另一种是超越营业执照规定的经营范围从事其他商业活动。超范围经营实际上是一种特殊的无证经营行为，因此，在承担的法律责任的方式上与无证经营完全一致。

我国《物业管理条例》第六十条："违反本条例的规定，未取得资质证书从事物业管理的，由县级以上地方人民政府房地产行政主管部门没收违法所得，并处 5 万元以上 20 万元以下的罚款；给业主造成损失的，依法承担赔偿责任。"

以欺骗手段取得资质证书的，依照本条第一款规定处罚，并由颁发资质证书的部门吊销资质证书。

第六十一条："违反本条例的规定，物业管理企业聘用未取得物业管理职业资格证书的人员从事物业管理活动的，由县级以上地方人民政府房地产行政主管部门责令停止违法行为，处 5 万元以上 20 万元以下的罚款；给业主造成损失的，依法承担赔偿责任。"

（2）妨碍管理行为

这是指行为人妨碍国家行政管理机关、物业管理公司、业主大会或业主委员会对物业管理区域依法实施管理、服务、监督和检查的行为。包括妨碍执行公务、妨碍实施正当合理管理、妨碍实施监督检查以及物业管理公司员工渎职等非法行为。对于妨碍执行公务，阻碍有关部门监督检查的，按照《中华人民共和国治安管理处罚条例》等有关法律、法规的规定，依法给予行为人警告、罚款和行政拘留等行政处罚。

（3）不正当竞争行为

这是指在物业管理市场竞争中，行为人采用不正当的或违法的手段垄断物业管理行业、获得垄断利益以及采用贿赂、虚假宣传、侵犯商业秘密、商业诽谤、欺诈等非法手段干扰、阻挠他人获得合法正当经营利益的违法行为。如非法垄断、干扰、阻挠物业管理的招投标活动等。对于不正当竞争行为，依照《中华人民共和国反不正当竞争法》的有关规定，国家行政主管机关有权进行监督、检查并给予处罚，追究行为人的行政法律责任。《物业管理条例》第五十七条规定："违反本条例的规定，住宅物业的建设单位未通过招投标的方式选聘物业管理企业或者未经批准，擅自采用协议方式选聘物业管理企业的，由县级以上地方人民政府房地产行政主管部门责令限期改正，给予警告，可以并处 10 万元以下的罚款。"

（4）非法买卖、租赁物业的行为

这是指为牟取暴利，骗取国家的优惠补贴，偷逃国家税款，而进行的非法买卖、租赁物业建筑物的行为。对此违法行为，依照《中华人民共和国房地产管理法》等有关法律、法规的规定，国家行政主管部门应依法没收非法所得，给予罚款等处理。

（5）物业管理经营服务活动中的不当行为

这是指物业管理企业在提供服务进行物业的管理中违法、擅自作出诸如失职、越权、违反规定等行为。

《物业管理条例》第五十八条："违反本条例的规定，建设单位擅自处分属于业主的物业共用部位、共用设施设备的所有权或者使用权的，由县级以上地方人民政府房地产行政主管部门处 5 万元以上 20 万元以下的罚款；给业主造成损失的，依法承担赔偿责任。"

《物业管理条例》第五十九条："违反本条例的规定，不移交有关资料的，由县级以上地方人民政府房地产行政主管部门责令限期改正；逾期仍不移交有关资料的，对建设单位、物业管理企业予以通报，处 1 万元以上 10 万元以下的罚款。"

《物业管理条例》第六十四条："违反本条例的规定，建设单位在物业管理区域内不按照规定配置必要的物业管理用房的，由县级以上地方人民政府房地产行政主管部门责令限期改正，给予警告，没收违法所得，并处 10 万元以上 50 万元以下的罚款。"

《物业管理条例》第六十五条："违反本条例的规定，未经业主大会同意，物业管理企业擅自改变物业管理用房的用途的，由县级以上地方人民政府房地产行政主管部门责令限期改正，给予警告，并处 1 万元以上 10 万元以下的罚款；有收益的，所得收益用于物业管理区域内物业共用部位、共用设施设备的维修、养护，剩余部分按照业主大会的决定使用。"

《物业管理条例》第六十六条："违反本条例的规定，有下列行为之一的，由县级以上地方人民政府房地产行政主管部门责令限期改正，给予警告，并按照本条第二款的规定处以罚款；所得收益，用于物业管理区域内物业共用部位、共用设施设备的维修、养护，剩余部分按照业主大会的决定使用：

（1）擅自改变物业管理区域内按照规划建设的公共建筑和共用设施用途的；

（2）擅自占用、挖掘物业管理区域内道路、场地，损害业主共同利益的；

（3）擅自利用物业共用部位、共用设施设备进行经营的。

个人有前款规定行为之一的，处 1000 元以上 1 万元以下的罚款；单位有前款规定行为之一的，处 5 万元以上 20 万元以下的罚款。"

（二）物业管理行政管理处罚的种类

（1）警告或通报批评。警告是国家行政管理机关对违法者的正式谴责和告诫，是强制性的行政处罚，应有书面裁决。警告通常适用于违法行为较轻、危害不大、一经劝诫便能悔改的情形。通报批评也是对违法者的谴责和告诫，适用于处分有较大危害性的违法行为。通报批评通常与其他处罚同时使用，也可以单独使用，例如，对擅自搭建违章建筑的业主、住户、业主大会、业主委员会或物业管理公司，经教育劝止屡教不改的房地产主管部门可以给予通报批评。

（2）罚款。罚款是物业管理行政主体对违法行为给予经济上的制裁方式，使用较为广泛。罚款方式在许多法律、法规中都与其他方式同时使用，尤其是在地方性法规中使用最多，也可以单独使用。例如，《深圳经济特区住宅区物业管理条例》第五十三条规定，未取得物业管理资质证书而从事住宅区物业管理业务或者所管理物业与所持资质证书等级不相符的，市、区住宅主管部门应当责令其停止违法行为，没收违法所得，并处以 5000 元以上 2 万元以下罚款。在《深圳经济特区住宅区物业管理条例》中对业主、非业主使用

140

人、业主大会、业主委员会、物业管理公司、开发建设单位或其他单位、个人违反该条例规定的违法行为也有相应的罚款规定。

（3）没收财产。这是指国家行政管理机关没收违法者的非法所得、违禁物品或实施非法行为的工具等财产，并将没收的财产上缴国家的行政处罚。例如，违反建设部颁布的《城市房屋租赁管理办法》，未征得出租人同意和未办理登记备案手续，擅自转租房屋的，租赁行为无效，没收非法所得，并可处以罚款。

（4）行政拘留。这是特定行政机关对违法的公民在短期内剥夺其人身自由的一种处罚，应由县级或县级以上的公安机关依法决定并施行。

（5）许可证处罚。许可证处罚是指领取许可证的主体行为违法，视情节轻重，依据该许可证的法规的具体处罚规定给予降级、吊销、没收或撤销等处罚处理。许可证是一种国家行政管理机关认可的资格。根据现行法律法规的规定，需要取得许可证的情形较多，如房地产预售须领取"房屋预售许可证"，房屋租赁须领取"房屋租赁许可证"，物业管理公司须领取"物业管理资质等级证书"，停车场管理须领取"停车场管理许可证"等。

（6）停止营业。这是物业管理行政主管部门因物业管理公司有严重违法行为，致使管理混乱，不能维持正常生产、经营活动，而命令其停业整顿的行政处罚。例如《深圳经济特区住宅区物业管理条例》中规定，物业管理公司违反该条例规定，情节严重的，市、区住宅主管部门可以降低其物业管理资质等级，直至吊销资质证书，并可建议工商行政管理部门依法注销其物业管理的经营项目。

（三）物业管理行政主体的行政处分种类

（1）对违反行政法规行为的处理。违反行政法规行为是指物业管理行政管理机关的工作人员在执行公务中，以行政机关的名义作出的违反行政法规规定的行为。对这种违法行为，可以由上级物业管理行政管理机关作出责令改正、撤销其决定的处理。行政管理相对人认为物业管理行政管理机关的工作人员在执法中违反行政法规可以申请行政复议或直接向人民法院提起行政诉讼。

（2）对违反行政法规行为人的处理。物、账管理行政管理机关工作人员有玩忽职守、滥用职权、徇私舞弊的行为，由其所在单位或者上级机关给予行政处分。处分的方式有：警告、记过、降职、降薪、撤职、留用查看、开除等。

三、物业管理刑事责任

物业管理刑事责任是指行为人在物业管理活动中严重违反物业管理法律、法规，给国家、集体、自然人或法人的财产或生命健康造成严重损害，情节严重，触犯国家刑事法律规定的，而依法必须承担的刑法上不利的后果。它是制裁或后果最为严厉的法律责任。承担刑事责任的方式是刑事处罚，主要有两类：主刑与附加刑。主刑包括管制、拘役、有期徒刑、无期徒刑、死刑，附加刑主要包括罚金、没收财产和剥夺政治权利。另外因刑事责任资格（如年龄）、不可抗力、正当防卫、紧急避险、职务行为等抗辩事由，刑事责任可以减轻或免除。

在物业管理法律责任中确定刑事责任的目的就在于从根本上确保物业管理秩序符合社会主义市场经济秩序的要求，以强有力的方式保证物业管理活动的正常进行。

在物业管理活动中，通常自然人所涉及的刑事责任主要有：妨害对公司、企业的管理秩序罪，危害税收征管罪，玩忽职守罪，贪污罪，受贿罪等；法人犯罪主要涉及的刑事责任有偷税罪、逃税罪、商业贿赂罪等。

这些刑事责任的具体承担方式在《中华人民共和国刑法》中都有具体详细的条款。

由于刑事法律责任实行"法无明文不为罪"原则，例如我国刑法第三条规定："法律没有明文规定为犯罪行为的，不得定罪处刑。"所以一般在物业管理法规中不规定对物业法律关系主体的刑事责任，只是如《上海居住物业管理条例》第五十九条第二款类似规定："市和区、县房地产管理部门工作人员玩忽职守，滥用职权，徇私舞弊的，由其所在单位或者上级机关给予行政处分；构成犯罪的，依法追究刑事责任。"

我国《物业管理条例》第六十三条："违反本条例的规定，挪用专项维修基金的，由县级以上地方人民政府房地产行政主管部门追回挪用的专项维修资金，给予警告，没收违法所得，可以并处挪用数额2倍以下的罚款；物业管理企业挪用专项维修资金，情节严重的，并由颁发资质证书的部门吊销资质证书；构成犯罪的，依法追究直接负责的主管人员和其他直接责任人员的刑事责任。"《物业管理条例》第六十八条："业主以业主大会或者业主委员会的名义，从事违反法律、法规的活动，构成犯罪的，依法追究刑事责任；尚不构成犯罪的，依法给予治安管理处罚。"《物业管理条例》第六十九条："违反本条例的规定，国务院建设行政主管部门、县级以上地方人民政府房地产行政主管部门或者其他有关行政管理部门的工作人员利用职务上的便利，收受他人财物或者其他好处，不依法履行监督管理职责，或者发现违法行为不予查处，构成犯罪的，依法追究刑事责任；尚不构成犯罪的，依法给予行政处分。"

复习思考题

1. 简述法律责任的概念特征。
2. 简述物业管理法律责任的构成。
3. 简述物业管理民事法律责任。
4. 简述物业管理行政法律责任。

第九章　物业管理纠纷的处理与防范

学习目的与要求

对本章的学习主要在于实务的操作，首先认识物业管理纠纷的复杂性和规律性的平衡，从其产生的原因入手，熟练掌握物业管理纠纷的各种处理途径和程序。同时，根据本书提供的以物业管理时间上的运作流程为线索，掌握此类纠纷的防范。如有条件应结合相关的法律法规和本书第十章所及的案例系统掌握。

第一节　物业管理纠纷概述

一、物业管理纠纷的含义及特征

物业管理纠纷是指物业管理关系主体因取得、利用、经营管理物业而发生的权利义务的争议。物业管理活动和物业的特殊性决定了物业管理纠纷和其他法律纠纷有不同的地方，主要表现在：

1. 物业管理纠纷涉及的法律关系具有复杂性

物业管理涉及诸多法律关系复杂，包括房地产开发企业与业主、业主大会、物业管理企业之间的法律关系，也包括业主大会与物业管理企业之间、业主大会与全体业主之间的法律关系，以及全体业主与物业管理公司之间的法律关系，还包括物业管理机关与相对人之间的法律关系等等。

2. 物业管理纠纷表现形式具有多样性

主要表现为物业交易纠纷、物业装饰装修纠纷、物业相邻权的纠纷。物业服务质量纠纷等。这其中有债权纠纷，有物权纠纷，还有行政纠纷，有因合同引起争议，有因侵权引起的。并且，随着社会的发展，纠纷的表现形式还会越来越多样。

3. 物业管理纠纷具有易发性和涉众性

基于服务产品的生产过程、消费过程，服务部大多直接面对消费者，易受消费者的消费心理和服务本身的影响，在物业管理提供服务和交易过程中，容易发生对服务质量好坏满意与否的争执。由于物业管理所执行的事务大都是涉及业主团体公共利益或社会利益，城市容貌和形象的问题，一旦发生矛盾，往往会引起它们集体争执甚至集团诉讼，有时还会有公共媒体介入，就是业主集团内部，有时也会发生利益要求有分歧的折众纠纷。

二、物业管理纠纷的产生原因

从历史上说，物业管理纠纷是一种历史的社会现象，反映了人们社会财产关系中的一种矛盾状况，根源与社会生产力和生产关系的矛盾、社会生活力与生态环境的矛盾、社会主体的个体利益与公共利益的矛盾。

从现实上说，由于物业管理专业优质服务供不应求，对新生事物的法律规范不健全和行政管理工作欠佳，纠纷当事人缺乏民主自治和法律常识或民主法制观念淡薄，受剥削阶级的损人利己主义、旧社会不良道德习气的残余影响，当事人自身不能解决的困难等一些原因。

从纠纷的直接产生原因来分析主要包括以下四类：

1. 因合同纠纷产生

（1）合同主体是否合格

物业管理合同的主体通常是两方当事人，即委托人和管理人。委托人应当是具备委托资格的、有合同行为能力的公民、法人或其他组织，管理人应当是具备物业管理资质的企业法人。管理人没有承揽相应项目的资质条件，有些管理人甚至没有法人资格，只是开发商的一个管理部门，必然容易引起纠纷。至于委托人而言，从现行的法律、法规和规章的规定来看，物业管理的委托无疑是属于业主的，而业主是通过业主大会和业主委员会来行使物业管理权的。业主大会和业主委员会的成立须经过一定的法律程序才具备合格的代表资格。

（2）合同内容是否合法

物业管理合同的确定取决于当事人的约定和法律的规定，也就是说并不是当事人可以随心所欲地确定合同内容，合同内容既要尊重当事人的自主意思又要符合法律、法规和规章的要求。

同时，要求物业管理合同的内容是真实的，当事人意思表示是否真实，即当事人在订立合同时是自愿平等的，没有受到对方或其他人的压力或欺骗，也没有重大误解，对合同内容和责任认识清楚，完全是自主的决定和行为。

（3）合同义务是否完全、按期履行

依法成立的合同受法律保护，当事人应当按照合同的要求，按期、完全履行，不能完全履行的应征得对方同意后实际履行或变更履行，不履行合同义务或不按时履行合同而无正当理由的，应承担违约责任。

2. 因侵权产生

这类物业管理法律关系主体的行为侵害了其他主体的合法权益，与违约责任最大的区别是责任基础不同，前者是基于法律规定，后者是基于合同约定。例如，妨碍了相邻物业一方的通风或采光的权利，构成了对物业相邻权的侵害。又如物业管理公司违反物业管理规定，单方面制定不利于业主权益的业主公约，侵害了业主的自治权。

3. 因第三方产生

有时侯，纠纷的发生是由于第三人的原因引起。例如，一些物业管理公司与业主、业主委员会或业主大会的纠纷，经常是由于开发商的遗留问题造成的，或是物业质量问题，或是物业规划问题。

4. 因不服物业行政管理部门的管理产生

物业行政管理机关行使管理职权的过程中，经常出现物业管理纠纷，物业管理相对人不服物业行政管理机关作出的具体行政行为，例如物业管理公司不服对其作出的罚款决定，提起行政复议程序乃至行政诉讼。

三、物业管理纠纷的种类范围

（一）依据法律性质划分

144

1. 物业管理民事纠纷

指民事法律地位平等的自然人、法人、其他社会组织相互之间基于财产关系和人身关系而发生的纠纷。物业管理法律纠纷大部分属于民事纠纷。主要表现为：服务合同纠纷、侵权纠纷、不动产相邻纠纷、无因管理纠纷等。

2. 物业管理行政纠纷

物业管理行政纠纷是指行政管理机关在行使物业行政管理权过程中与管理相对方发生的纠纷。分为两种情况：(1)因物业行政机关行使管理权引起争议。主要是对被管理者的行政处罚引起的。如行政机关认为被处罚人违反法定程序规定，非法处分土地，而依法给予行政处罚，被处罚人不服处罚而引起争议。(2)因物业行政管理机关不作为引起。如当事人因物业行政管理机关拒绝发给土地使用证、拒绝对房屋产权登记或过户等引起的争议。

3. 物业管理刑事纠纷

物业管理刑事纠纷指在物业管理活动中个人和法人单位的行为触犯刑事法规而引起的纠纷。主要是民事纠纷或行政纠纷没得到较好的解决，而使矛盾激化，演变为刑事纠纷。例如物业管理中保安管理行为招致业主不满，该业主殴打保安人员致伤或死亡。

(二) 依据纠纷中的基本权利性质和特点划分

1. 物业管理的物权类纠纷

主要是指物业所有权方面的业主专有权与业主团体共有权辖属范围的确认纠纷，业主团体复有与托付物业管理企业的物业经营管理权行使之间的权限划分和确认纠纷，物业使用人与业主及业主团体之间发生的使用权益确认纠纷等。

2. 物业管理债权类纠纷

主要是与物业管理服务有关的合同之债、侵权之债等债权债务纠纷。例如，物业管理服务违约纠纷、物业管理行为失误造成的致人损害纠纷、车辆保管纠纷等。

3. 物业管理行政权类纠纷

主要是物业管理行政主管机关和其他有关部门在案行使职权的具体行政行为中与行政相对人之间发生的行政权限和行政权行使是否违法、是否得当、是否显失公平的争执。例如，违章建筑和违法搭建的行政确认与行政执法强行拆除引起的纠纷。

4. 物业管理自治权类纠纷

主要是业主、物业使用人、业主会议、业主委员会、业主团体自治的行政指导和监督部门相互之间在团体民主自治权益方面发生的纠纷。例如，业主不执行业主公约的有关规定或不执行业主会议续筹物业维修基金的分摊决定而引起的纠纷。

第二节　物业管理纠纷处理方式和程序

物业管理纠纷处理方式，概括起来有：当事人各方自行协商和解；各方当事人请求第三人调解；当事人之间约定仲裁；行政裁决；司法诉讼。

一、协商

当事人自行协商和解是物业管理民事纠纷的当事人在资源互谅的基础上，按照国家有关法律、政策和有关合同的约定讲明事实道理，以达成和解协议，自行解决物业管理民事纠纷的一种方式。物业管理民事纠纷双方当事人之间自行协商解决纠纷，应当遵守平等自愿和合法原则。不允许任何一方以行政命令手段，强迫对方进行协商，也不能以断绝业务关系、终止合作关系相威胁。而且和解协议的内容应当符合法律和政策的规定动作，不得损害国家、社会和他人的利益。

二、调解

1. 民事调解

民事调解是由争议双方当事人共同选定一个机构、组织和个人，由第三方依据双方的意见和授权提出解决意见，经双方同意并执行。但是此种方式的调解不具有法律效力。

2. 行政调解

行政调解是根据一方或双方当事人的申请，当事人在物业管理主管部门主持下，通过说服教育，自愿达成协议，从而解决纠纷的一种方式。达成调解协议的，要采用书面形式写成调解书作为解决纠纷的依据，但这是借助物业管理主管部门的管理优势而进行的调解处理，一方如不服，仍可借助司法手段解决。

3. 仲裁调解

仲裁调解是合同当事人在发生纠纷时依照合同的仲裁条款或者事先达成的仲裁协议，向仲裁机构提出申请，在仲裁机构的主持下，根据自愿协商、互谅互让的原则，达成解决合同纠纷的协议。仲裁调解书与仲裁裁决书具有同等法律效力，生效后的调解书，一方当事人如不执行，另一方可向法院提出申请，强制执行。

4. 法院调解

法院调解又称诉讼中的调解，是在人民法院的主持下，双方当事人平等协商，达成协议，经人民法院认可后，终结诉讼程序的活动。在诉讼审理中，法院首先要进行调解，在人民法院主持下达成调解协议，人民法院据此制作调解书，与判决书具有同等法律效力，一方如不执行，另一方可以申请法院强制执行。

三、仲裁

（一）概念

仲裁是指纠纷当事人在自愿基础上达成协议，将纠纷提交非司法机构的仲裁机构审理，由仲裁机构作出争议各方均有约束力的裁决。根据仲裁法第二条、第三条的规定，平等主体的公民、法人和其他组织之间发生的合同纠纷和其他财产纠纷、权益纠纷，可以仲裁。但婚姻、收养、监护、扶养、继承纠纷和依法由行政机关处理的行政争议不能仲裁。

（二）程序

仲裁委员会在收到一方当事人提交的仲裁申请书后5日内做出决定立案或不立案；立案后在规定的期限内将仲裁规则和仲裁员名册送交申请人，并将仲裁申请书副本和仲裁规则、仲裁员名册送达被申请人；以普通程序审理时由3名仲裁员组成仲裁庭，当事人双方按照名册各选一名，第3名仲裁员作为首席仲裁员由当事人共同选定或者共同委托仲裁委员会主任指定，案情简单、争议标的小的，可以使用简易程序，由1名仲裁员审理。仲裁不公开进行。

开庭后经过庭审调查质证、辩论，在做出裁决前，可以现行调解，然后制作调解书，调解不成时制作裁决书。调解书和裁决书具有同等的法律效力，调解书经过双方当事人签收即发生法律效力，裁决书自发出之日起发生法律效力。

与司法审判的两审终审制不同,仲裁裁决是一裁终局的。除非当事人提出证据证明裁决有《仲裁法》第五十八条所规定的下列情形之一的,可以向仲裁委员会所在地的中级人民法院申请撤销裁决:

(1) 没有仲裁协议的;

(2) 裁决的事项不属于仲裁协议的范围或者仲裁委员会无权仲裁的;

(3) 仲裁庭的组成或者仲裁的程序违反法定程序的;

(4) 裁决所根据的证据是伪造的;

(5) 对方当事人隐瞒了足以影响公正裁决的证据的;

(6) 仲裁员在仲裁该案时有索贿受贿、枉法裁决行为的。

人民法院经组成合议庭审查核实裁决有前款规定情形之一的,应当裁定撤销。人民法院认定该裁决违背社会公共利益的,应当裁定撤销。撤销裁决申请自收到裁决书之日起6个月内提出;否则,当事人应当履行裁决。一方当事人不履行的,另一方当事人可以依据《民事诉讼法》的有关规定向法院申请执行。

四、行政裁决

行政裁决是行政机关根据法律授权,主持解决当事人之间发生的行政管理事项的民事纠纷活动。主要分为损害赔偿裁决、权属纠纷裁决、补偿性纠纷裁决和其他侵权纠纷裁决。主要程序是:

1. 申请。当事人(应是发生民事争议的当事人或其法定代理人)向有裁决权的行政机关提出申请,在法定期限内递交申请书,申请书应载明双方当事人姓名、住址、争议事项、具体请求及理由等。

2. 受理。行政裁决机关收到当事人的申请书后,要对当事人的申请是否符合申请条件进行审查,并在法定期限内作出是否受理的决定。如不受理则要说明理由。

3. 审理。行政裁决机关受理申请后,应根据双方当事人的申请、答辩及有关证据材料,向当事人或证人调查取证,对较为复杂的案件可以召集当事人当面进行辩论、质证。

4. 裁决。行政裁决机关根据对争议案件的审查,依法对当事人的争议作出裁决,形式主要有:责令停止侵权、赔偿损害、所有权或使用权确认等裁决,应当制定裁决书,载明争议内容、认定的事实及理由、适用的法律及裁决的决定,并在裁决书中说明当事人复议或诉讼等权利。

五、诉讼

当事人通过诉讼方式解决民事、行政纠纷是较常见的方式。诉讼的管辖机关是人民法院。与仲裁明显不同,人民法院依法对已提交诉讼的当事人管辖是强制性的。民事诉讼是人民法院在当事人和其他诉讼参与人的参加下,审理和解决平等地位的民事主体案件的司法活动。行政诉讼是法院应公民、法人或其他组织的请求,通过审查政府机关的行政行为合法性的方式,解决特定范围内的行政争议的司法活动。

物业管理民事纠纷的诉讼程序大体如下:

1. 当事人一方提交起诉状,起诉至法院;

2. 法院立案审查后将起诉副本送达被告;

3. 被告提交答辩状;

4. 开庭,法院调查,辩论,调解;

5. 制作调解书或一审判决书；

6. 双方均不上诉，则判决书生效，或一方不服提起上诉而进入第二审程序；

7. 第二审审理，制作二审调解书或审理后下达二审判决书，二审程序是终审判决，不得上诉；

8. 若一方仍不服则可申诉或由检察院抗诉进入审判监督程序。

第三节　物业管理纠纷的防范措施

物业管理过程是一个分阶段运作的延续过程，各个阶段都会有不同性质的纠纷产生，也会适用许多不同的法律制度。下面按照物业管理的时间阶段划分讲述物业管理纠纷的防范和对策：

一、物业提前介入阶段

物业管理提前介入是指在房地产开发项目立项策划和物业建设规划设计开始至房地产开发项目竣工验收前一段时期，物业管理企业和物业管理专家以提供物业管理专业咨询服务方式和跟踪监督方式，主动或应房地产开发建设单位邀聘介入房地产开发项目立项策划和物业建设规划设计活动，为能在物业开发规划设计中预先周全考虑和妥善安排，便利以后业主自治管理事业和物业管理活动开展的项目（如物业管理专用房、业主会议中心、可以提供物业管理经费的商业用房和场地等），提供专业性技术咨询意见和建议，并在规划设计方案实施建设过程中予以监督，确保与物业管理有关的项目建设达标的活动。

物业管理提前介入具有专业咨询和监督技术性质，通过物业开发建设单位以委托合同或技术合同形式引入物业管理企业和专家提供专业服务。有关合同内容的约定，应适用《合同法》总则的相关规定，并参照《合同法》第二十一章关于委托合同及第十八章第四节关于技术咨询合同的规定。技术咨询合同包括就特定技术项目（如物业管理条件优化项目）提供可行性论证、技术预测、专题技术调查、分析评价报告等合同。关于物业管理条件优化项目的专业咨询合同违约责任纠纷，参照《合同法》第三百五十九条规定处理。关于物业管理专业咨询服务形成的知识产品产权归属纠纷，参照《合同法》第三百六十三条规定处理。对物业管理专员督察服务适用畏途合同，并可参照建设监理合同相类似的规定来规范专员的督察行为和追究其失职责任。

二、前期物业管理阶段

根据对我国《物业管理条例》第二十一条的理解，前期物业管理是指业主、业主大会选聘物业管理企业之前所实施的物业管理。前期物业管理期间，业主自治团体尚未成立或已成立但尚未选聘物业管理委托人，一般是由新建物业的开发建设单位、公房出售单位、其他类型物业整治的主导单位代表自己和将来业主自治团体的利益，采用前期物业管理服务协议形式选聘物业管理专业单位提供物业管理服务。这一阶段是物业管理运作过程中的纠纷多发时段。建设部下发住房［1999］246 号文件正式向全国推广《前期物业管理服务协议》标准格式文本，包括了前期物业管理服务合同的基本机制，以及买房附加物业管理约定的做法，约定主要明确购房人如负责实施物业管理的企业，成立业主委员会的时间条件、双方的权利义务、收费标准等内容保障买卖双方特别是住宅消费者的合法权益。

前期物业管理阶段主要涉及了以下四项：

1. 新建物业项目竣工综合验收

《城市房地产开发经营管理条例》第十八条第五项规定："住宅小区等群体房地产开发项目竣工的综合验收中,包括'物业管理的落实情况'。"物业管理企业或物业管理督导专员参与竣工验收环节应当制度化,并建立竣工验收失职追究责任制。交付使用的房屋出现质量问题,不但开发商要承担责任,监理单位、督导专员和参与竣工验收单位也应承担连带责任。

2. 物业接管验收

物业接管验收是物业管理委托方与受托方依据签订的《前期物业管理协议》中约定,按照国家颁布的《房屋接管验收标准》等相关标准,对委托人移交的物业进行验收和接管。接管验收是在验收合格的基础上以主体结构安全和满足使用功能为主要内容的再检验。

作为物业管理企业一方而言,在接管验收时应当站在业主立场上重点做好物业质量验收和落实物业保修事宜以及物业完整资料,包括产权资料、技术资料和工程保修书等的移交工作。

第一、接管验收中若发现物业质量问题,应明确纪录在案,约定期限督促开发建设单位对存在的物业质量瑕疵整修、加固补强,直至完全合格。对于其他问题,可约定期限由开发建设单位负责维修,也可以采用费用补偿的办法,由接管方处理。

第二,落实物业的质量缺陷保修事宜。质量缺陷是指房屋建筑工程质量不符合工程建筑强制性标准以及合同的约定。房屋建筑工程保修期从工程竣工验收合格之日起计算。该办法第七条与《建筑工程质量条例》第四十条规定一致,在正常使用条件下,房屋建筑工程的最低保修期限为:(1)地基基础工程和主体结构工程,为设计文件规定的该工程的合理使用年限(即所谓"终身保修制");(2)屋面防水工程、有防水要求的卫生间、房间和外墙面的防渗漏为5年;(3)供热与供冷系统,为两个采暖期、供冷期;(4)电器管线、给排水管道、设备安装为2年;(5)装修工程为5年。其他项目的保修期限由建设单位和施工单位约定。

第三,物业管理企业应督促开发建设方移交物业整套竣工验收资料和竣工图等。

第四,为尽快发挥投资效益,开发建设单位应及时提出接管验收申请,经接管验收符合要求后,物业管理企业应当在7日内签署验收合格凭证,签发接管文件,办理了必要的手续以后,整个物业验收接管工作就完成了。

3. 物业入主

入主是指业主领取钥匙,接受自己购买或租用房屋入住或使用。在物业接管工作完成以后,物业就基本具备了入主的条件。在这一时期主要有以下四类易发的纠纷:(1)服务态度和办事效率纠纷。一般采用说明情况和向业主赔礼道歉、请求谅解以及通过企业内部服务质量责任追究制度、内部工作纪律责任等方法处理。(2)服务差错造成业主利益损害纠纷。一般按照侵权损害原则处理。从差错的原因、结果、损害程度、责任分担角度考虑。(3)业主因误解敌视物业管理企业而产生的纠纷。一般用向业主公开与误解有关的法规政策文件,耐心说明收费依据或责任归属等问题,同时设身处地尽量帮助业主解决实际困难。充分尊重业主的知情权,做到各种管理事务及其处理的公开、公正、公平。(4)房屋销售中关于售后物业管理约定的纠纷。业主入主后认为物业管理企业的服务与售后物业管理条款约定不符而提出异议甚至要求辞退物业管理企业，于是双方发生由开发商、售房单位选聘的物业管理企业作为受托人地位的合法性的争议，另一方面应根据争议起因具体情况实施，加强对物业管理企业行为的行政监管和行政指导，促其整改，消除服务瑕疵，化解纠纷双方的矛盾。除非物业管理企业行为却有重大过错且造成不良社会影响，一般不作辞换处理。必要时，可加快该物业管理辖区的业主委员会组建进程，让业主委员会依法行使自治权，选聘物业管理企业，终止前期物业管理协议。

4. 房屋装饰管理

所谓装饰装修是指为使建筑物、构筑物内外空间达到一定的环境质量要求，使用建筑材料，对建筑物、构筑物外表和内部进行修饰处理的工程建设活动。目前，关于装饰装修的法律、法规和政策规定主要有《建筑法》、《建设工程质量管理条例》、《建筑装饰装修管理规定》、《住宅室内装饰装修管理办法》。业主装饰装修房屋的，应当事先告知 物业管理企业，并办理相关手续。物业管理企业应当将房屋装饰装修中的禁止行为和注意事项告知业主。例如：未经原设计单位或者具有相应资质等级的设计单位提出设计方案，变动建筑主体和承重结构；将没有防水要求的房间或者阳台改为卫生间、厨房间；损坏房屋原有节能设施，降低节能效果等事项属于禁止行为。

三、业主团体自治和委托管理阶段

业主自治和委托管理阶段是自业主团体依法成立之日开始至业主团体自治管理的 物业灭失时为止。该阶段是物业管理活动常规运作时期，依靠一系列的法律制度保证了业主自治管理与专业化物业管理最为正规完整地进行。主要问题包括：

（一）业主的自治权益和物业公司盈利权益的平衡

业主一方依法行使自治权，谋求更先进、更完善、更高质量的物业管理而不满意于现有的物业管理状况，同时物业管理公司的主营业务有时较难盈利、公益性强、政府限制价格的服务，前期投入大，又需持续性的改进发展，只有较长期较大规模的物业管理才能保证商业利益，因此自治权益与盈利权益必然产生冲突。确立相关制度以平衡双方的利益实属必需。

1. 前期物业管理企业应当给予一定的特殊保护制度。在一般情况下，物业区域内的物业是分期分批出售的，往往已经入住的业主对于将来的全体业主只是少数，并不能代表全体成员的利益，同时，物业管理行业特点决定了其应当是长期性行为，短期的盈利行为不利于发挥物业管理对物业不动产的维护作用。所以立法上应当给予物业管理企业一定的运营期特权和优先承包权。建议立法："物业区域开始入住后两年（若干年）内，开发建设单位自行或者委托物业管理公司对物业进行管理，业主委员会在此期间成立的，业主委员会应当与开发建设单位签订委托管理合同，在此期间非因受托人在履行委托管理合同中存在重大过错致使委托人所代表的业主集体承受明显不利或重大损失，不得终止委托管理合同。开始入住两年后，业主委员会依法决定续聘物业管理公司的，原开发单位或物业管理公司在同等条件下享有优先承包管理权。"

2. 应当加强对物业管理委托合同解除后的救济措施。委托合同以双方当事人的相互信任为存在基础，为人格专署的法律关系，如果一方对另一方失去信任，则合同将失去意义，纠纷也会不断产生。无论是委托人撤销委托还是受托人辞去委托，都不利于经济秩序的稳定，也使双方承受损失，故应当在订立合同时写明：在诸多的即使委托方解除或丧失主体资格(死亡、解散等)等不利于解除委托关系情形中,委托方应当继续履行合同义务;委托人非因《合同法》第九十九条规定的事由,并是除不可抗力外应可归责于受托人的事由而单方解除合同的,应当赔偿因影响受托人营业声誉和业务发展的损失。

(二)物业管理项目招投标

1. 物业管理项目招标投标,广义是指包括招标投标评标和定标在内的,以竞争方法订立聘用物业管理单位委托合同的整个过程和制度;狭义是指物业管理项目招标人根据自己的需要,提出一定的标准条件,向社会或若干特定的物业管理单位发出投标邀请的行为。从事物业管理项目招标投标活动的当事人,应当依法遵循:不规避法定招标原则(任何单位和个人不得将依法必须进行招标的项目化整为零或者以其他方式规避招标);公开、公平、公正和诚实信用原则;不违法限制和不非法干涉招标投标活动;当事人应当接受合法监督,物业管理行政主管部门按职权范围依法对物业管理项目招标投标活动实施监督,依法查处违法行为。

2. 中标的物业管理企业应特别注意:

(1)招标文件是要约邀请,招标书是要约,中标通知是承诺。中标通知书对招标人和中标人具有法律效力。中标通知书发出后,招标人改变中标结果的,或者中标人放弃中标的,应当承担法律责任。

(2)招标文件要求中标人提交履约保证金的,中标人应当在签约前,办妥履约保证书和各项保证手续,以便及时递交中标人,保证不延误签约。

(3)《招标投标法》第六十条第二款规定:中标人不按照与招标人订立的合同履行义务,情节严重的,取消其2～5年内参加依法必须进行招标的项目的投标资格并予以公告,直至由工商行政管理部门吊销营业执照。

(4)《招标投标法》第五十三条和《反不正当竞争法》第十五条都对串通投标、抬高价格等招标活动中的不正当竞争行为作出了行政处罚的规定。

(5)招标活动结束后,招标人或原物业管理单位应将托管项目竣工总平面图、设备安装工程图、附属公建配套设施及地下管线网工程图、有关设施及设备安装使用与维修保养技术资料、公共配套设施的产权及收益归属清单等档案资料移交中标企业。

3. 物业管理服务标准。建设部1995年印发《全国物业管理示范住宅小区标准》,其中规定总分值为100分,按各条款分解,在考评验收中,对不符合《全国物业管理示范住宅小区标准》条款要求的部分,扣除相应分值经全国平衡后,确定达标分数线。物业管理服务等级越高表示管理服务的水平越高。1997年颁发了《全国城市物业管理优秀大厦标准及评分细则》,2000年5月28日建设部又发布了《关于修订全国物业管理示范住宅小区(大厦、工业区)标准及有关考评验收工作的通知》,前述两规章停止执行。物业管理考评制度成为政府促进物业管理行业全面提高服务质量的四大法宝。

4. 物业管理服务价格和收费

物业管理服务费由物业管理成本、物业管理企业的佣金和法定税费三部分构成。物业管理收费服务费用的收支情况和物业管理专用基金的收支账目,应按规定由业主团体代表人和辖区管理处负责人签字并加盖公章后,每三个月至少张榜公布一次,年度账目也应公布,并接受业主、业主大会或行政监管部门的质询和监督。

物业管理企业有服务收费不明码标价、不挂牌收费、不单独立账、不公布收费的收支情况的，业主有权拒绝交费。业主、物业使用人对物业企业公布的收费标准及服务项目、物业管理的收支账目有疑义的，可向当地物业管理行业主管部门、价格主管部门、物额行业协会投诉，接受投诉方应及时予以查处，并将查处结果书面通知投诉人。

物业管理收费纠纷有许多类型，应依相关法律规范分别处理：（1）物业管理企业违法擅自增加管理服务费收费项目或者提高收费标准的，应当退还多收部分及利息，并由价格主管部门责令限期改正；逾期不改正的，给予通报批评，并处以多收金额5倍以下《深圳经济特区住宅物业管理条例》的罚款；造成他人损失的，应承担赔偿责任。（2）对无正当理由不按时缴纳规定的管理服务费用的，物业管理企业可责成违规人限期缴纳，逾期仍不缴纳的，可按日收取千分之三（深圳规定）或千分之一《广东省物业管理条例》的滞纳金；连续三个月不缴纳的，可以按照法律、法规、业主公约和物业管理委托合同的规定进行催缴或依据《民事诉讼法》第一百八十九条规定向人民法院申请支付令。广州市还规定，经催收仍不支付的，累计记账存入该房屋在房管部门的产权档案中，房屋转让时由房地产交易机构代为扣除；物业公司或业主团体也可依法向法院起诉。（3）物业管理企业与供水、供电、供气等单位签订了委托抄表及收费合同的，可按合同规定采取相应的催缴措施，但不得擅自为催缴物业管理服务费采取断水、停电、关气措施，否则应承担侵权责任。（4）对低收入业主或承租人确因经济困难不付或拖欠应承担的物业管理费情况，建议物业管理立法中规定：可参照廉租房减免租金规则，予以一定时期的减免，减免后差额可以从物业管理代营收入中填补。

5. 物业管理专用基金的筹用

1998年，建设部、财政部联合制定颁发了《住宅共用部位共用设施设备专项维修基金管理办法》，建立了专项维修资金监督制度、专项维修资金来源和权属明晰制度、专项维修资金用途法定制度、专项维修资金移交管理制度和动用程序、专项维修资金的补充续筹制度、随房过户和物业灭失退还业主制度、行政监管制度和法律责任追究制度。

有关专项维修资金的纠纷，主要是专项维修资金权属纠纷、挪用纠纷和续筹纠纷，应当以上述专项维修资金管理办法的有关规定向纠纷当事人做出说明和作为处理纠纷的依据。商品房在销售时，购房者与售房单位应当签订有关专项维修资金缴交协议条款。购房者应当按照购房条款一定的比例向售房单位缴交专项维修资金，这部分售房单位代收的基金属于全体业主共同所有，不记入住宅销售收入，并在业主办理房屋权属证书时售房者移交给当地房地产行政主管部门。业主委员会成立以后，经业主委员会同意，房地产行政管理部门将专项维修资金移交给物业管理企业代管。

6. 物业的维修、养护和更新

属于业主专有部分的自用部位和设备的维修更新由业主负责。相邻部位及设施的维修保养由业主共同或相关责任人共同组织实施或委托物业管理组织实施，并按比例分担费用。物业出租维修义务适用《合同法》第二百二十条、二百二十一条和1995年建设部颁布的《城市房屋租赁管理办法》第二十一条规定，原则上应由出租人负责维修，若租赁双方约定由承租人维修，从其约定，属于人为损坏的，由该行为责任人负责承担维修、更新费用或赔偿。

物业出现严重损坏而影响公共安全和公共利益时，有监管权的房地产行政主观机关应当督促限期维修；必要时，房地产行政主管部门可以采取排险解危的强制措施，排险解危的费用由相关业主承担。物业管理公司及其下设的物业管理辖区管理处因维修养护或者其他物业管理的需要，在合理的时间内对辖区物业进行巡视或施工时，业主或物业使用人应提供方便，不得无理拒绝或阻挠。具体巡视应当在业主公约中写明或提前书面通知。按"管养合一"的物业修缮管理方针，物业公司应当保证修缮，要实行 24 小时受理居民报修，并做到急修不过夜，小修不过三天，单项及多项修缮计划安排。

7. 物业区域内的车位占有和使用及车辆保管

在物业管辖区域内，车辆行驶、停车泊位、停车场设施等的管理过程中主要存在两种法律关系。

其一是车辆占用关系。在业主和业主团体复有权的住宅区内，停车场和非专门停车场的停车泊位用地使用权即公用设施所有权，属于全体业主所有，但又不能做到人人共用。为平衡利益关系和发挥产权的经济功能，通过业主公共约定方式将停车场约定为经营用地，并收取车位停泊占用费或称车位使用费。这实际是一种土地产权关系，是特定小块用地的固定出租或临时出租关系，所收取的费用基本性质是车位地皮租金。用途也主要是对停车场管理人员的劳务补偿和对全体业主产权的一种补偿。

其二是车辆保管合同关系。此类合同在我国合同法第十九章中专门规定，是指保管人保管寄存人交付的保管物，并返还该物的合同。车辆保管合同与车位停泊占用合同最大的区别在于：(1)车位占用合同是诺成合同，不以车位的实际交付为合同成立的要件。保管合同一般在车辆实际交付时才成立。(2)车辆占用合同的标的是车位范围内的场地占用权或者使用权，保管合同的标的是特定车辆。(3)车位占用合同中的车位使用费不是根据车辆的价值来确定的，而是依车位用地紧缺程度和国家物价部门有关部门规定而确定的，有偿保管合同通常是根据车辆的价值由保管关系当事人自由约定保管费用标准。

合同内容应当是合同当事人双方真实意愿的表示，如果车位占用合同中没有明示"保管车辆"的内容，而仅限于车位的有偿使用，那么，不能认为合同默示了在提供车位用地的同时附带保管义务。保管合同未经当事人明示缔结则不能成立和存在。况且车位占用费用往往很低，以较低的收费去承担较大的车辆风险有违公平合理原则。因此，物业管理企业应在自己提供停车场地服务的活动中，以规约的形式明确区分车位合同和保管合同，对需要提供车辆保管服务的用户，讲明应在车位合同之外另行订立保管合同，并根据车辆价值和保管风险大小来协商约定消费标准。

8. 物业区域的保安

物业保安服务是指物业管理单位根据有关社会安全维护的法律、法规、规章和物业管理服务合同，为维护其管辖的物业区域内的公共秩序和安全防范设施而实施的防范性安全保卫活动。实施物业保安应当遵守法律、法规的规定，贯彻预防为主，人防、物防、技防三者结合的原则。

第一、物业管理单位聘用的物业保安人员，应当是经过行政主管部门统一组织培训而考核合格、持有物业保安人员岗位证书的应聘人员。物业管理单位应当持被聘用人员的《岗位证书》、身份证照片和人身保险凭证以及双方签定的《物业保安服务合同》，向物业所在地区、县级公安机关办理物业保安人员《值勤证》。

第二、物业管理企业应加强对聘用的物业保安人员的法制知识培训教育和职业道德的教育，同时主动加强同当地公安派出所、联防队、社区保安队、居委会、消防支队等有关机构单位的联系、沟通与合作，共同努力搞好物业辖区的治安防范工作。2003 年 3 月 6

日公安部印发了《关于保安服务公司规范管理若干规定》，强调保安人员不得出现的行为包括：剥夺、限制公民人身自由；搜查他人的身体或者扣压他人合法证件、合法财务；辱骂殴打他人或者教唆殴打他人，私自为他人提供保安服务；为客户讨债或解决劳资纠纷等。

第三、物业保安纠纷的发生大多属于物业保安人员未尽职责、不文明值勤、违法侵犯人权和消费者权益而引起的，少数属于业主、使用人不服从保安人员的正常管理引起的，也有因刑事案件发生而向物业管理公司索赔的。在物业管理辖区内发生住户业主被杀、机动车辆被盗等刑事案件，物业管理公司是否承担赔偿责任，要视具体情况来定。一般来说，社会治安由公安机关主管负责。而公安机关并不对每个刑事案件负民事赔偿责任和行政赔偿责任。物业保安仅是服务权利有限的、以维护公共秩序为主要任务的防范性社会保安活动，只要物业保安做到了驻点值勤、巡逻，虽未发现违法犯罪，但在案发后能够及时保护现场、通知警方、追抓扭送正在逃跑的犯罪嫌疑人，就可以认为是尽到了自己的义务，而不承担责任。但是如有确切证据证明是因物业管理公司有过错未兑现其保安措施方面的承诺，并且犯罪分子也确实因此漏洞才得逞犯罪的，那么依委托合同法理，作为物业管理受托人的委任人即开发建设单位或业主委员会应承担一定的责任。

9. 物业共用部位的使用

《物业管理条例》第五十五条规定"利用物业共用部位、共用设施设备进行经营的，应当在征得相关业主、业主大会、物业管理企业的同意后，按照规定办理有关手续。业主所得收益应当主要用于补充专项维修资金，也可按照业主大会的决定使用。"原则上，对于物业共用部位、共用设施设备在利用有剩余且不影响物业的使用和管理下可以经营。

复习思考题

1. 物业管理纠纷的起因是什么？
2. 简述物业管理纠纷的诉讼解决。
3. 简述物业管理纠纷的主要种类。
4. 简述物业管理纠纷处理中的行政裁决。
5. 简述物业管理各阶段纠纷的注意事项和适用的主要法规。

第十章　典型案例分析

一、物业管理公司是否有权对业主采取"三停"措施

【案情介绍】

阳光小区 8 号楼的住户李某以分期付款方式购得一套商品房，但李某入住后迟迟未将剩余房款付清。该小区的物业由开发商交给阳光物业管理公司管理。一日，开发商给阳光物业管理公司发来一份通知，要求物业管理公司对李某家采取停水、停电、停天然气的"三停"措施，以迫使李某及早交清剩余房款。

该物业管理公司接到通知后照此办理，使得业主李某无法正常生活，引起李某的强烈不满。于是他以物业管理公司侵犯了其合法权益为由向有关部门投诉，要求阳光物业管理公司恢复提供水、电、气，并赔偿经济损失人民币 2000 元。

【法院判决】

一审法院判决，阳光物业管理公司即日起恢复对李某家水、电、气的提供，并赔偿李某外地住宿费、就餐费、误工费等 1500 元。

阳光物业管理公司不服一审判决，提起上诉。二审法院经过审理，维持原判。

【法律分析】

一般来说，当业主欠交物业管理费或欠交水电费时，物业管理公司可以按照物业管理合同的约定停止水、电等的供应。如果物业管理合同中没有约定业主在欠交管理费时物业管理公司可以采取停水停电的措施，物业管理公司则无权对业主采取这种方式催交管理费。即使物业管理合同中有此约定，物业管理公司也必须依据合同及法律行事。

就本案而言，关键是要明确开发商、物业管理公司与业主之间是何种法律关系。业主购买房屋，就与房屋的开发商之间形成了一种房屋买卖关系，房屋买卖合同就是他们之间这种法律关系的反映。在这一法律关系中，业主与物业管理公司双方各有多种权利、义务，但是对于开发商而言，最根本的义务是向业主交付房屋，一般来讲交付钥匙就意味着房屋的交付。业主若已经按照房屋买卖合同的约定，向开发商交付了全部的购房款，开发商就应该履行其向业主交付房屋的义务。

对于合同义务，开发商就应该按照我国《合同法》的约定来履行。我国《合同法》第六十条规定："当事人应当按照约定全面履行自己的义务。"这里面有两个意思，一是当事人应该自己履行，二是当事人应该全面履行。

房屋买卖合同是业主与开发商签订的，购房款也是交给了开发商，那么开发商就应该自己交付房屋，不能让物业管理公司或其他机构来履行交付房屋的义务。如果确实有困难，可以让其他机构代理办理入住手续，那么，作为代理人的其他机构不能以自己的名义出现，而只能以开发商的名义向业主交付房屋。

只要业主没有违约情形，开发商就应该向业主交付房屋，不能增加业主的责任与义务，而物业管理公司作为代理交付房屋的机构，只是替开发商完成交房事务，不能在此过

程中加入自己的权利内容，增加业主的责任、义务。

综上所述，从法律角度讲，房屋买卖关系与物业管理法律关系是两种独立的法律关系，不应该互相混淆。不管业主与物业管理公司之间关系如何，都是物业管理法律关系的内容，与房屋买卖法律关系无关。作为房屋买卖关系当事人，必须向业主交付房屋，而不能把物业管理法律关系中的内容强加到房屋买卖关系中来。如果开发商以业主完成物业管理法律关系中的义务作为交付房屋的条件，这就是变相增加业主的合同义务与责任，是不符合《合同法》等法律的规定的。因此，物业管理公司无权以切断水电气的方式对抗业主欠交房款的违约行为。阳光物业管理公司此行为属于侵权行为，应赔偿因切断水、电而导致李某的损失。至于损失的标准，不能以李某实际支出为准，而应按照一般住宿标准加以规定，误工费应提供证据予以证明。

二、保安私入民宅是否侵犯业主的公民权利

【案情介绍】

2003年1月19日凌晨3点，北京市阳光小区张先生夫妇被室内的响动惊醒，二人立即起床发现有人已经走到客厅和卧室过道处，此人自称是物业管理公司的保安。张先生夫妇无法接受保安的这一行为，于是将物业管理公司告上法庭，要求物业管理公司对其保安私入民宅的行为进行书面道歉，并赔偿精神损失费各5万元。

该物业管理公司辩称，其与阳光小区业主委员会签订的物业管理合同中规定："保安员在社区内作24小时巡逻，如遇紧急情况，应按登记的电话号码联系有关住户并立即通知公安部门或消防队等部门，如无法联系有关住户时，即邀请公安人员或消防人开启正门，进入单元审查事故情况，并做适当处理。"其保安人员是由于在深夜值班时发现张先生家的家门虚掩，经按门铃后房内没有反应的可疑情况下，才进入房内进行察看的，完全是履行职责、对业主的安全负责的行为。并且，张先生没有任何物品丢失，也无门锁及其他物品损坏的后果。在这种情况下保安入室没有违法，只属于违纪行为。于是物业管理方以"工作中有违章操作行为"为由将那位保安辞退，并派物业管理经理、保安经理两次登门致歉，还免费更换了门锁。

【法院判决】

法院认为，张先生夫妇身为业主，与物业管理公司之间形成了委托管理关系。保护业主的安全，维护业主的利益是物业管理公司的职责。但物业管理公司在履行职责时应注意采取的方式要适当合理，否则，应承担相应的法律责任。根据双方事先签订的物业管理合同的规定，遇到紧急情况保安应与业主家电话联系，或请公安人员见证才可以入室检查。该物业管理公司的保安的行为显然是不符合有关规定的，侵害了公民住宅不受侵犯的权利。而且他是在张先生夫妇深夜熟睡时进入业主家的，给张先生夫妇带来了精神上的刺激，影响了业主的正常生活，造成了一定的损害后果。同时该保安员是在履行职务的过程中侵害了张先生夫妇的权利，故物业公司应就其保安员的不当行为承担法律责任。

关于赔礼道歉的方式，因该事实仅发生在原、被告之间，口头方式已经足够消除影响，因此法院对张先生夫妇要求书面致歉的请求不予支持，对物业公司的口头致歉行为予以认可。关于赔偿损失问题，因为被告工作人员深夜入室给熟睡中的张先生夫妇带来一定的精神恐惧，因此应给予适当的精神抚慰。

最后法院判决，物业管理公司除向张先生夫妇口头道歉以外，还应一次性向张先生夫

妇赔偿精神抚慰金各 1500 元。

【法律分析】

首先，根据《民法通则》第五条："公民、法人的合法的民事权益受法律保护，任何组织和个人不得侵犯。"第一百二十一条："国家机关或者国家机关工作人员在执行职务中，侵犯公民、法人的合法权益造成损害的，应当承担民事责任。"因此，物业管理公司对自己聘请的保安员的职务行为应承担责任，造成损害后果的应赔偿损失。

其次，侵权责任是民事责任的一种，是指行为人违反法律规定的义务而应当承担的法律后果。侵权责任的方式适用于《民法通则》关于民事责任方式的规定，《民法通则》第一百三十四条："承担民事责任的方式主要有(一)停止侵害；(二)排除妨碍；(三)消除危险；(四)返还财产；(五)恢复原状；(六)修理、重作、更换；(七)赔偿损失；(八)支付违约金；(九)消除影响、恢复名誉；(十)赔礼道歉。以上承担民事责任的方式，可以单独适用，也可以合并适用。人民法院审理民事案件，除适用上述规定外，还可以予以训诫、责令具结悔过、收缴进行非法活动的财物或非法所得，并可以依照法律规定处以罚款、拘留。"

再次，被告得以免除或者减轻侵权责任的合法事由称为侵权行为的抗辩事由。依法执行职务是侵权责任的抗辩事由之一，但必须具备以下条件：

(1) 执行职务的行为必须有合法的根据或者有合法的授权。

(2) 职务的行为合法，只有法律规定的或者有关机关授权的范围内，行为人才可对损害后果不负责任。

(3) 执行职务的行为是必要的。作为抗辩事由的职务行为必须在只有不造成损害就不能执行职务的情况下，才是合理的，才可以称得上是必要的。

就本案来说，保安员完全可以以与业主家电话联系或请公安人员见证才可以入室检查等不给业主造成损害的方式来解决当时出现的问题，可见，被告以执行职务为抗辩事由进行抗辩不应予以支持。

最后，本案涉及精神损害赔偿问题，什么是精神损害呢？精神损害是指加害人的侵权行为对民事主体精神活动的损害。这种损害既包括生理和心理上的损害，也包括精神利益的损害。第一，精神损害可以是生理或心理上的损害。生理上的损害是以侵害权利主体的身体为内容的，主要体现在对权利主体的生命、健康和身体各部分的侵害，从而使法律所保护的公民的人身权益受到侵害；心理方面的损害是对人的精神活动的侵害，从而对人情绪的安定、感情、思维、意识等产生损害。第二，精神损害可以是精神利益的损害，权利主体的精神利益在法律上表现为权利主体的姓名、肖像、名誉、荣誉及贞操、婚姻家庭关系等方面的利益。我国《民法通则》第一百二十条规定："公民的姓名权、肖像权、名誉权、荣誉权受到侵害的，有权要求停止侵害，恢复名誉，消除影响，赔礼道歉，并可以要求赔偿损失。"第一百二十一条规定，精神损害只适用于对公民的姓名权、肖像权、名誉权、荣誉权以及对法人的名称权、名誉权和荣誉权的侵犯，而对"侵犯其他人格权的行为，不得适用精神损害赔偿。"但我国近期的司法解释扩大了精神赔偿的范围，只要精神利益受到他人的侵害，造成了一定的精神损失，就可以要求赔偿。本案中，保安私入民宅，本身是一种侵权行为，但这种侵权行为造成的损失主要是业主精神上的损失，所以业主可以要求精神赔偿。精神损害赔偿数额应当综合考虑侵权人的过错程度，侵权后果、手段、场合、行为方式，侵权人的经济能力等多方面因素。

三、如何理解物业管理合同中的保安义务条款

【案情介绍】

2001年2月4日，卢某与阳光物业公司（下称阳光公司）签订物业管理服务合同一份，约定由阳光公司管理卢某的一套公寓，管理期限从2001年2月16日至2010年12月31日。该合同约定，阳光公司将提供小区保安服务。2003年1月23日晚9点左右，卢某在其居住大楼的电梯内遭到不法分子袭击并因此而受伤。同年4月25日，卢某将阳光公司诉至法院，要求解除与被告阳光公司签订的物业管理服务合同，并赔偿因遭受袭击所产生的医疗费、误工费、交通费、营养费、护理费、整容费、学习中断费及精神损失费共计人民币8万元。

【法院判决】

一审法院认为，虽然阳光公司在物业管理服务合同中承诺提供保安服务，但这种保安服务仅限于防范性的安全保卫活动，并不能要求达到完全根治治安案件的结果。阳光公司已经在小区设置了门卫岗和保安员，卢某不能提供其所遭受袭击系阳光公司不履行职责所致的证据，故要求阳光公司承担侵权赔偿责任缺乏事实和法律依据，不能支持。但阳光公司自愿补偿2000元与法不悖，可予准许。卢某提出的解除物业管理服务合同的请求，因无合法理由和依据，不予支持。卢某不服提起上诉。二审法院经过审理后，驳回上诉，维持原判。

【法律分析】

本案的关键是如何理解物业管理合同中的保安义务条款的内涵。

《物业管理条例》第三十六条规定："物业管理企业应当按照物业服务合同的约定，提供相应的服务。物业管理企业未能履行物业服务合同的约定，导致业主人身、财产安全受到损害的，应当依法承担相应的法律责任。"阳光公司是否按照合同的约定履行了保安义务，就成为判断阳光公司是否应当承担责任的关键。所谓物业管理中的保安，是指物业公司为了保证物业安全方便的使用和维护小区良好稳定的公共秩序而提供的服务。它并不是广义的社会安全，更没有保镖的含义。判断物业公司是否履行了保安义务，就要看物业公司是否对小区和物业的安全使用和环境做出了相应的行为，包括安全设施的建设和维护、保安人员的配置和相应的保安服务、保安制度是否完善等。

保安的性质属于一种群众的群防群治活动，其基本任务是防范第三人对小区和小区业主的人身和财产的不法侵害，将这种危险通过保安行为降至最低，但绝不可能完全杜绝刑事案件和其他不法侵害行为的发生。保安服务在保安义务的履行过程中，如果尽到了合同中约定的保安义务，即使发生不法侵害的情况，物业公司也不承担责任。如果让物业公司承担连公安机关都无法做到的绝对的保护义务，那么任何一个物业公司都是不会答应的。所以，物业公司在提供保安服务的过程中没有主观过错的，其可以免责。

具体到本案，阳光公司已经在小区设置了门卫岗及保安员，且卢某不能提供其所遭受袭击系阳光公司不履行职责所致的证据，即卢某无法举证证明保安人员在履行职责过程中存在过错，况且物业管理合同中没有明确约定物业公司要在电梯内设置安全值班人员，所以我们据此可以判断物业公司并不存在保安义务履行不到位的情况，所以物业公司也就无需承担违约责任。

此外，要特别提出，本案中卢某请求物业公司承担侵权责任，但是由于物业公司在主观上没有过错，客观上没有实施侵权行为，卢某的受害纯系犯罪嫌疑人的行为所致，其损害结果与物业公司的行为之间没有必然的因果联系，所以物业公司也无需承担侵权责任。对于物业公司自愿补偿卢某的 2000 元人民币，并不违反法律的禁止性规定，故而有效。

四、如何正确认识和行使物业管理合同履行中的抗辩权

【案情介绍】

2000 年 1 月，杨女士购买的了阳光小区商品房一套。该小区业主委员会于 2001 年 9 月与阳光物业公司签订物业管理合同，约定的物业管理收费标准为每月每平方米 1.10 元。但是自 2001 年 4 月起，杨女士以阳光物业公司擅自准许其他企业在其所居住的建筑物上架设天线等事实为由，拒绝向阳光物业公司交付物业管理费。自 2002 年 2 月份开始起，阳光物业公司一直向杨女士催讨所欠的物业管理费用但无结果。2002 年 6 月 26 日，阳光物业公司将杨女士诉至法院，请求判令杨女士支付所欠物业管理费。

【法院判决】

一审法院认为，阳光物业管理公司为杨女士管理物业，杨女士应按照约定支付物业管理费。阳光物业公司在所管理的物业上擅自准许他人架设天线的侵权行为与本案并非同一关系，不属于本案处理的范围。经过审理，一审法院判决杨女士支付拖欠的物业管理费用。杨女士不服一审判决，提起上诉。二审法院经过审理，驳回上诉，维持原判。

【法律分析】

本案解决的关键是如何正确认识和行使合同履行中的抗辩权。根据我国《合同法》第六十六、六十七、六十八条分别规定了合同履行的三种抗辩权：同时履行抗辩权、先履行抗辩权、不安抗辩权。

1. 同时履行抗辩权

同时履行抗辩权是指在双务合同中，一方当事人在对方当事人没有履行合同义务或履行不符合约定的前提下可以拒绝履行本方的义务。我国《合同法》第六十六条规定："当事人互负债务，没有先后履行顺序的，应当同时履行。一方在对方履行之前有权拒绝其履行要求。一方在对方履行债务不符合约定时，有权拒绝其相应的履行要求。"同时履行抗辩权的行使，须符合以下条件：

（1）须由同一双务合同互负债务。即双方必须处在一个合同关系当中，而该合同必须是双务合同。所谓互负债务，是指合同当事人一方对另一方享有权利，但是也同时承担义务，己方权利的实现是以另一方承担义务为基础的。

（2）须双方互负的合同债务均已到清偿期。

（3）须对方未履行合同债务。

（4）对方履行合同债务是有可能的。

合同的双方当事人都可以享有同时履行抗辩权。

2. 先履行抗辩权

《合同法》第六十七条规定，当事人互负债务，有先后履行顺序，先履行一方未履行的，后履行一方有权拒绝其履行要求。先履行一方履行债务不符合约定的，后履行一方有权拒绝其相应的履行要求。行使先履行抗辩权，须满足下列条件：

（1）双方在同一双务合同中互负债务。

（2）双方已经约定了履行义务的先后顺序。

（3）先履行义务的一方不履行合同义务，或者不适当履行。

只有后履行合同义务的当事人可以享有先履行抗辩权。

3. 不安抗辩权

《合同法》第六十八条规定："应当先履行债务的当事人，有确切证据证明对方有下列情形之一的，可以中止履行：（一）经营状况严重恶化；（二）转移财产、抽逃资金，以逃避债务；（三）丧失商业信誉；（四）有丧失或者可能丧失履行债务能力的其他情形。当事人没有确切证据中止履行的，应当承担违约责任。"根据《合同法》第六十九条，对于一方想行使不安抗辩权时，应当及时通知对方。对方提供适当担保时，应当恢复履行。中止履行后，对方在合理期限内未恢复履行能力并且未提供适当担保的，中止履行的一方可以解除合同。不安抗辩权行使的条件如下：

（1）双方基于同一个双务合同互负债务。

（2）双方约定了履行合同义务的先后顺序。

（3）后履行义务的一方出现了《合同法》第六十八条规定的情形。

只有先履行合同义务的当事人享有不安抗辩权。

我国合同法规定的三种合同履行抗辩权各不相同，各自发挥着保护不同合同当事人权利的作用，但是有一个共同点是它们的行使条件必须是当事人因一个共同的双务合同而互负债务，即这种抗辩权所对抗的履行请求必须产生于该合同法律关系中。具体到本案，阳光物业公司未经业主杨女士的允许而擅自准许其他企业在其所居住的建筑物上架设天线，该行为性质属于侵权行为，其违反的是法律的直接规定，已经超出了合同约定的范围，所以不属于违约行为。杨女士以此为由拒绝向物业公司交纳物业管理费的抗辩行为，如果是对抗阳光物业公司的违约行为，则甚为恰当。但是，由于该架设天线行为不属于违约行为，而是侵权行为，属于另外一个法律关系，所以合同履行抗辩权在这里便不能行使。法院的判决是正确的。杨女士可以以阳光物业公司侵权为由，另行提起诉讼，主张权利，而不应当以不缴纳物业管理费的方式进行抗辩。本案给我们的启示是：在处理案件的时候，一定要分清楚法律关系。

五、前期物业管理合同对业主是否具有效力

【案情介绍】

1998年7月2日，王某与阳光房地产公司签订了一份购买"同润家园"A89栋商品房的预售合同。1999年2月5日，双方办理了房屋验收和交接手续。该房屋交付后，王某同意将该房屋交阳光房地产公司指定的兴隆物业公司统一管理。实际上，阳光公司与兴隆公司于1998年11月27日就已经签订物业管理合同一份，约定由兴隆公司管理"同润家园"小区，约定物业管理费为每月每平方米1.80元，该收费标准经过所在区县物价管理部门审批。1999年12月，"同润家园"小区的业主委员会成立，因与兴隆公司在收费标准等事项上不能达成共识，因而未能签订新的物业管理合同。王某从1999年4月份开始，拒绝交付物业管理费。2000年5月22日，兴隆公司将王某诉至法院，请求判令王某支付拖欠的物业管理费。

【法院判决】

一审法院认为，新建商品房住宅交付给业主使用后，业主应按照住宅转让合同约定承担相应的物业管理费用。在住宅小区的业主委员会成立之前的物业管理系前期物业管理，由开发商选聘物业管理企业并签订物业管理合同，该合同至业主委员会与其选聘的物业管理收费标准已经物价主管部门审核，而且兴隆公司已经按照约定履行了物业管理职责，王某作为受益的业主应承担相应的费用。因而，判决王某于判决生效后 10 日内偿付所拖欠的物业管理费用。

王某不服判决，提起上诉。二审法院认为，兴隆公司接受委托实施物业管理行为有合法的合同为依据，王某称兴隆公司未受委托自行管理缺乏依据。兴隆公司的收费标准高于其他同样的物业，可以通过业主委员会以合法方式加以解决，而不应以此为由拒绝交付物业管理费。因此，二审法院作出了驳回上诉维持原判的判决。

【法律分析】

本案解决的关键是搞清楚前期物业管理合同对业主有没有效力的问题。前期物业管理是指在业主委员会成立之前，由开发商委托物业管理企业实施的物业管理行为；前期物业管理合同是由开发商与物业管理企业签订的。此时，由于尚未成立业主委员会，还无法以业主团体为一方与物业管理企业签订合同，委托物业管理企业实施物业管理。因而，在现行有关法规中均规定开发商可以签订合同，委托专业企业管理小区物业。但这种前期物业管理合同在小区成立的业主委员会与其选聘的物业管理企业签订的物业管理合同生效时终止。

根据《物业管理条例》第二十一条："在业主、业主大会选聘物业管理企业之前，建设单位选聘物业管理企业的，应当签订书面的前期物业服务合同。"《城市新建住宅小区管理办法》第五条规定："房地产开发企业在出售住宅小区房屋前，应当选聘物业管理公司承担住宅小区的管理，并与其签订物业管理合同。"由此可见，国家法规强制性规定，在业主、业主大会选聘物业管理企业之前，建设单位是有义务选聘物业管理企业对物业进行管理的。

问题是，这份由建设单位和物业管理公司签订的前期物业管理合同，是否适用于业主。根据《物业管理条例》第二十五条："建设单位与物业买受人签订的买卖合同应当包含前期物业服务合同约定的内容。"由此可见，当业主和建设单位签订物业买卖合同的时候，这份前期物业管理合同就已作为买卖合同的附件一并由业主签订了（事实上在实际中也都是这样做的），这就意味着业主同意接受前期物业管理合同的约束，所以，该合同适用于业主。在这份前期物业管理合同尚未到期或者依法解除以前，业主都应当按照该合同的约定履行合同义务，同时物业公司也要以此为依据履行其物业管理的合同义务。

根据《物业管理条例》第二十六条规定："前期物业服务合同可以约定期限；但是，期限未满、业主委员会与物业管理企业签订的物业服务合同生效的，前期物业服务合同终止。"所以，在业主委员会成立之后，其可以自由地和其他物业管理公司接洽并签订新的物业管理合同，在新合同生效以后，无论旧合同是否到期，都一律终止。在新的物业管理合同生效以前，只要前期物业管理合同还未终止，业主就要按照该合同履行义务。

具体到本案，阳光公司与兴隆公司于 1998 年 11 月 27 日就已经签订物业管理合同一份，约定由兴隆公司管理"同润家园"小区，约定物业管理费为每月每平方米 1.80 元，并经过所在区县物价管理部门审批，而业主王某也同意将该房屋交阳光房地产公司指定的兴隆物业公司统一管理，所以该前期物业管理合同合法有效，王某应当按照合同缴纳物业管理服务费。虽然业主委员会成立以后要求更改收费标准，但是在这期间并没有终止与兴隆公司的物业管理合同，也没有和其他物业公司订立新的物业管理合同，所以该合同仍然有效，其效力并不受双方关于物业管理收费标准异议的影响。故而，王某拒绝缴纳物业服务费的做法是违约行为，法律应当不予支持。业主与物业公司的收费问题的争议可以通过其他途径解决。法院的判决是合理的。

六、业主委员会签订的物业管理合同对该小区业主是否具有约束力

【案情介绍】

李某于 2000 年 9 月购买了阳光花园的商品房一套，并与南逸物业管理公司签订了委托管理物业的合同，约定无电梯的房屋按照每月每平方米 0.80 元收取。当月，李某便一次性交付了 2000 年 9 月至 12 月的物业管理费用。

2001 年 4 月 23 日，阳光花园业主委员会与南逸物业公司签订了一份物业管理合同，约定由南逸公司管理阳光花园物业，管理期限为 2 年，自 2001 年 5 月 1 日至 2003 年 5 月 1 日；物业管理费按照每月每平方米 0.80 元直接向业主收取；逾期支付的按日收取 0.3% 的滞纳金。同年 5 月 1 日，阳光花园业主委员会与南逸公司又签订一份合同，约定原物业管理合同自即日起移交南逸公司并继续有效。不久，南逸公司又填写了"物业管理收费备案审核表"，收费标准确定为非电梯房每平方米每月 0.93 元，电梯房为 1.23 元，并加盖了业主委员会印章，将此表送交物价管理部门备案。

2001 年 7 月 29 日，业主李某交纳了 2001 年 1 月至 9 月的物业管理费。可是自从 2001 年 10 月起，李某拒绝支付物业管理费。2002 年 3 月 14 日，南逸公司将李某诉至法院，请求判令李某按照 0.80 元的标准支付物业管理费，并将逾期支付的物业管理费按 0.3% 的标准收取滞纳金。

【法院判决】

一审法院判决李某给付南逸公司物业管理费 520.08 元。李某不服一审判决，提起上诉，二审法院经过审理后维持原判。

【法律分析】

物业管理合同是由业主委员会与物业管理企业签订的，业主并没有直接与物业管理企业签订该合同。本案争议焦点是物业管理合同对业主是否有约束力以及设立业主与业主委员会之间的法律关系问题。

依据我国《物业管理条例》及各地物业管理地方法规的规定，业主委员会是由居住在一个物业小区内的全体业主共同组成一个非法人形态的社会团体，是业主大会的常设机构和执行机构，其形成是为了实现物业管理这一特殊目的。业主委员会代表和维护的是全体业主的权利。当需要签订物业管理合同时，由业主委员会以自己的名义与物业管理企业签订物业管理合同，但其约束力及于全体业主。

依据国外相关立法规定，物业管理费用是由合同一方即业主团体直接向物业管理企业交付的，因为业主团体有自己独立的财产；当然，业主团体的财产来源于全体业主交纳的款项以及公共物业使用所产生的收益等。而我国各地物业管理的地方法规的规定与此不同，一般规定由业主直接支付物业管理费用，省去了先支付给业主团体这一中间环节。我国《物业管理条例》第七条规定："业主在物业管理活动中，履行下列义务：（一）遵守业主公约、业主大会议事规则；（二）遵守物业管理区域内物业共用部位和共用设施设备的使

用、公共秩序和环境卫生的维护等方面的规章制度；（三）执行业主大会的决定和业主大会授权业主委员会作出的决定；（四）按照国家有关规定交纳专项维修资金；（五）按时交纳物业服务费用；（六）法律、法规规定的其他义务。"因此，在我国，业主有直接向物业管理企业交纳物业管理费用的法定义务。

本案中，阳光花园业主委员会与南逸物业公司签订的物业管理合同，对业主李某仍具有约束力，李某仍应当按照合同所确定的标准支付物业管理费用。法院的判决是合理合法的。

七、非业主实际使用人有权就相邻关系纠纷起诉、应诉吗

【案情介绍】

2002 年 5 月，王某购买了阳光花园 C 区 1 号楼 701 室结构为三室二厅的商品房一套，同年 7 月份王某办理了入住手续以及产权过户登记手续。同年 11 月，王某办理了去美国留学的签证手续，12 月赴美国留学。在出国之前，王某将该套商品房出租给亲戚徐某居住。12 月 20 日，徐某一家搬进该商品房开始居住，同时将其所饲养的 30 来只鸽子也一并迁来。居住在同一栋楼房 601 室的马某，因对鸽子的气味过敏，身体经常感到不适。为此，与居住在 701 室的徐某多次交涉要求其不要饲养鸽子，以免影响环境卫生及他人的正常休息。

在经过多次交涉也没有结果的情况下，马某将徐某诉至法院要求王某停止在 701 室饲养鸽子。

【法院判决】

马某向法院递交诉状时，立案部门要求其提供产权证书，马某无法提供，因为他并非业主，对该房屋不享有所有权和物权意义的使用权。

在是否受理马某的诉讼问题上，法院内部也存在两种不同意见。一种意见认为马某虽然不是所有权人，也不是物权性质的使用权人，其基于债的关系而取得对该房屋的使用权也应当受相邻关系法律规定的保护。另一种意见则认为，相邻关系的权利人只能是所有权人或物权性质的使用权人，基于债的关系而获得使用权的人并不受相邻关系法律保护。

最终，法院拒绝受理马某相邻关系纠纷诉讼。

【法律分析】

本案的关键问题是，房屋所有权人或非公房使用权人之外的实际居住人，在使用房屋的过程中与邻里发生各种纠纷时，能否以原告或被告身份诉诸于法律？

有的观点认为，由于相邻关系是两个以上相互毗邻的不动产所有人或使用人，在行使所有权或使用权时，相互给予便利或接受限制而发生的权利义务关系。相邻权是一种物权性权力或准物权性权力，如果实际居住人对该不动产未取得物权或准物权的权利，不宜赋予其以对抗不动产人的权利。因此相邻纠纷的主体必须是房屋的所有权人或公房使用权人，所有权人、公房使用权人以外的实际居住人不能成为相邻纠纷的原告或被告。

我们认为，首先，作为物业管理公司应按照房屋租赁规定及物业管理合同，核查房屋出租的合法性，配合公安管理部门的工作，查清所住人员的身份，进行处理，保证小区的安全。其次，相邻关系是基于权利人在使用相互毗邻的不动产过程中所产生的权利义务关系，其目的就是为了各方能够更好地使用不动产。至于使用人是所有权人或物权性质的使用人，还是之外的其他实际居住使用人，并不影响相邻权的存在。虽然相邻权是物权性权

利或准物权性质的权利，但是相邻关系中的各方并不一定必须具有物权性权利或准物权性权利。基于租赁合同所产生的债权人（承租人）也应当受相邻关系规则的保护。当然，在提起诉讼时，作为原告的实际使用人必须证明其对所使用的房屋享有合法的使用权利。

同样的道理，实际使用人在使用房屋过程中因违反了相邻关系当事人所应履行的义务也可以成为相邻关系诉讼中的被告。

本案中，徐某和马某虽然都是承租人而非所有权人或物权性质的使用权人，但其使用房屋的权利均受法律保护，当承租人使用房屋的权利被相邻人侵犯时，完全可以援引相邻关系法律规范予以保护。因此，法院拒绝受理马某相邻关系纠纷诉讼的理由难以成立。

另外，对于业主私自饲养宠物，物业管理公司应如何处理呢？

目前许多大厦楼宇的业主公约都明确规定，大厦内不准饲养宠物，物业管理公司应根据业主公约执行其管理工作，严禁各业主饲养宠物，违者必究。然而一些大厦楼宇的业主公约中没有这一规定。此时，物业管理公司不能擅自决定而应当召开业主大会，向大家说明私自饲养宠物对全体业主生活、工作环境带来的影响，在得到大家的支持与认可的情况下，将禁止饲养宠物的规定补充进业主公约。

有些高档公寓、大厦的业主公约中没有禁止饲养宠物的规定，甚至规定业主可以饲养猫或狗等。此时物业管理公司应根据公寓、大厦的实际情况，制定具体的规范条例，对饲养宠物的业主进行约束，以便达到不妨碍或少妨碍其他业主生活的目的。例如：规定所有宠物不得在公共地方便溺，影响卫生；规定在某一时间内，业主可以带宠物乘电梯，除此之外，不得带宠物乘电梯，以避免其他业主乘坐电梯时受惊产生矛盾；规定所有宠物在休息时间不允许吠叫，保持大厦内的安静等。饲养宠物的业主应自觉约束自己的宠物，若不能按规范条例去做，物业管理公司有权要求有关业主将宠物带离小区，以免继续影响其他业主的生活。

值得注意的是，根据公安局的有关规定，在未经公安机关批准，个人不允许饲养狼狗。如果发现业主饲养了狼狗，物业管理公司应该与有关公安机关联系，共同处理好此事。

八、办公大楼地面湿滑致人摔伤由谁来承担责任

【案情介绍】

2003年8月，阳光广告公司喜迁一幢新的写字楼。一天上午，由于地面湿滑，该公司职员孙女士在写字楼内去电梯的过道上不小心跌倒。当时，孙女士左肋着地，外臂受伤出血，小臂骨折且出现断裂，被立即送往医院救治。

孙女士痊愈出院后要求开发商及物业管理公司承担其摔伤的责任，赔偿医疗费、误工费等相关损失。

该写字楼的开发商认为，孙女士上班时间在电梯的过道上走动时跌到，究其原因，是由于地滑，地滑的原因来自于建造地面时处理得不好，地面遇潮就滑，孙女士走路时自己应小心，并且物业管理公司也应该尽义务保持地面干净整洁。所以，孙女士摔伤的责任应由两被告和孙女士三方分别承担。

负责该写字楼的物业管理公司认为，孙女士滑倒跌伤责任不在自己，在于地面建造留下的缺陷，而不是自己的服务没有尽职，所以，关于孙女士跌伤的事实物业管理公司不必承担任何法律责任。

【法院判决】

经法院查实该写字楼地面湿滑的原因，主要是地板本身的问题，当然物业管理公司也没有很好地解决地面湿滑的问题。孙女士的办公室在大厦的六层，在经过一层时跌倒，与地面的湿滑存在直接因果关系。后来，法院主持调解，达成协议，由开发商承担孙女士损失13600元，由该物业管理公司承担3000元。

【法律分析】

解决本案的关键是要搞清楚写字楼开发商、写字楼物业管理公司以及租户之间的法律关系问题。对于写字楼的开发商而言，租户承租其楼宇，向其支付租金从而得以使用该写字楼，包括承租的写字间及该楼宇的公共空间。那么，开发商与租户之间就形成了一种经营者与消费者之间的关系。而对于写字楼的物业管理公司而言，租户向其支付物业管理费，得到其提供的物业管理服务，包括对物业进行维护、修缮，使物业更方便于租户的使用。这样租户与物业管理公司之间，也形成了一种经营者与消费者之间的关系。

我国《消费者权益保护法》第七条的规定："消费者在购买、使用商品和接受服务时享有人身、财产安全不受损害的权利。消费者有权要求经营者提供的商品服务，符合保障人身、财产安全的要求。"《消费者权益保护法》第十八条规定："经营者应当保证其提供的商品或者服务符合保障人身、财产安全的要求。对可能危及人身、财产安全的商品和服务，应当向消费者做出真实地说明和明确的警示，并说明和标明正确使用商品或者接受服务的方法以及防止危害发生的办法。经营者发现其提供的商品或者服务存在严重的缺陷，即使正确使用商品或者接受服务仍然可能对人身、财产安全造成危害的，应当立即向有关行政部门报告和告知消费者，并采取防止危害发生的措施。"

在本案例中，一方面，开发商作为经营者，其与租户之间的经营消费法律关系是客观存在着的，并不能因为有了物业管理公司而减少自己应承担的义务。无论何时何地，开发商都必须要保证租户在使用自己提供的楼宇时的人身、财产安全。

另一方面，本案中的物业管理公司，如果明知地滑可能伤人，却没有依照《消费者权益保护法》的规定警示租户，也没有采取防范措施防止事故发生，这同样没有尽到经营者应尽义务。也就是说，依据《消费者权益保护法》第十一条的规定："消费者因购买、使用商品或者接受服务受到人身、财产损害的，享有依法获得赔偿的权利。"开发商与物业管理公司都是有过错的，都应该对由此引起的租户摔伤事件负责任。依据《消费者权益保护法》第四十一条规定："经营者提供商品或者服务，造成消费者或者其他受害人人身伤害的，应当支付医疗费、治疗期间的护理费、因误工减少的收入等费用，造成残疾的，还应当支付残疾者生活自助费、生活补助费、残疾赔偿金以及由扶养的人所需的生活费等费用；构成犯罪的，依法追究刑事责任。"

由两个以上的人共同实施违法行为并且都有过错的，应共同对损害的发生承担责任，我们称之为共同责任。根据各责任人之间的共同关系，可将共同责任分为按份责任、连带责任和补充责任。补充责任是指责任人的财产不足以承担其应负的民事责任时，由有关的人对不足部分依法予以补充的责任；连带责任是因违反连带债务或者共同实施侵权行为而产生的责任，各个责任人之间具有连带关系。所谓连带关系是各个责任人对外都不分份额、不分先后次序地根据权利人的请求承担责任。连带责任的承担必须由当事人事先约定或者有法律规定；按份责任是指多数当事人按照法律的规定或者合同的约定各自承担一定份额的民事责任，各责任人之间没有连带关系。对于开发商与物业管理公司的责任关系法律并没有规定是连带关系，而二者事先也没有约定，所以开发商与物业管理公司应该对孙女士在电梯外过道上被摔伤的事实承担按份责任，赔偿其损失。

另外，假如摔伤者并不是这栋写字楼的租户，与开发商及物业管理公司之间并不存在经营消费法律关系，那么是否意味着摔了也白摔呢？不是这样。《民法通则》第一百二十五条规定："在公共场所、道旁或者通道上挖坑、修缮安装地下设施等，没有设置明显标志和采取安全措施造成他人损害的，施工人应当承担民事责任。"本案中的当事人虽然不是工人，但应该能够确定谁是负有设置明显标志和采取安全措施责任的人，假设开发商与物业管理公司有协议，由物业管理公司负责防止过往人们不致滑道、碰伤等，则物业管理公司因没有尽到职责，应承担民事责任。确定责任时还必须要考虑摔伤的原因，如果摔伤人本身也存在过错，则其对损害后果也应当承担部分民事责任。

九、物业小区内的车辆被盗由谁来承担法律责任

【案情介绍】

2000 年新年伊始李先生便喜迁新居。其新居所属的小区物业由阳光物业管理公司负责管理。几个月后，李先生以 178000 元的价格购买了一部新型桑塔纳轿车。他按物业管理公司的规定交纳了停车费，拿到了阳光物业管理公司核发的 26 号停车证，并确定了专用的停车车位。2001 年 7 月 22 日晚，李某停在 26 号车位的轿车不翼而飞。轿车丢失后，保险公司按折旧车款的 80% 赔付给李先生 10.24 万元，但尚有 4 万元车款没有着落。李先生认为，阳光物业公司作为小区管理人，对在小区内停放的车辆负有保管义务；现车辆被盗，阳光物业公司应承担保险公司没有理赔的 4 万元车款，并要求阳光物业公司支付丢失轿车后向租赁公司租用汽车的租车费 2.2 万元。李某就赔偿事宜与阳光物业公司交涉无果后诉至法院。

【法院判决】

法院经审理后认为，李先生按阳光物业管理公司的规定交纳了车辆停车费用，并领取了阳光物业管理公司核发的车辆专用车位停车证，从而取得了车辆停泊权。双方实际上形成了车位停车协议，即约定由阳光物业管理公司对停泊的车辆进行保管。李先生所交纳的停车费，就是车辆保管费用。阳光物业公司作为保管人，有义务对停泊在核定车位内的车辆进行保护性管理，以防止车辆丢失、毁损；否则，将要承担违约责任。李先生停泊的车辆丢失，说明阳光物业公司未履行保管职责，应承担全部责任。

依照有关法律规定，任何单位和个人，未经有关部门批准，无权利用国有土地来收取占地费，因此，阳光物业公司关于停车费性质为占地费的主张不予采纳。阳光物业公司在核发的停车证上注明车辆自行保管的内容并非车主的真实意愿，并且违反了公平原则，因此该条款不能约束双方，阳光物业公司不能免责。李先生作为丢失轿车的所有人，有权向阳光物业公司提出索赔，但丢失后的租车费与阳光物业公司没有法律上的因果关系。

法院判决阳光物业公司赔偿车主李先生 4 万元。

【法律分析】

在我国物业管理实践中，已经出现了许多因停放在物业小区内的车辆被盗而引发的纠纷。到底是否应该由物业管理公司承担责任呢？我们认为对此应作具体案件具体分析，不能一概而论。

物业管理企业对小区的管理属于民事活动，因此物业管理企业的义务和职责的具体范

围主要由双方在合同中加以约定。根据物业管理的特殊性，可将物业管理义务划分为物的管理、社区管理和物的利用秩序管理等三个方面，其中包括物业管理公司对小区负有安全管理的义务。这种安全管理的义务，是针对小区的社区环境而言的，例如对小区的防火防灾、进出人员以及治安秩序等方面的管理义务，还有对小区停放车辆的管理义务。依据各地物业管理法规及其物业管理合同的约定，物业管理企业负有对车辆的管理义务。物业管理企业是否承担丢失的赔偿责任，关键取决于对物业管理企业的义务如何定性。

保管合同属于民事合同的一种，如果物业管理企业与业主委员会或业主约定物业管理企业对车辆履行保管义务，则在车主将车辆交付给物业管理企业管理后，物业管理企业必须履行保管义务。即使没有约定为保管合同关系，只要该管理的事实完全符合保管合同的构成要件，物业管理企业也应承担保管合同责任。总之，是否构成保管合同关系，是决定物业管理企业是否承担赔偿责任的关键因素。依据合同法的规定，保管合同属于实践性合同，寄存人必须将保管物交付给保管人，即保管物必须移转给保管人占有控制后，保管合同才生效；否则，即便双方已达成保管合意，该保管合意也未生效。那么，能否把车主将车辆停放在停车位上的行为理解为车主已经将车辆移转给物业管理企业占有控制呢？车主将车辆停放在指定车位上的行为，并不一定意味着车辆实际占有控制权能的移转。对此，我们做以下两种情况的分析：

（1）双方约定对车辆的管理为保管合同关系时，如果约定了将车辆停放在指定车位即为保管物交付的，只要车主将车辆停放在指定停车位，保管合同就开始生效，物业管理企业就应承担保管责任；如果没有约定将车辆停放在指定停车位即为车辆交付的，除非双方办理了交付手续，否则车主停放车辆的行为难以构成保管物的交付。

（2）双方未约定对车辆的管理为保管合同关系时，如果按照车辆管理的规章制度，业主停放车辆必须办理交接手续，而且只有在查验停车凭证与车辆完全相符后才予以放行的，则停放车辆的行为也构成保管物的交付；基于此管理事实，应推定双方之间为车辆的保管合同关系。如果没有办理车辆交接手续，或者虽然办理了停车手续（如核发停车证）但并未严格查验手续的，也很难构成保管合同关系。

就本案而言，车主李某将车辆停放在26号专用停车位上的事实，并不能当然地认定为就是作为保管物的车辆的交付。李某将车辆停放在26号车位的行为，并不能推定出物业管理企业就占有和控制了该车辆。车辆是一种移动性非常强的物体，如果双方没有办理相关的交接手续，物业管理企业难以对其实施现实的占有控制。因此，本案中的物业管理企业与李某之间并没有构成保管合同关系，物业管理企业也就不应承担保管合同关系。

司法实践中，有一种观点认为，只要物业管理企业对车辆的停放收取了一定费用的，就构成了保管合同关系；其中停车人交付的费用应当认为是保管费。我们认为，这种观点并不全面。对停放车辆收取的费用，既可能是保管费，也可能是停车场地有偿使用费。停车费构成保管费的前提是，双方之间存在车辆保管合同关系。如果不构成保管关系，则这种费用就应认定为停车人使用停车场地所应支付的对价。依据我国《合同法》的规定，保管合同既可以是有偿的也可以是无偿的。如果已经构成保管合同关系，不管是否支付对价，保管人都应当承担保管责任。因此，是否支付了停车费并不是保管合同的本质要件。

有观点认为，既然不构成保管合同关系，物业管理企业对停放车辆被盗所致的损失不承担任何责任。我们认为，这一观点也是片面的。因为，既然不构成保管合同关系，物业管理企业仍然对车辆以及物业小区的治安秩序等负有管理义务。如果物业管理企业在治安管理方面违反义务，对车辆被盗有一定过错的，则物业管理企业也应当对车辆被盗的损失承担相应的赔偿责任。

综上所述，不能认为只要业主停放在小区内的车辆被盗，物业管理企业就应当承担赔偿责任。在不构成保管合同关系的情况下，物业管理企业对车辆被盗确有过错的，应承担相应的赔偿责任。例如，有人发现盗贼正在作案而报告给物业管理企业的报案时，保安人员未采取积极措施阻止的，物业管理企业应当承担怠于履行管理义务所致损失的赔偿责任。如果物业管理企业已经尽到管理义务的，则不承担赔偿责任。

另外，随着百姓生活水平的提高，私家车的数量不断地增加，而能够停车的车位数量却依然有限，必然会产生矛盾。为了保证各类车辆在停车场内的安全，防止被盗，方便小区业主，必须要加强停车场内的管理。具体应做到下几点：

（1）制定停车场的管理规定。第一，确定按小时租用和按月租用的两种收费标准；第二，月租车位，或年租车位，原则上应专车专位；第三，如果采用的是车辆停车管理费的收费方法，除了收取车位占地出租费以外，还要注意收取一定的财产保险费，万一车辆被盗，保险公司也要承担相应部分责任；第四，规定车辆出入登记手续（车位、车牌、时间），验证放行。

（2）通道标志、车位标志、出入口标志明显易懂。

（3）保证车辆出入通道畅通。

（4）严禁装有易爆、易燃、剧毒物品、污染型物品的车辆驶入停车场。

（5）室内停车场要将标高、重量等限制牌挂在停车场入口显眼处。

（6）停车场内建立必要的监控，保持场内光线亮度，防止被盗事件发生。

这在住宅小区比较容易解决，但在高档商住楼、写字楼中，这是一个最严重的管理问题，作为停车场的管理员必须对驶入的车辆作严格的限制，并要在必要时采取以下措施：

（1）区分业主私家车和临时停放车辆，并划分区域、专车为专用。

（2）严格按照停车数量来限制进车。

（3）假若临时停车位已满，物业管理公司应禁止来办事或访友的车辆驶入，以免造成混乱或阻塞。有时物业管理公司会做出折中方案，就是当访客车辆驶入车场内，而此时临时停车位已满时，若其要访问的业主的私家车位是空的，此时物业管理公司可暂时安排访客将车停在其车位上，当该业主的车子回来时，再帮助其安排。

十、业主家中财产被盗的赔偿责任纠纷问题

【案情介绍】

2003年4月22日下午，两名歹徒趁赵太太一人在家之机，从楼梯间的窗户爬进她家的厨房，将赵太太双手、双脚捆绑起来，并用匕首对她进行威胁，抢走了价值3万余元的首饰。事发后，赵太太找到负责该小区的阳光物业管理公司，可是该物业管理公司否认自身负有责任，但表示可以免收赵太太家下一年的物业管理费。

双方交涉未果，赵太太向法院提起诉讼，要求阳光物业管理公司赔偿其经济损失35000元。

【法院判决】

经过法院调查核实，赵某家的厨房的窗户与楼梯间的窗户仅有1米左右的距离，出事时，属于公共部分的楼梯间的窗户并没有安装防盗窗，歹徒正是利用这一便利通道从楼梯间翻入赵某家实施抢劫。赵太太提供了一份他们购房时的获得的广告单，上面清楚明确地写着："提供封闭式防盗系统和 24 小时固定岗哨，定时保安巡逻。"住在小区里的很多业主也都证明，阳光物业管理公司在业主们购买楼房时确实做了相关承诺。赵太太还提供了一份其与阳光物业管理公司签订的《物业管理委托合同》，此合同规定物业管理公司负责保障本小区的人身、财产安全。由此，法院认为阳光物业管理公司应当承担违约责任，对原告的诉讼请求予以支持。

【法律分析】

民事责任是因违反民事义务，依法应承担的法律后果，这是民事责任的本质特征。正如我国《民法通则》规定："公民、法人违反合同或者不履行其他义务的，应当承担民事责任。"

物业管理公司的民事义务包括法定义务和约定义务。法定义务是法律法规确定的物业管理公司的管理义务。《城市新建住宅小区管理办法》的第二条第三款规定，小区管理是指对小区内房屋建筑及其设备、市政公用设施、绿化、卫生、交通、治安和环境容貌等管理项目进行维护、修缮和整治。从该规章来看，物业管理公司对物业管理区域内的治安有一定的义务。

约定义务由物业管理公司与业主或物业使用人在物业管理委托合同中约定，如《大连市物业管理委托合同》示范文本中关于小区保安工作职责的约定：小区内实行 24 小时保安值班巡逻制度，报案人员值班有明显标志，熟悉辖区情况，工作规范，作风严谨，有值班巡逻纪录，各项保安措施落实。物业管理公司的法定义务和约定义务构成了其民事义务的全部，物业管理公司若违反民事义务，就应承担民事责任，当然，物业管理公司若没有违反其民事义务也就无需承担民事责任。

就物业管理企业的社区安全管理义务而言，它包括物业消防管理和小区治安管理两部分。物业消防管理就是预防和消除火灾，整改治理火灾隐患，以保障物业小区内的生命、财产安全。小区治安管理就是采取各种措施如设立门卫执勤、保安人员巡逻等以使物业小区有一个安全稳定的秩序，使得业主们能够安居乐业。物业管理企业是否应承担社区安全管理义务，完全由业主团体与物业管理企业在合同中约定。

物业管理公司与业主、物业使用人之间形成的是委托管理的民事法律关系，这种民事法律关系具有如下特点：

（1）物业管理合同受相关物业管理法规及《合同法》的调整。物业管理公司与业主、物业使用人之间要签订物业管理合同，制定物业管理公约，并严格遵守。同时物业管理合同受《合同法》调整，根据《合同法》第一百二十四条的规定：本法分则或者其他法律没有明文规定的合同，适用本法总则的规定，并可以参照本法分则或者其他法律最相类似的规定。物业管理合同适用于委托合同的规定。委托合同作为一种有名合同，其归责原则是过错责任原则。按其规定，有偿的委托合同，因受托人的过错给委托人造成损失的，委托人可以要求赔偿损失。对于物业管理公司的保安工作而言，法定的义务是"保持公共秩序良好"，约定的义务在合同中注明。没有在合同中标明的义务对于属于物业范畴的，物业管理公司应负管理责任，如小区内的花坛被破坏，物业管理公司如果负有管理上的过错责任，需要承担赔偿责任，如果没有管理上的过错责任，不需要承担责任；对于不属于物业范畴的，如业主、物业使用人家中的财产，其毁损、灭失，物业管理公司不承担赔偿责任。但物业管理公司与业主、物业使用人有特别约定的除外。

（2）物业管理合同不同于保管合同。物业管理合同的管理人——物业管理公司的主要合同义务是管理职责，而保管合同的保管人的主要合同义务是保管职责。如果业主、物业使用人与物业管理公司订立保管合同，那么一旦被保管的物品被盗，物业管理公司就应承担赔偿责任；反之，如果物业管理合同没有约定保管义务内容，则无法形成物业管理公司对业主、物业使用人家中财物的保管、赔偿责任。

所以，如果双方签订的委托合同中没有明确排除物业公司对业主的财产、人身安全的责任，且在物业管理服务项目中有保安条款，则物业管理公司就应对业主的财产、人身安全承担一定的责任。物业管理公司只有在其无故意或重大过失时才可能免责。

本案中，物业管理公司需要承担一定的法律责任，同时本案的开发商也有一定过错，也应承担部分法律责任。物业管理公司收取了物业管理费就意味着其对业主的人身、财产安全担负了一定的责任，业主在自己家里被抢劫，物业管理公司应负有责任，责任的大小视不同情况而定。如果歹徒是从小区大门或翻墙进来实施抢劫的，则物业公司负有直接责任；如果是小区内部人员实施抢劫的，则物业公司负有间接责任。赵太太家的楼梯间窗户没有安装防护栏，如果防护栏应当由物业管理公司安装而没安装，导致歹徒进入业主家，则物业管理公司负有不可推卸的责任；如果防护栏应由开发商安装，则开发商负有一定的责任。

附录 1

前期物业管理招标投标管理暂行办法

第一章 总 则

第一条 为了规范前期物业管理招标投标活动，保护招标投标当事人的合法权益，促进物业管理市场的公平竞争，制定本办法。

第二条 前期物业管理，是指在业主、业主大会选聘物业管理企业之前，由建设单位选聘物业管理企业实施的物业管理。

建设单位通过招投标的方式选聘具有相应资质的物业管理企业和行政主管部门对物业管理招投标活动实施监督管理，适用本办法。

第三条 住宅及同一物业管理区域内非住宅的建设单位，应当通过招投标的方式选聘具有相应资质的物业管理企业；投标人少于3个或者住宅规模较小的，经物业所在地的区、县人民政府房地产行政主管部门批准，可以采用协议方式选聘具有相应资质的物业管理企业。

国家提倡其他物业的建设单位通过招投标的方式，选聘具有相应资质的物业管理企业。

第四条 前期物业管理招标投标应当遵循公开、公平、公正和诚实信用的原则。

第五条 国务院建设行政主管部门负责全国物业管理招标投标活动的监督管理。

省、自治区人民政府建设行政主管部门负责本行政区域内物业管理招标投标活动的监督管理。直辖市、市、县人民政府房地产行政主管部门负责本行政区域内物业管理招标投标活动的监督管理。

第六条 任何单位和个人不得违反法律、行政法规规定，限制或者排斥具备投标资格的物业管理企业参加投标，不得以任何方式非法干涉物业管理招标投标活动。

第二章 招 标

第七条 本办法所称招标人是指依法进行前期物业管理招标的物业建设单位。

前期物业管理招标由招标人依法组织实施。招标人不得以不合理条件限制或者排斥潜在投标人，不得对潜在投标人实行歧视待遇，不得对潜在投标人提出与招标物业管理项目实际要求不符的过高的资格等要求。

第八条 前期物业管理招标分为公开招标和邀请招标。

招标人采取公开招标方式的，应当在公共媒介上发布招标公告，并同时在中国住宅与房地产信息网和中国物业管理协会网上发布免费招标公告。

招标公告应当载明招标人的名称和地址，招标项目的基本情况以及获取招标文件的办法等事项。

招标人采取邀请招标方式的，应当向3个以上物业管理企业发出投标邀请书，投标邀请书应当包含前款规定的事项。

第九条 招标人可以委托招标代理机构办理招标事宜；有能力组织和实施招标活动的，也可以自行组织实施招标活动。

物业管理招标代理机构应当在招标人委托的范围内办理招标事宜，并遵守本办法对招标人的有关规定。

第十条 招标人应当根据物业管理项目的特点和需要，在招标前完成招标文件的编制。

招标文件应包括以下内容：

（一）招标人及招标项目简介，包括招标人名称、地址、联系方式、项目基本情况、物业管理用房的配备情况等；

（二）物业管理服务内容及要求，包括服务内容、服务标准等；

（三）对投标人及投标书的要求，包括投标人的资格、投标书的格式、主要内容等；

（四）评标标准和评标方法；

（五）招标活动方案，包括招标组织机构、开标时间及地点等；

（六）物业服务合同的签订说明；

（七）其他事项的说明及法律法规规定的其他内容。

第十一条 招标人应当在发布招标公告或者发出投标邀请书的 10 日前，提交以下材料报物业项目所在地的县级以上地方人民政府房地产行政主管部门备案：

（一）与物业管理有关的物业项目开发建设的政府批件；

（二）招标公告或者招标邀请书；

（三）招标文件；

（四）法律、法规规定的其他材料。

房地产行政主管部门发现招标有违反法律、法规规定的，应当及时责令招标人改正。

第十二条 公开招标的招标人可以根据招标文件的规定，对投标申请人进行资格预审。

实行投标资格预审的物业管理项目，招标人应当在招标公告或者投标邀请书中载明资格预审的条件和获取资格预审文件的办法。

资格预审文件一般应当包括资格预审申请书格式、申请人须知，以及需要投标申请人提供的企业资格文件、业绩、技术装备、财务状况和拟派出的项目负责人与主要管理人员的简历、业绩等证明材料。

第十三条 经资格预审后，公开招标的招标人应当向资格预审合格的投标申请人发出资格预审合格通知书，告知获取招标文件的时间、地点和方法，并同时向资格不合格的投标申请人告知资格预审结果。

在资格预审合格的投标申请人过多时，可以由招标人从中选择不少于 5 家资格预审合格的投标申请人。

第十四条 招标人应当确定投标人编制投标文件所需要的合理时间。公开招标的物业管理项目，自招标文件发出之日起至投标人提交投标文件截止之日止，最短不得少于20 日。

第十五条 招标人对已发出的招标文件进行必要的澄清或者修改的，应当在招标文件要求提交投标文件截止时间至少 15 日前，以书面形式通知所有的招标文件收受人。该澄清或者修改的内容为招标文件的组成部分。

第十六条　招标人根据物业管理项目的具体情况，可以组织潜在的投标申请人踏勘物业项目现场，并提供隐蔽工程图纸等详细资料。对投标申请人提出的疑问应当予以澄清并以书面形式发送给所有的招标文件收受人。

第十七条　招标人不得向他人透露已获取招标文件的潜在投标人的名称、数量以及可能影响公平竞争的有关招标投标的其他情况。

招标人设有标底的，标底必须保密。

第十八条　在确定中标人前，招标人不得与投标人就投标价格、投标方案等实质内容进行谈判。

第十九条　通过招标投标方式选择物业管理企业的，招标人应当按照以下规定时限完成物业管理招标投标工作：

（一）新建现售商品房项目应当在现售前 30 日完成；

（二）预售商品房项目应当在取得《商品房预售许可证》之前完成；

（三）非出售的新建物业项目应当在交付使用前 90 日完成。

第三章　投　　标

第二十条　本办法所称投标人是指响应前期物业管理招标、参与投标竞争的物业管理企业。

投标人应当具有相应的物业管理企业资质和招标文件要求的其他条件。

第二十一条　投标人对招标文件有疑问需要澄清的，应当以书面形式向招标人提出。

第二十二条　投标人应当按照招标文件的内容和要求编制投标文件，投标文件应当对招标文件提出的实质性要求和条件作出响应。

投标文件应当包括以下内容：

（一）投标函；

（二）投标报价；

（三）物业管理方案；

（四）招标文件要求提供的其他材料。

第二十三条　投标人应当在招标文件要求提交投标文件的截止时间前，将投标文件密封送达投标地点。招标人收到投标文件后，应当向投标人出具标明签收人和签收时间的凭证，并妥善保存投标文件。在开标前，任何单位和个人均不得开启投标文件。在招标文件要求提交投标文件的截止时间后送达的投标文件，为无效的投标文件，招标人应当拒收。

第二十四条　投标人在招标文件要求提交投标文件的截止时间前，可以补充、修改或者撤回已提交的投标文件，并书面通知招标人。补充、修改的内容为投标文件的组成部分，并应当按照本办法第二十三条的规定送达、签收和保管。在招标文件要求提交投标文件的截止时间后送达的补充或者修改的内容无效。

第二十五条　投标人不得以他人名义投标或者以其他方式弄虚作假，骗取中标。

投标人不得相互串通投标，不得排挤其他投标人的公平竞争，不得损害招标人或者其他投标人的合法权益。

投标人不得与招标人串通投标，损害国家利益、社会公共利益或者他人的合法权益。

禁止投标人以向招标人或者评标委员会成员行贿等不正当手段谋取中标。

第四章　开标、评标和中标

第二十六条　开标应当在招标文件确定的提交投标文件截止时间的同一时间公开进行；开标地点应当为招标文件中预先确定的地点。

第二十七条　开标由招标人主持，邀请所有投标人参加。开标应当按照下列规定进行：

由投标人或者其推选的代表检查投标文件的密封情况，也可以由招标人委托的公证机构进行检查并公证。经确认无误后，由工作人员当众拆封，宣读投标人名称、投标价格和投标文件的其他主要内容。

招标人在招标文件要求提交投标文件的截止时间前收到的所有投标文件，开标时都应当当众予以拆封。

开标过程应当记录，并由招标人存档备查。

第二十八条　评标由招标人依法组建的评标委员会负责。

评标委员会由招标人代表和物业管理方面的专家组成，成员为 5 人以上单数，其中招标人代表以外的物业管理方面的专家不得少于成员总数的三分之二。

评标委员会的专家成员，应当由招标人从房地产行政主管部门建立的专家名册中采取随机抽取的方式确定。

与投标人有利害关系的人不得进入相关项目的评标委员会。

第二十九条　房地产行政主管部门应当建立评标的专家名册。省、自治区、直辖市人民政府房地产行政主管部门可以将专家数量少的城市的专家名册予以合并或者实行专家名册计算机联网。

房地产行政主管部门应当对进入专家名册的专家进行有关法律和业务培训，对其评标能力、廉洁公正等进行综合考评，及时取消不称职或者违法违规人员的评标专家资格。被取消评标专家资格的人员，不得再参加任何评标活动。

第三十条　评标委员会成员应当认真、公正、诚实、廉洁地履行职责。

评标委员会成员不得与任何投标人或者与招标结果有利害关系的人进行私下接触，不得收受投标人、中介人、其他利害关系人的财物或者其他好处。

评标委员会成员和与评标活动有关的工作人员不得透露对投标文件的评审和比较、中标候选人的推荐情况以及与评标有关的其他情况。

前款所称与评标活动有关的工作人员，是指评标委员会成员以外的因参与评标监督工作或者事务性工作而知悉有关评标情况的所有人员。

第三十一条　评标委员会可以用书面形式要求投标人对投标文件中含义不明确的内容作必要的澄清或者说明。投标人应当采用书面形式进行澄清或者说明，其澄清或者说明不得超出投标文件的范围或者改变投标文件的实质性内容。

第三十二条　在评标过程中召开现场答辩会的，应当事先在招标文件中说明，并注明所占的评分比重。

评标委员会应当按照招标文件的评标要求，根据标书评分、现场答辩等情况进行综合评标。

除了现场答辩部分外，评标应当在保密的情况下进行。

第三十三条　评标委员会应当按照招标文件确定的评标标准和方法，对投标文件进行评审和比较，并对评标结果签字确认。

第三十四条　评标委员会经评审，认为所有投标文件都不符合招标文件要求的，可以否决所有投标。

依法必须进行招标的物业管理项目的所有投标被否决的，招标人应当重新招标。

第三十五条　评标委员会完成评标后，应当向招标人提出书面评标报告，阐明评标委员会对各投标文件的评审和比较意见，并按照招标文件规定的评标标准和评标方法，推荐不超过 3 名有排序的合格的中标候选人。

招标人应当按照中标候选人的排序确定中标人。当确定中标的中标候选人放弃中标或者因不可抗力提出不能履行合同的，招标人可以依序确定其他中标候选人为中标人。

第三十六条　招标人应当在投标有效期截止时限 30 日前确定中标人。投标有效期应当在招标文件中载明。

第三十七条　招标人应当向中标人发出中标通知书，同时将中标结果通知所有未中标的投标人，并应当返还其投标书。

招标人应当自确定中标人之日起 15 日内，向物业项目所在地的县级以上地方人民政府房地产行政主管部门备案。备案资料应当包括开标评标过程、确定中标人的方式及理由、评标委员会的评标报告、中标人的投标文件等资料。委托代理招标的，还应当附招标代理委托合同。

第三十八条　招标人和中标人应当自中标通知书发出之日起 30 日内，按照招标文件和中标人的投标文件订立书面合同；招标人和中标人不得再行订立背离合同实质性内容的其他协议。

第三十九条　招标人无正当理由不与中标人签订合同，给中标人造成损失的，招标人应当给予赔偿。

第五章　附　　则

第四十条　投标人和其他利害关系人认为招标投标活动不符合本办法有关规定的，有权向招标人提出异议，或者依法向有关部门投诉。

第四十一条　招标文件或者投标文件使用两种以上语言文字的，必须有一种是中文；如对不同文本的解释发生异议的，以中文文本为准。用文字表示的数额与数字表示的金额不一致的，以文字表示的金额为准。

第四十二条　本办法第三条规定住宅规模较小的，经物业所在地的区、县人民政府房地产行政主管部门批准，可以采用协议方式选聘物业管理企业的，其规模标准由省、自治区、直辖市人民政府房地产行政主管部门确定。

第四十三条　业主和业主大会通过招投标的方式选聘具有相应资质的物业管理企业的，参照本办法执行。

第四十四条　本办法自 2003 年 9 月 1 日起施行。

物业服务收费管理办法

第一条 为规范物业服务收费行为，保障业主和物业管理企业的合法权益，根据《中华人民共和国价格法》和《物业管理条例》，制定本办法。

第二条 本办法所称物业服务收费，是指物业管理企业按照物业服务合同的约定，对房屋及配套的设施设备和相关场地进行维修、养护、管理，维护相关区域内的环境卫生和秩序，向业主所收取的费用。

第三条 国家提倡业主通过公开、公平、公正的市场竞争机制选择物业管理企业；鼓励物业管理企业开展正当的价格竞争，禁止价格欺诈，促进物业服务收费通过市场竞争形成。

第四条 国务院价格主管部门会同国务院建设行政主管部门负责全国物业服务收费的监督管理工作。

县级以上地方人民政府价格主管部门会同同级房地产行政主管部门负责本行政区域内物业服务收费的监督管理工作。

第五条 物业服务收费应当遵循合理、公开以及费用与服务水平相适应的原则。

第六条 物业服务收费应当区分不同物业的性质和特点分别实行政府指导价和市场调节价。具体定价形式由省、自治区、直辖市人民政府价格主管部门会同房地产行政主管部门确定。

第七条 物业服务收费实行政府指导价的，有定价权限的人民政府价格主管部门应当会同房地产行政主管部门根据物业管理服务等级标准等因素，制定相应的基准价及其浮动幅度，并定期公布。具体收费标准由业主与物业管理企业根据规定的基准价和浮动幅度在物业服务合同中约定。

实行市场调节价的物业服务收费，由业主与物业管理企业在物业服务合同中约定。

第八条 物业管理企业应当按照政府价格主管部门的规定实行明码标价，在物业管理区域内的显著位置，将服务内容、服务标准以及收费项目、收费标准等有关情况进行公示。

第九条 业主与物业管理企业可以采取包干制或者酬金制等形式约定物业服务费用。

包干制是指由业主向物业管理企业支付固定物业服务费用，盈余或者亏损均由物业管理企业享有或者承担的物业服务计费方式。

酬金制是指在预收的物业服务资金中按约定比例或者约定数额提取酬金支付给物业管理企业，其余全部用于物业服务合同约定的支出，结余或者不足均由业主享有或者承担的物业服务计费方式。

第十条 建设单位与物业买受人签订的买卖合同，应当约定物业管理服务内容、服务标准、收费标准、计费方式及计费起始时间等内容，涉及物业买受人共同利益的约定应当一致。

第十一条 实行物业服务费用包干制的，物业服务费用的构成包括物业服务成本、法定税费和物业管理企业的利润。

实行物业服务费用酬金制的，预收的物业服务资金包括物业服务支出和物业管理企业的酬金。

物业服务成本或者物业服务支出构成一般包括以下部分：

1. 管理服务人员的工资、社会保险和按规定提取的福利费等；
2. 物业共用部位、共用设施设备的日常运行、维护费用；
3. 物业管理区域清洁卫生费用；
4. 物业管理区域绿化养护费用；
5. 物业管理区域秩序维护费用；
6. 办公费用；
7. 物业管理企业固定资产折旧；
8. 物业共用部位、共用设施设备及公众责任保险费用；
9. 经业主同意的其他费用。

物业共用部位、共用设施设备的大修、中修和更新、改造费用，应当通过专项维修资金予以列支，不得计入物业服务支出或者物业服务成本。

第十二条 实行物业服务费用酬金制的，预收的物业服务支出属于代管性质，为所交纳的业主所有，物业管理企业不得将其用于物业服务合同约定以外的支出。

物业管理企业应当向业主大会或者全体业主公布物业服务资金年度预决算并每年不少于一次公布物业服务资金的收支情况。

业主或者业主大会对公布的物业服务资金年度预决算和物业服务资金的收支情况提出质询时，物业管理企业应当及时答复。

第十三条 物业服务收费采取酬金制方式，物业管理企业或者业主大会可以按照物业服务合同约定聘请专业机构对物业服务资金年度预决算和物业服务资金的收支情况进行审计。

第十四条 物业管理企业在物业服务中应当遵守国家的价格法律法规，严格履行物业服务合同，为业主提供质价相符的服务。

第十五条 业主应当按照物业服务合同的约定按时足额交纳物业服务费用或者物业服务资金。业主违反物业服务合同约定逾期不交纳服务费用或者物业服务资金的，业主委员会应当督促其限期交纳；逾期仍不交纳的，物业管理企业可以依法追缴。

业主与物业使用人约定由物业使用人交纳物业服务费用或者物业服务资金的，从其约定，业主负连带交纳责任。

物业发生产权转移时，业主或者物业使用人应当结清物业服务费用或者物业服务资金。

第十六条 纳入物业管理范围的已竣工但尚未出售，或者因开发建设单位原因未按时交给物业买受人的物业，物业服务费用或者物业服务资金由开发建设单位全额交纳。

第十七条 物业管理区域内，供水、供电、供气、供热、通讯、有线电视等单位应当向最终用户收取有关费用。物业管理企业接受委托代收上述费用的，可向委托单位收取手续费，不得向业主收取手续费等额外费用。

第十八条 利用物业共用部位、共用设施设备进行经营的，应当在征得相关业主、业主大会、物业管理企业的同意后，按照规定办理有关手续。业主所得收益应当主要用于补充专项维修资金，也可以按照业主大会的决定使用。

第十九条　物业管理企业已接受委托实施物业服务并相应收取服务费用的，其他部门和单位不得重复收取性质和内容相同的费用。

第二十条　物业管理企业根据业主的委托提供物业服务合同约定以外的服务，服务收费由双方约定。

第二十一条　政府价格主管部门会同房地产行政主管部门，应当加强对物业管理企业的服务内容、标准和收费项目、标准的监督。物业管理企业违反价格法律、法规和规定，由政府价格主管部门依据《中华人民共和国价格法》和《价格违法行为行政处罚规定》予以处罚。

第二十二条　各省、自治区、直辖市人民政府价格主管部门、房地产行政主管部门可以依据本办法制定具体实施办法，并报国家发展和改革委员会、建设部备案。

第二十三条　本办法由国家发展和改革委员会会同建设部负责解释。

第二十四条　本办法自 2004 年 1 月 1 日起执行，原国家计委、建设部印发的《城市住宅小区物业管理服务收费暂行办法》（计价费〔1996〕266 号）同时废止。

附录 3

物业管理条例

第一章 总 则

第一条 为了规范物业管理活动，维护业主和物业管理企业的合法权益，改善人民群众的生活和工作环境，制定本条例。

第二条 本条例所称物业管理，是指业主通过选聘物业管理企业，由业主和物业管理企业按照物业服务合同约定，对房屋及配套的设施设备和相关场地进行维修、养护、管理，维护相关区域内的环境卫生和秩序的活动。

第三条 国家提倡业主通过公开、公平、公正的市场竞争机制选择物业管理企业。

第四条 国家鼓励物业管理采用新技术、新方法，依靠科技进步提高管理和服务水平。

第五条 国务院建设行政主管部门负责全国物业管理活动的监督管理工作。

县级以上地方人民政府房地产行政主管部门负责本行政区域内物业管理活动的监督管理工作。

第二章 业主及业主大会

第六条 房屋的所有权人为业主。

业主在物业管理活动中，享有下列权利：

（一）按照物业服务合同的约定，接受物业管理企业提供的服务；

（二）提议召开业主大会会议，并就物业管理的有关事项提出建议；

（三）提出制定和修改业主公约、业主大会议事规则的建议；

（四）参加业主大会会议，行使投票权；

（五）选举业主委员会委员，并享有被选举权；

（六）监督业主委员会的工作；

（七）监督物业管理企业履行物业服务合同；

（八）对物业共用部位、共用设施设备和相关场地使用情况享有知情权和监督权；

（九）监督物业共用部位、共用设施设备专项维修资金（以下简称专项维修资金）的管理和使用；

（十）法律、法规规定的其他权利。

第七条 业主在物业管理活动中，履行下列义务：

（一）遵守业主公约、业主大会议事规则；

（二）遵守物业管理区域内物业共用部位和共用设施设备的使用、公共秩序和环境卫生的维护等方面的规章制度；

（三）执行业主大会的决定和业主大会授权业主委员会作出的决定；

（四）按照国家有关规定交纳专项维修资金；

（五）按时交纳物业服务费用；

（六）法律、法规规定的其他义务。

第八条 物业管理区域内全体业主组成业主大会。

业主大会应当代表和维护物业管理区域内全体业主在物业管理活动中的合法权益。

第九条 一个物业管理区域成立一个业主大会。

物业管理区域的划分应当考虑物业的共用设施设备、建筑物规模、社区建设等因素。具体办法由省、自治区、直辖市制定。

第十条 同一个物业管理区域内的业主，应当在物业所在地的区、县人民政府房地产行政主管部门的指导下成立业主大会，并选举产生业主委员会。但是，只有一个业主的，或者业主人数较少且经全体业主一致同意，决定不成立业主大会的，由业主共同履行业主大会、业主委员会职责。

业主在首次业主大会会议上的投票权，根据业主拥有物业的建筑面积、住宅套数等因素确定。具体办法由省、自治区、直辖市制定。

第十一条 业主大会履行下列职责：

（一）制定、修改业主公约和业主大会议事规则；

（二）选举、更换业主委员会委员，监督业主委员会的工作；

（三）选聘、解聘物业管理企业；

（四）决定专项维修资金使用、续筹方案，并监督实施；

（五）制定、修改物业管理区域内物业共用部位和共用设施设备的使用、公共秩序和环境卫生的维护等方面的规章制度；

（六）法律、法规或者业主大会议事规则规定的其他有关物业管理的职责。

第十二条 业主大会会议可以采用集体讨论的形式，也可以采用书面征求意见的形式；但应当有物业管理区域内持有 1/2 以上投票权的业主参加。

业主可以委托代理人参加业主大会会议。

业主大会作出决定，必须经与会业主所持投票权 1/2 以上通过。业主大会作出制定和修改业主公约、业主大会议事规则，选聘和解聘物业管理企业，专项维修资金使用和续筹方案的决定，必须经物业管理区域内全体业主所持投票权 2/3 以上通过。

业主大会的决定对物业管理区域内的全体业主具有约束力。

第十三条 业主大会会议分为定期会议和临时会议。

业主大会定期会议应当按照业主大会议事规则的规定召开。经 20％ 以上的业主提议，业主委员会应当组织召开业主大会临时会议。

第十四条 召开业主大会会议，应当于会议召开 15 日以前通知全体业主。

住宅小区的业主大会会议，应当同时告知相关的居民委员会。

业主委员会应当做好业主大会会议记录。

第十五条 业主委员会是业主大会的执行机构，履行下列职责：

（一）召集业主大会会议，报告物业管理的实施情况；

（二）代表业主与业主大会选聘的物业管理企业签订物业服务合同；

（三）及时了解业主、物业使用人的意见和建议，监督和协助物业管理企业履行物业服务合同；

180

（四）监督业主公约的实施；

（五）业主大会赋予的其他职责。

第十六条 业主委员会应当自选举产生之日起 30 日内，向物业所在地的区、县人民政府房地产行政主管部门备案。

业主委员会委员应当由热心公益事业、责任心强、具有一定组织能力的业主担任。

业主委员会主任、副主任在业主委员会委员中推选产生。

第十七条 业主公约应当对有关物业的使用、维护、管理，业主的共同利益，业主应当履行的义务，违反公约应当承担的责任等事项依法作出约定。

业主公约对全体业主具有约束力。

第十八条 业主大会议事规则应当就业主大会的议事方式、表决程序、业主投票权确定办法、业主委员会的组成和委员任期等事项作出约定。

第十九条 业主大会、业主委员会应当依法履行职责，不得作出与物业管理无关的决定，不得从事与物业管理无关的活动。

业主大会、业主委员会作出的决定违反法律、法规的，物业所在地的区、县人民政府房地产行政主管部门，应当责令限期改正或者撤销其决定，并通告全体业主。

第二十条 业主大会、业主委员会应当配合公安机关，与居民委员会相互协作，共同做好维护物业管理区域内的社会治安等相关工作。

在物业管理区域内，业主大会、业主委员会应当积极配合相关居民委员会依法履行自治管理职责，支持居民委员会开展工作，并接受其指导和监督。

住宅小区的业主大会、业主委员会作出的决定，应当告知相关的居民委员会，并认真听取居民委员会的建议。

第三章　前期物业管理

第二十一条 在业主、业主大会选聘物业管理企业之前，建设单位选聘物业管理企业的，应当签订书面的前期物业服务合同。

第二十二条 建设单位应当在销售物业之前，制定业主临时公约，对有关物业的使用、维护、管理，业主的共同利益，业主应当履行的义务，违反公约应当承担的责任等事项依法作出约定。

建设单位制定的业主临时公约，不得侵害物业买受人的合法权益。

第二十三条 建设单位应当在物业销售前将业主临时公约向物业买受人明示，并予以说明。

物业买受人在与建设单位签订物业买卖合同时，应当对遵守业主临时公约予以书面承诺。

第二十四条 国家提倡建设单位按照房地产开发与物业管理相分离的原则，通过招投标的方式选聘具有相应资质的物业管理企业。

住宅物业的建设单位，应当通过招投标的方式选聘具有相应资质的物业管理企业；投标人少于 3 个或者住宅规模较小的，经物业所在地的区、县人民政府房地产行政主管部门批准，可以采用协议方式选聘具有相应资质的物业管理企业。

第二十五条 建设单位与物业买受人签订的买卖合同应当包含前期物业服务合同约定

的内容。

第二十六条　前期物业服务合同可以约定期限；但是，期限未满、业主委员会与物业管理企业签订的物业服务合同生效的，前期物业服务合同终止。

第二十七条　业主依法享有的物业共用部位、共用设施设备的所有权或者使用权，建设单位不得擅自处分。

第二十八条　物业管理企业承接物业时，应当对物业共用部位、共用设施设备进行查验。

第二十九条　在办理物业承接验收手续时，建设单位应当向物业管理企业移交下列资料：

（一）竣工总平面图，单体建筑、结构、设备竣工图，配套设施、地下管网工程竣工图等竣工验收资料；

（二）设施设备的安装、使用和维护保养等技术资料；

（三）物业质量保修文件和物业使用说明文件；

（四）物业管理所必需的其他资料。

物业管理企业应当在前期物业服务合同终止时将上述资料移交给业主委员会。

第三十条　建设单位应当按照规定在物业管理区域内配置必要的物业管理用房。

第三十一条　建设单位应当按照国家规定的保修期限和保修范围，承担物业的保修责任。

第四章　物业管理服务

第三十二条　从事物业管理活动的企业应当具有独立的法人资格。

国家对从事物业管理活动的企业实行资质管理制度。具体办法由国务院建设行政主管部门制定。

第三十三条　从事物业管理的人员应当按照国家有关规定，取得职业资格证书。

第三十四条　一个物业管理区域由一个物业管理企业实施物业管理。

第三十五条　业主委员会应当与业主大会选聘的物业管理企业订立书面的物业服务合同。

物业服务合同应当对物业管理事项、服务质量、服务费用、双方的权利义务、专项维修资金的管理与使用、物业管理用房、合同期限、违约责任等内容进行约定。

第三十六条　物业管理企业应当按照物业服务合同的约定，提供相应的服务。

物业管理企业未能履行物业服务合同的约定，导致业主人身、财产安全受到损害的，应当依法承担相应的法律责任。

第三十七条　物业管理企业承接物业时，应当与业主委员会办理物业验收手续。

业主委员会应当向物业管理企业移交本条例第二十九条第一款规定的资料。

第三十八条　物业管理用房的所有权依法属于业主。未经业主大会同意，物业管理企业不得改变物业管理用房的用途。

第三十九条　物业服务合同终止时，物业管理企业应当将物业管理用房和本条例第二十九条第一款规定的资料交还给业主委员会。

物业服务合同终止时，业主大会选聘了新的物业管理企业的，物业管理企业之间应当做好交接工作。

第四十条　物业管理企业可以将物业管理区域内的专项服务业务委托给专业性服务企业，但不得将该区域内的全部物业管理一并委托给他人。

第四十一条　物业服务收费应当遵循合理、公开以及费用与服务水平相适应的原则，区别不同物业的性质和特点，由业主和物业管理企业按照国务院价格主管部门会同国务院建设行政主管部门制定的物业服务收费办法，在物业服务合同中约定。

第四十二条　业主应当根据物业服务合同的约定交纳物业服务费用。业主与物业使用人约定由物业使用人交纳物业服务费用的，从其约定，业主负连带交纳责任。

已竣工但尚未出售或者尚未交给物业买受人的物业，物业服务费用由建设单位交纳。

第四十三条　县级以上人民政府价格主管部门会同同级房地产行政主管部门，应当加强对物业服务收费的监督。

第四十四条　物业管理企业可以根据业主的委托提供物业服务合同约定以外的服务项目，服务报酬由双方约定。

第四十五条　物业管理区域内，供水、供电、供气、供热、通讯、有线电视等单位应当向最终用户收取有关费用。

物业管理企业接受委托代收前款费用的，不得向业主收取手续费等额外费用。

第四十六条　对物业管理区域内违反有关治安、环保、物业装饰装修和使用等方面法律、法规规定的行为，物业管理企业应当制止，并及时向有关行政管理部门报告。

有关行政管理部门在接到物业管理企业的报告后，应当依法对违法行为予以制止或者依法处理。

第四十七条　物业管理企业应当协助做好物业管理区域内的安全防范工作。发生安全事故时，物业管理企业在采取应急措施的同时，应当及时向有关行政管理部门报告，协助做好救助工作。

物业管理企业雇请保安人员的，应当遵守国家有关规定。保安人员在维护物业管理区域内的公共秩序时，应当履行职责，不得侵害公民的合法权益。

第四十八条　物业使用人在物业管理活动中的权利义务由业主和物业使用人约定，但不得违反法律、法规和业主公约的有关规定。

物业使用人违反本条例和业主公约的规定，有关业主应当承担连带责任。

第四十九条　县级以上地方人民政府房地产行政主管部门应当及时处理业主、业主委员会、物业使用人和物业管理企业在物业管理活动中的投诉。

第五章　物业的使用与维护

第五十条　物业管理区域内按照规划建设的公共建筑和共用设施，不得改变用途。

业主依法确需改变公共建筑和共用设施用途的，应当在依法办理有关手续后告知物业管理企业；物业管理企业确需改变公共建筑和共用设施用途的，应当提请业主大会讨论决定同意后，由业主依法办理有关手续。

第五十一条　业主、物业管理企业不得擅自占用、挖掘物业管理区域内的道路、场地，损害业主的共同利益。

因维修物业或者公共利益，业主确需临时占用、挖掘道路、场地的，应当征得业主委员会和物业管理企业的同意；物业管理企业确需临时占用、挖掘道路、场地的，应当征得业主委员会的同意。

业主、物业管理企业应当将临时占用、挖掘的道路、场地，在约定期限内恢复原状。

第五十二条　供水、供电、供气、供热、通讯、有线电视等单位，应当依法承担物业管理区域内相关管线和设施设备维修、养护的责任。

前款规定的单位因维修、养护等需要，临时占用、挖掘道路、场地的，应当及时恢复原状。

第五十三条　业主需要装饰装修房屋的，应当事先告知物业管理企业。

物业管理企业应当将房屋装饰装修中的禁止行为和注意事项告知业主。

第五十四条　住宅物业、住宅小区内的非住宅物业或者与单幢住宅楼结构相连的非住宅物业的业主，应当按照国家有关规定交纳专项维修资金。

专项维修资金属业主所有，专用于物业保修期满后物业共用部位、共用设施设备的维修和更新、改造，不得挪作他用。

专项维修资金收取、使用、管理的办法由国务院建设行政主管部门会同国务院财政部门制定。

第五十五条　利用物业共用部位、共用设施设备进行经营的，应当在征得相关业主、业主大会、物业管理企业的同意后，按照规定办理有关手续。业主所得收益应当主要用于补充专项维修资金，也可以按照业主大会的决定使用。

第五十六条　物业存在安全隐患，危及公共利益及他人合法权益时，责任人应当及时维修养护，有关业主应当给予配合。

责任人不履行维修养护义务的，经业主大会同意，可以由物业管理企业维修养护，费用由责任人承担。

第六章　法　律　责　任

第五十七条　违反本条例的规定，住宅物业的建设单位未通过招投标的方式选聘物业管理企业或者未经批准，擅自采用协议方式选聘物业管理企业的，由县级以上地方人民政府房地产行政主管部门责令限期改正，给予警告，可以并处 10 万元以下的罚款。

第五十八条　违反本条例的规定，建设单位擅自处分属于业主的物业共用部位、共用设施设备的所有权或者使用权的，由县级以上地方人民政府房地产行政主管部门处 5 万元以上 20 万元以下的罚款；给业主造成损失的，依法承担赔偿责任。

第五十九条　违反本条例的规定，不移交有关资料的，由县级以上地方人民政府房地产行政主管部门责令限期改正；逾期仍不移交有关资料的，对建设单位、物业管理企业予以通报，处 1 万元以上 10 万元以下的罚款。

第六十条　违反本条例的规定，未取得资质证书从事物业管理的，由县级以上地方人民政府房地产行政主管部门没收违法所得，并处 5 万元以上 20 万元以下的罚款；给业主造成损失的，依法承担赔偿责任。

以欺骗手段取得资质证书的，依照本条第一款规定处罚，并由颁发资质证书的部门吊销资质证书。

第六十一条　违反本条例的规定，物业管理企业聘用未取得物业管理职业资格证书的人员从事物业管理活动的，由县级以上地方人民政府房地产行政主管部门责令停止违法行为，处 5 万元以上 20 万元以下的罚款；给业主造成损失的，依法承担赔偿责任。

第六十二条 违反本条例的规定，物业管理企业将一个物业管理区域内的全部物业管理一并委托给他人的，由县级以上地方人民政府房地产行政主管部门责令限期改正，处委托合同价款 30％以上 50％以下的罚款；情节严重的，由颁发资质证书的部门吊销资质证书。委托所得收益，用于物业管理区域内物业共用部位、共用设施设备的维修、养护，剩余部分按照业主大会的决定使用；给业主造成损失的，依法承担赔偿责任。

第六十三条 违反本条例的规定，挪用专项维修资金的，由县级以上地方人民政府房地产行政主管部门追回挪用的专项维修资金，给予警告，没收违法所得，可以并处挪用数额 2 倍以下的罚款；物业管理企业挪用专项维修资金，情节严重的，并由颁发资质证书的部门吊销资质证书；构成犯罪的，依法追究直接负责的主管人员和其他直接责任人员的刑事责任。

第六十四条 违反本条例的规定，建设单位在物业管理区域内不按照规定配置必要的物业管理用房的，由县级以上地方人民政府房地产行政主管部门责令限期改正，给予警告，没收违法所得，并处 10 万元以上 50 万元以下的罚款。

第六十五条 违反本条例的规定，未经业主大会同意，物业管理企业擅自改变物业管理用房的用途的，由县级以上地方人民政府房地产行政主管部门责令限期改正，给予警告，并处 1 万元以上 10 万元以下的罚款；有收益的，所得收益用于物业管理区域内物业共用部位、共用设施设备的维修、养护，剩余部分按照业主大会的决定使用。

第六十六条 违反本条例的规定，有下列行为之一的，由县级以上地方人民政府房地产行政主管部门责令限期改正，给予警告，并按照本条第二款的规定处以罚款；所得收益，用于物业管理区域内物业共用部位、共用设施设备的维修、养护，剩余部分按照业主大会的决定使用：

（一）擅自改变物业管理区域内按照规划建设的公共建筑和共用设施用途的；

（二）擅自占用、挖掘物业管理区域内道路、场地，损害业主共同利益的；

（三）擅自利用物业共用部位、共用设施设备进行经营的。

个人有前款规定行为之一的，处 1000 元以上 1 万元以下的罚款；单位有前款规定行为之一的，处 5 万元以上 20 万元以下的罚款。

第六十七条 违反物业服务合同约定，业主逾期不交纳物业服务费用的，业主委员会应当督促其限期交纳；逾期仍不交纳的，物业管理企业可以向人民法院起诉。

第六十八条 业主以业主大会或者业主委员会的名义，从事违反法律、法规的活动，构成犯罪的，依法追究刑事责任；尚不构成犯罪的，依法给予治安管理处罚。

第六十九条 违反本条例的规定，国务院建设行政主管部门、县级以上地方人民政府房地产行政主管部门或者其他有关行政管理部门的工作人员利用职务上的便利，收受他人财物或者其他好处，不依法履行监督管理职责，或者发现违法行为不予查处，构成犯罪的，依法追究刑事责任；尚不构成犯罪的，依法给予行政处分。

第七章 附　　则

第七十条 本条例自 2003 年 9 月 1 日起施行。

附录4

物业管理委托合同示范文本

第一章　总　则

第一条　本合同当事人＿＿＿＿＿＿

委托方（以下简称甲方）：＿＿＿＿＿＿

受托方（以下简称乙方）：＿＿＿＿＿＿

根据有关法律、法规，在自愿、平等、协商一致的基础上，甲方将＿＿＿＿＿＿（物业名称）委托于乙方实行物业管理，订立本合同。

第二条　物业基本情况

物业类型：＿＿＿＿＿＿

坐落位置：＿＿＿＿＿＿市＿＿＿＿＿＿区＿＿＿＿＿＿路（街道）＿＿＿＿＿＿号

四至：东＿＿＿＿＿＿南＿＿＿＿＿＿西＿＿＿＿＿＿北＿＿＿＿＿＿

占地面积：＿＿＿＿＿＿平方米

建筑面积：＿＿＿＿＿＿平方米

第三条　乙方提供服务的受益人为本物业的全体业主和物业使用人，本物业的全体业主和物业使用人均应对履行本合同承担相应的责任。

第二章　委托管理事项

第四条　房屋建筑共用部位的维修、养护和管理，包括：楼盖、屋顶、外墙面、承重结构、楼梯间、走廊通道、门厅、＿＿＿＿＿＿。

第五条　共用设施、设备的维修、养护、运行和管理，包括：共用的上下水管道、落水管、垃圾道、烟囱、共用照明、天线、中央空调、暖气干线、供暖锅炉房、高压水泵房、楼内消防设施设备、电梯、＿＿＿＿＿＿。

第六条　市政公共设施和附属建筑物、构筑物的维修、养护和管理，包括道路、室外上下水道、化粪池、沟渠、池、井、自行车棚、停车场、＿＿＿＿＿＿。

第七条　公用绿地、花木、建筑小品等的养护和管理。

第八条　附属配套建筑和设施的维修、养护和管理，包括商业网点、文化体育娱乐场所、＿＿＿＿＿＿。

第九条　公共环境卫生，包括公共场所、房屋共用部位的清洁卫生，垃圾的收集、清运、＿＿＿＿＿＿。

第十条　交通与车辆停放秩序的管理。

第十一条　维持公共秩序，包括安全监控、巡视、门岗值勤、＿＿＿＿＿＿。

第十二条　管理与物业相关的工程图纸、住用户档案与竣工验收资料。

第十三条　组织开展社区文化娱乐活动。

第十四条　负责向业主和物业使用人收取下列费用：

1. 物业管理服务费;

2. _____;

3. _____;

第十五条 业主和物业使用人房屋自用部位、自用设施及设备的维修、养护,在当事人提出委托时,乙方应接受委托并合理收费。

第十六条 对业主和物业使用人违反业主公约的行为,针对具体行为并根据情节轻重,采取批评、规劝、警告、制止、_____等措施。

第十七条 其他委托事项

1. _____;

2. _____;

3. _____。

第三章　委托管理期限

第十八条 委托管理期限为_____年。自_____年_____月_____日时起至_____年_____月_____日时止。

第四章　双方权利义务

第十九条

A. 甲方权利义务(适用于业主委员会)

1. 代表和维护产权人、使用人的合法权益;

2. 制定业主公约并监督业主和物业使用人遵守公约;

3. 审定乙方拟定的物业管理制度;

4. 检查监督乙方管理工作的实施及制度的执行情况;

5. 审定乙方提出的物业管理服务年度计划、财务预算几决算;

6. 在合同生效之日起_____日内向乙方提供_____平方米建筑面积的经营性商业用房,由乙方按每月每平方米_____元租用,其租金收入用于_____;

7. 在合同生效之日起_____日内向乙方提供_____平方米建筑面积管理用房(产权属甲方),由乙方按下列第项执行:

(1) 无偿使用;

(2) 按建筑面积每月每平方米_____元租用,其租金收入用于_____。

8. 负责收集、整理物业管理所需全部图纸、档案、资料,并于合同生效之日起_____日内向乙方移交;

9. 当业主和业主使用人不按规定交纳物业管理费时,负责催交或以其他方式偿付;

10. 协调、处理本合同生效前发生的管理遗留问题:

(1) _____;

(2) _____。

11. 协助乙方做好物业管理工作和宣传教育、文化活动;

12. _____。

B. 甲方权利义务(适用于房地产开发企业)

1. 在业主委员会成立之前，负责制定业主公约并将其作为房屋租售合同的附件要求业主和物业使用人遵守；

2. 审定乙方拟定的物业管理制度；

3. 检查监督乙方管理工作的实施及制度的执行情况；

4. 审定乙方提出的物业管理服务年度计划、财务预算及决算；

5. 委托乙方管理的房屋、设施、设备应达到国家验收标准要求。如存在质量问题，按以下方式处理：

（1）负责返修；

（2）委托乙方返修，支付全部费用；

（3）_____。

6. 在合同生效之日起_____日内向乙方提供_____平方米建筑面积的经营性商业用房，由乙方按每月每平方米_____元租用，其租金收入用于_____；

7. 在合同生效之日起_____日内向乙方提供_____平方米建筑面积管理用房（产权属甲方），由乙方按下列第_____项执行：

（1）无偿使用；

（2）按建筑面积每月每平方米元租用，其租金收入用于_____。

8. 负责收集、整理物业管理所需全部图纸、档案、资料，并于合同生效之日起_____日内向乙方移交；

9. 当业主和物业使用人不按规定交纳物业管理费时，负责催交或以其他方式偿伏；

10. 协调、处理本合同生效前发生的管理遗留问题：

（1）_____；

（2）_____。

11. 协助乙方做好物业管理工作和宣传教育、文化活动；

12. _____。

第二十条　乙方权利义务

1. 根据法律法规及本合同的约定，制订物业管理制度；

2. 对业主和物业使用人违反法规、规章的行为，提请有关部门处理；

3. 按本合同第十六条的约定，对业主和物业使用人违反业主公约的行为进行处理；

4. 可选聘专营公司承担本物业的专项管理业务，但不得将本物业的管理责任转让给第三方；

5. 负责编制房屋、附属建筑物、构筑物、设施、设备、绿化等的年度维修养护计划和大中修方案，经双方议定后由乙方组织实施；

6. 向业主和物业使用人告知物业使用的有关规定，当业主和物业使用人装修物业时，告知有关限制条件，订阅书面约定，并负责监督；

7. 负责编制物业管理年度计划、资金使用计划及决算报告；

8. 每个_____月向全体业主和物业使用人公布一次管理费用收支账目；

9. 对本物业的公用设施不得擅自占用和改变使用功能，如需在本物业内改、扩建或完善配套项目，须与甲方协商经甲方同意后报有关部门批准方可实施；

10. 本合同终止时，乙方必须向甲方移交全部经营性商业用房、管理用房及物业管理的全部档案资料；

11. _____。

第五章　物业管理服务质量

第二十一条　乙方须按下列约定，实现目标管理。

1. 房屋外观：_____
2. 设备运行：_____
3. 房屋及设施、设备的维护、养护：_____
4. 公共环境：_____
5. 绿化：_____
6. 交通秩序：_____
7. 保安：_____
8. 急修：_____
小修：_____
9. 业主和物业使用人对乙方的满意率达到：_____

第六章　物业管理服务费用

第二十二条　物业管理服务费

1. 本物业的管理服务费，住宅房屋由乙方按建筑面积每月每平方米_____元向业主或物业使用人收取；非住宅房屋由乙方按建筑面积每月每平方米_____元向业主或物业使用人收取。

2. 管理服务费标准的调整，按_____调整。

3. 空置房屋的管理服务费，由乙方按建筑面积每月每平方米_____元向业主或物业使用人收取。

4. 业主和物业使用人逾期交纳物业管理费的，按以下第_____项处理：

（1）从逾期之日起按每天_____元交纳滞纳金；

（2）从逾期之日起每天应交管理费的万分之_____交纳滞纳金；

（3）_____。

第二十三条　车位使用费由乙方按下列标准向车位使用人收取：

1. 露天车位：_____；
2. 车库：_____；
3. _____。

第二十四条　乙方对业主和物业使用人的房屋自用部位、自用设备、毗连部位的维修、养护及其他特约服务，由当事人按实际发生的费用记付，收费标准须经甲方同意。

第二十五条　其他乙方向业主和物业使用人提供的服务项目和收费标准如下：

1. 高层楼房电梯运行费按时结算，由乙方向业主或物业使用人收取；

2. _____

3. _____

第二十六条　房屋的共用部位、共用设施、设备、公共场地的维修、养护费用：

1. 房屋共用部位的小修、养护费用，由_____承担；大中修费用，由_____承担；更新费用，由_____承担。

2. 房屋共用设施、设备的小修、养护费用，由_____承担；大中修费用，由_____承担；更新费用，由_____承担。

3. 市政公用设施和附属建筑物、构筑物的小修、养护费用，由_____承担；大中修费用，由_____承担；更新费用，由_____承担。

4. 公共绿地的养护费用，由_____承担；改造、更新费用，由_____承担。

5. 附属配套建筑和设施的小修、养护费用，由_____承担；大中修费用，由_____承担；更新费用，由_____承担。

第七章 违约责任

第二十七条 甲方违反合同第十九条的约定，使乙方未完成规定管理目标，乙方有权要求甲方在一定期限内解决；逾期未解决的，乙方有权终止合同；造成乙方经济损失的，甲方应给予乙方经济赔偿。

第二十八条 乙方违反本合同第五章的约定，未能达到约定的管理目标，甲方有权要求乙方限期整改，逾期未整改的，甲方有权终止合同；造成甲方经济损失的，乙方应给予甲方经济赔偿。

第二十九条 乙方违反本合同第六章的约定，擅自提高收费标准的，甲方有权要求乙方清退；造成甲方经济损失的，乙方应给予甲方经济赔偿。

第三十条 甲、乙任一方无正当理由提前终止合同的，应向对方支付_____元的违约金；给对方造成的经济损失超过违约金的，还应给予赔偿。

第八章 附 则

第三十一条 自本合同生效之日起_____天内，根据甲方委托管理事项，办理完交接验收手续。

第三十二条 合同期满后，乙方全部完成合同并且管理成绩优秀，大多数业主和物业使用人反映良好，可续订合同。

第三十三条 双方可对本合同的条款进行补充，以书面形式签订补充协议，补充协议与本合同具有同等效力。

第三十四条 本合同之附件均为合同有效组成部分。本合同及其附件内，空格部分填写的文字与印刷文字具有同等效力。

本合同及其附件和补充协议中未规定的事宜，均遵照中华人民共和国有关法律、法规和规章执行。

第三十五条 本合同正本连同附件共_____页，一式三份，甲乙双方及物业管理行政主管部门（备案）各执一份，具有同等法律效力。

第三十六条 因房屋建筑质量、设备设施质量或安装技术等原因，达不到使用功能，造成重大事故的，由甲方承担责任并作善后处理。产生质量事故的直接原因，以政府主管部门的鉴定为准。

第三十七条 本合同执行期间，如遇不可抗力，致使合同无法履行时，双方应按有关法律规定及时协商处理。

    第三十八条   本合同在履行中如发生争议，双方应协商解决或报请物业管理行政主管部门进行调解，协商或调解不成的，双方同意由_____仲裁委员会仲裁（当事人双方不在合同中约定仲裁机构，事后又未达成书面仲裁协议的，可以向人民法院起诉。）

    第三十九条   合同期满本合同自然终止，双方如续订合同，应在该合同期满天前向对方提出书面意见。

    第四十条   本合同自签字之日起生效。

    甲方签章：   乙方签章：

    代表人：   代表人：

                                                    年 月 日

附录 5

前期物业管理服务协议（示范文本）

建设部　前期物业管理服务协议（示范文本）

本协议当事人

甲方：＿＿＿＿＿＿＿＿＿＿＿＿

乙方：＿＿＿＿＿＿＿＿＿＿＿＿

甲方是指：1. 房地产开发单位或其委托的物业管理企业；2. 公房出售单位或其委托的物业管理企业。

乙方是指：购房人（业主）。

前期物业管理是指：自房屋出售之日起至业主委员会与物业管理企业签定的《物业管理合同》生效时止的物业管理。

本物业名称：＿＿＿＿＿＿＿＿＿＿

乙方所购房屋销售（预售）合同编号：＿＿＿＿＿＿＿＿

乙方所购房屋基本情况：

类型＿＿＿＿＿＿＿＿＿＿

坐落位置＿＿＿＿＿＿＿＿＿＿

建筑面积＿＿＿＿＿＿平方米

根据有关法律、法规，在自愿、平等、协商一致的基础上，在乙方签订《房屋买卖（预售）合同》时，甲乙双方就前期物业管理服务达成如下协议：

第一条　双方的权利和义务

一、甲方的权利义务

1. 对房屋共用部位、共用设施设备、绿化、环境卫生、保安、交通等项目进行维护、修缮、服务与管理；

2. 根据有关法规和政策，结合实际情况，制定本物业的物业管理制度和《物业使用守则》并书面告知乙方；

3. 建立健全本物业的物业管理档案资料；

4. 制止违反本物业的物业管理制度和《物业使用守则》的行为；

5. 物业管理企业可委托专业公司承担本物业的专项管理与服务业务，但不得将本物业的整体管理责任转让给第三方；

6. 依据本协议向乙方收取物业管理费用；

7. 编制物业管理服务及财务年度计划；

8. 每＿＿＿＿＿＿个月向乙方公布物业管理费用收支账目；

9. 提前将装饰装修房屋的注意事项和限制条件书面告知乙方，并与乙方订立《房屋装饰装修管理协议》；

10. 不得占用本物业的共用部位、共用设施设备或改变其使用功能；

11. 向乙方提供房屋自用部位、自用设施设备维修养护等有偿服务；

12. 自本协议终止时起 5 日内，与业主委员会选聘的物业管理企业办理本物业的物业管理移交手续，物业管理移交手续须经业主委员会确认；

13. _____

二、乙方的权利义务

1. 参加业主大会或业主代表大会，享有选举权、被选举权和监督权；

2. 监督甲方的物业管理服务行为，就物业管理的有关问题向甲方提出意见和建议；

3. 遵守本物业的物业管理制度和《物业使用守则》；

4. 依据本协议向甲方交纳物业管理费用；

5. 装饰装修房屋时，遵守《房屋装饰装修管理协议》；

6. 不得占用、损坏本物业的共用部位、共用设施设备或改变其使用功能。因搬迁、装饰装修等原因确需合理使用共用部位、共用设施设备的，应事先通知甲方，并在约定的期限内恢复原状，造成损失的，给予赔偿；

7. 转让房屋时，事先通知甲方，告知受让方与甲方签订本协议；

8. 对承租人、使用人及访客等违反本物业的物业管理制度和《物业使用守则》等造成的损失、损害承担民事责任；

9. 按照安全、公平、合理的原则，正确处理物业的给排水、通风、采光、维修、通行、卫生、环保等方面的相邻关系，不得侵害他人的合法权益；

10. _____

第二条　物业管理服务内容

一、房屋共用部位的维护和管理

共用部位是指房屋主体承重结构部位（包括基础、内外承重墙体、柱、梁、楼板、屋顶等）、户外墙面、门厅、楼梯间、走廊通道、_____等。

二、房屋共用设施设备及其运行的维护和管理

共用设施设备是指共用的上下水管道、落水管、水箱、加压水泵、电梯、天线、供电线路、通讯线路、照明、锅炉、供热线路、供气线路、消防设施、绿地、道路、路灯、沟渠、池、井、非经营性车场车库、公益性文体设施和共用设施设备使用的房屋、_____等。

三、环境卫生

1. _____

2. _____

四、保安

1. 内容

（1）协助公安部门维护本物业区域内的公共秩序；

（2）_____

2. 责任

（1）_____

（2）_____

五、交通秩序与车辆停放

1. 内容

(1) _____

(2) _____

2. 责任

(1) _____

(2) _____

六、房屋装饰装修管理

见附件:《房屋装饰装修管理协议》。

第三条 物业管理服务质量

一、房屋外观:

1. _____

2. _____

二、设备运行:

1. _____

2. _____

三、共用部位、共用设施设备的维护和管理:

1. _____

2. _____

四、环境卫生:_____

1. _____

2. _____

五、绿化:_____

1. _____

2. _____

六、交通秩序与车辆停放:_____

1. _____

2. _____

七、保安:

1. _____

2. _____

八、消防:_____

1. _____

2. _____

九、房屋共用部位、共用设施设备小修和急修:

小修

1. _____

2. _____

急修

1. _____

2. _____

194

十、_____

第四条 物业管理服务费用(不包括房屋共用部位、共用设施设备大中修、更新、改造的费用)

一、乙方交纳费用时间：_____；

二、住宅按建筑面积每月每平方米_____元；

三、非住宅按建筑面积每月每平方米_____元；

四、因乙方原因空置房屋按建筑面积每月每平方米_____元；

五、乙方出租物业的，物业管理服务费用由乙方交纳；

六、乙方转让物业时，须交清转让之前的物业管理服务费用；

七、物业管理服务费用标准按_____调整；

八、每次交纳费用时间：_____。

第五条 其他有偿服务费用

一、车位及其使用管理服务费用：

机动车　　1. _____

　　　　　2. _____

非机动车　1. _____

　　　　　2. _____

二、有线电视：

1. _____

2. _____

三、_____

第六条 代收代缴收费服务

受有关部门或单位的委托，甲方可提供水费、电费、燃(煤)气费、热费、房租等代收代缴收费服务(代收代缴费用不属于物业管理服务费用)，收费标准执行政府规定。

第七条 维修基金的管理与使用

一、根据_____规定，本物业建立共用部位共用设施设备保修期满后大中修、更新、改造的维修基金。乙方在购房时已向_____交纳维修基金_____元。

二、维修基金的使用由甲方提出年度使用计划，经当地物业管理行政主管部门审核后划拨。

三、维修基金不敷使用时，经当地物业管理行政主管部门审核批准，按乙方占有的房屋建筑面积比例续筹。

四、乙方转让房屋所有权时，结余维修基金不予退还，随房屋所有权同时过户。

五、_____

第八条 保险

一、房屋共用部位、共用设施设备的保险由甲方代行办理，保险费用由全体业主按各自所占有的房屋建筑面积比例分摊；

二、乙方的家庭财产与人身安全的保险由乙方自行办理；

三、_____

第九条 广告牌设置及权益

一、_____

二、_____

三、_____

第十条　其他约定事项

一、_____

二、_____

三、_____

第十一条　违约责任

一、甲方违反协议，未达到管理服务质量约定目标的，乙方有权要求甲方限期改正，逾期未改正给乙方造成损失的，甲方承担相应的法律责任；

二、乙方违反协议，使甲方未达到管理服务质量约定目标的，甲方有权要求乙方限期改正，逾期未改正给甲方造成损失的，乙方承担相应的法律责任；

三、甲方违反协议，擅自提高收费标准或乱收费的，乙方有权要求甲方清退所收费用，退还利息并支付违约金；

四、乙方违反协议，不按本协议约定的收费标准和时间交纳有关费用的，甲方有权要求乙方补交并从逾期之日起按每天_____交纳违约金，或_____；

五、_____。

第十二条　为维护公众、业主、使用人的切身利益，在不可预见情况下，如发生煤气泄漏、漏电、火灾、水管破裂、救助人命、协助公安机关执行任务等突发事件，甲方因采取紧急措施造成乙方必要的财产损失的，双方按有关法律规定处理。

第十三条　在本协议执行期间，如遇不可抗力，致使协议无法履行，双方按有关法律规定处理。

第十四条　本协议内空格部分填写的文字与印刷文字具有同等效力。

本协议中未规定的事宜，均遵照国家有关法律、法规和规章执行。

第十五条　本协议在履行中如发生争议，双方协商解决或向物业管理行政主管部门申请调解；协商或调解无效的，可向_____仲裁委员会申请仲裁，或向人民法院起诉。

第十六条　本协议正本连同附件共_____页，一式两份，甲乙双方各执一份，具有同等法律效力。

第十七条　在签订本协议前，甲方已将协议样本送_____（物业管理行政主管部门）备案。

第十八条　本协议自签字之日起生效。

甲方签章：_____　　　　乙方签章：_____

代表人：_____　　　　　代表人：_____

年　月　日

主要参考文献

1 尤建新，孙继德主编．物业管理实务．北京：中国建筑工业出版社，2003
2 阎祖兴主编．物业管理法实务．北京：中国建筑工业出版社，2003
3 李钊，张玉亭，曹阳编著．物业管理法律理论与案例分．北京：中国物价出版社
4 陈小君主编．合同法学．北京：中国政法大学出版社，1999
5 杜万华主编．合同法精解与案例评析(上下册)．北京：法律出版社，1999
6 张文显主编．法理学．北京：高等教育出版社，1999
7 徐建明著．物业管理法规．南京：东南大学出版社
8 李显东主编．物业管理纠纷法律指南．北京：机械工业出版社，2004
9 王家福主编．物业管理条例释解．北京：中国物价出版社，2003
10 物业管理条例释解编写组．物业管理条例释解．北京：中国法制出版社，2003
11 尹章华，王惠光，林旺根，张德周，严文凯，温丰文合著．公寓大厦管理条例解读．北京：中国政
    法大学出版社，2003
12 刘兴桂主编．物业管理法．广州：中山大学出版社，2000
13 高富平，黄武双著．物业权属与物业管理．北京：中国法制出版社，2002
14 徐建明，王洪卫著．物业管理法学．上海：上海财经大学出版社，2001